2021

CHINA JOURNALISM AND COMMUNICATION JOURNAL

中国新闻传播研究

国际传播新格局研究

高晓红◎主编

刘宏 赵淑萍 曾祥敏 秦瑜明◎副主编

中国传媒大学出版社

·北京·

目录 >>>>CONTENTS

媒介与社会

青年视点

国际传播新格局研究

文化物理学视野下战“疫”视频的国家形象建构分析*

On the Construction of National Image in the Videos of Fighting COVID-19 from the Perspective of Cultural Physics

◎姜 飞 郭金英
Jiang Fei Guo Jinying

摘要:国家形象是在特定传播生态基础上,特定社会主体基于文化传播过程形成的对一个国家的综合认知。信息传播技术作为文化的一种物质文明要素,在奠定传播媒介物理形态的同时也不断佐证着“传播即文化”的论断,使文化成为“传播中的文化”,也使传播生态中的文化表征呈现形式发生物理学意义上的细分,从单一的语言演进到包括声音、图像的多模态意义共现。本研究以中外不同制作主体制作的战“疫”视频为分析对象,对其中的微观信息成分(图像、文字、声音)进行细绎,以考察不同的信息文本对中国国家形象建构的特征差异。这种按照微观细分逻辑进行的考察是从跨越文明的物质要素初级边界过渡到跨文化的语法和价值观的更高级边界的文化物理学实践,是对信息内容超越表象的解读,是对信息所表征的文化现象的根本性解剖,是对信息内容的重新语境化、主体化和过程化,也是信息技术带来的新的文明与文化的互构,更是使传播学的科学性得以展开和建构的探索。

关键词:国家形象;文化物理学;跨文化传播;新冠肺炎疫情;视频

Abstract: National image is a comprehensive cognition of a country formed by specific social subjects in the process of cultural communication on the basis of certain communication ecology. As a material civilization element of culture, information communication technology not only establishes the physical form of communication media, but also supports the conclusion that “communication is culture”. As a result, culture has become a “culture in communication”, and the forms of cultural representation in communication ecology have been subdivided

* 本文系2019年度国家社会科学基金重大项目“人类命运共同体视阈下中国国家形象在西方主流媒体的百年传播研究”(19ZDA323)的阶段性成果。

in the physical sense, from a single language to the co-occurrence of multimodal meanings including sound and image. This study takes the anti-epidemic videos produced by different producers as the analysis object, and carries out a detailed analysis of the micro-information components (images, texts, and sounds) in order to investigate the characteristics differences of those information texts in the construction of China's national image. Such investigation by micro-subdivision logic is actually a practice of cultural physics that crosses the primary boundary of material elements of civilization to the higher boundary of cross-cultural grammar and values. It is the interpretation of information content beyond the appearance, the fundamental dissection of the cultural phenomenon represented by information, the re-contextualization, subjectification and procedural of information content; it is also the mutual construction of new civilization and culture brought about by information technology, and the exploration that makes the scientific nature of communication science unfold and construct.

Keywords: national image, cultural physics, intercultural communication, COVID-19, videos

引言

国家形象作为社会公众基于对主权国家综合国力而形成的整体印象和认知,是疫情发生后正确认识和把握国际格局变动的重要因素,是在百年未有之大变局中民族国家把握变局的重要视角。这个要素/视角依托国家经济、科技、军事等硬实力,附着于政治、外交、文化和民族精神等软实力,又借助媒体/媒介通道得以不断续写和改变。如果说作为某种客观事实表达的硬实力状况是类似真理性的存在,那么国家形象与软实力同为知识书写的过程和结果,媒体/媒介已经随着信息技术的变迁借由信息的提供改变知识生产,进而成为国家形象建构的主要手段。在信息传播技术(ICTs)发展带来的传播生态演变中,媒介的形态也随之发生物理性的改变,由印刷和电子传播时代的以语言或文字为主的单模态信息媒介发展到当下网络媒体时代融合了图像、文字和声音的多模态数据媒介。信息传播技术的每一次物理学演进在带来文明物质成果精进的同时也引发了文化的物理构成及其相关要素的变迁。国家形象所蕴含的文化要素和文化特质在传播过程中尤其得以凸显。对国家形象的媒介形态和内容进行文化意义上的细分解读，一方面能揭示国家形象的话语及文化呈现模式和特征，另一方面则能穿透文化的表层呈现形式去发现文化的深层结构和实质，进而试图打通异文化传播中的障碍，提高跨文化传播的有效性。

一、形象的文化认知与话语表征

形象的概念大多与心理学意义上依据感官的印象形成相关联。美国学者 K.E.博尔丁（K.E.Boulding）很早就从认知的角度提出形象的概念，他认为“形象应该被认为是行为个体的整体认知、情感和评价结构，或者是其对自身或周围环境的内在观点[①]”。从该意义上讲，形象就是一种认知行为及由该行为所导致的对事物的评判，是感觉器官在大脑中形成的对事物整体的主客观印象。这种认知行为或主客观印象的生成依据不是认知个体的臆想，也不是来自感觉器官的内部结构，而是感觉器官所接收到的来自外部的当下和历史的高度结构化的信息。这种外部的信息循环或历史信息通常是媒介或媒体提供的讯息，它们渊源于不同社会沉淀形成的各具特点的文化深层结构，并表征为语言、习惯、礼仪、民族等文化载体。因此，从传播学意义上讲，形象就是信息通过一定的媒介传输到受众的大脑，受众通过已有的认知对接收到的信息进行加工成“像”，并通过一定的方式“输出”而形成的[②]。从文化研究角度来说，形象则是社会历史作用下的文化要素在人脑中表征的结果。然而，这种表征并非是客体事物在主体头脑中的简单临摹，而是基于媒介讯息的主客观建构的结果，是暴露在主体世界中的媒介讯息被主体基于自身历史文化加工处理后的产物。因此，传播、文化与认知相互关联，互为因果，共同实现形象的建构。这样一来，形象可以被概括为以历史文化为基础的、以信息传播技术为动力的信息内容在传播过程中在人头脑中形成的认知的集中反映。

在形象建构的过程中，作为微观的媒介讯息载体的语言是形象和文化生成的核心，媒介讯息内容的言说方式或话语表达在很大程度上决定了主体的印象生成。因此，传播、文化与认知活动离不开微观层面的以语言为主要形式的内容表征。语言是内容传播的媒介，也是文化的普遍载体，语言的媒介和文化特性使其成为传播与文化研究的重要内容，话语概念的提出则加强了这种内容的实践性含义。如果说结构主义

① BOULDING K E. National images and international systems[J].Journal of conflict resolution，1959，3(2)：120-131.

② 费斯克，等. 关键概念：传播与文化研究辞典[M].李彬，译注.北京：新华出版社，2004：132.

凸显了语言在人文社科领域中的重要性，认为语言并不是简单的对现实的反映，将语言分为语言和言语，那么后结构主义则在二元对立的范式上提出了话语的概念，将语言的范围扩大到一切有意指功能的表意载体，且认为话语这种表意载体本身就是一种社会实践。在传播研究领域被称为“媒介话语”的话语在根本上就代表了一种文化或实践过程和结果，对以语言为基本形式的话语进行分析能透过其形式的表象还原事实的建构过程，奠定了事实背后对文化基因的解剖，因为“我们对世界的建构是建立在语言的基础上的”，而“我们对事物和事件的参与也取决于话语赋予这些事物和事件的意义”①。随着信息传播技术的发展，话语的表征形式已超越单一的语言表达，形成新的话语形式和话语模态，对传播学视角下的形象建构从形式到内容提出了新的要求，这种新形式和模态的微观解析也引发出不同传播主体跨越时空和文化边界的对形象的新的认知。

二、国家形象的跨文化物理学特性

顺应该研究思路，作为形象研究领域重要内容之一的国家形象可以被理解为“人们对某一个国家认知和感受的评估总和，是一个人基于这个国家所有变量因素而形成的总体印象”②。这种国家形象研究的认知建构说认为，国家形象是人们对一国的综合印象，是认知和情感构成的结果③④，是人们对某个地方的信念和印象的总和⑤，也是由产品建构并表现为政治、经济、历史、文化、传统、技术等的综合发展程度⑥。该学说的实质是历史文化视角下对国家形象“非真实性”的一种认同，声称“国家形象本质上是一种历史形象，是一种跨越时间的形象，是一种既可以倒退到有记载的或神话般的过去的形象，又可以向前到想象中的未来的形象”⑦，此种跨越时空边界的国家形象的形成以文化为基础借助包括传播技术和传播实践在内的信息流通，实现了超越文明物质要素低级边界的以文化结构和文化要素为核心的价值传递，在异文化交流中更是实

① BURR V. Social constructionism[M]. London：Routledge，2003：61，67.

② BALOGLU S，MCCLEARY K W. A model of destination image formation[J]. Annuals of tourism research，1999(4)：868-897.

③ BOULDING K E. National images and international systems[J].Journal of conflict resolution，1959，3(2)：120-131.

④ BOULDING K E. The image[M]. Ann Arbor，Michigan：University of Michigan Press，1956.

⑤ KOTLER P，HAIDER D.H，REIN I. Marketing places：attracting investment，industry，and tourism to cities，states，and nations[M]. New York：Free Press，1993：141.

⑥ BANNISTER J P，SAUNDERS J A. U.K. consumers' attitudes toward imports：the measurement of national stereotype image[J]. European journal of marketing，1978，12(8)：562-570.

⑦ BOULDING K E. The image[M]. Ann Arbor，Michigan：University of Michigan Press，1956.

现了文化的语法和价值观的高级边界的跨越。因此,国家形象的建构乃是一种基于交流和传播的文化的重构,是传播主体借助传播技术而形成的传播媒介将文化的表征要素在传播过程实践中的书写,这种重构和书写则是文化物理学意义上对信息的价值和信息跨文化边界的价值的重新语境化、主体化、过程化带来的信息价值的重新组合。从此意义上讲,对国家形象的分析乃是对国家形象跨文化传播特性的信息解读,是传播技术推动传播视角下对文化的细绎即文化物理学意义的解剖,也是对传播过程中的文化微观话语表征的分解。

(一)国家形象的跨文化传播本质

国家形象是基于过去接收到的信息而形成的对一个国家的认知印象①。来自历史实践的信息在不同主体间进行的传播实质是跨越空间、民族、种族的边界而形成的跨文化传播。文化边界的跨越往往是导致文化误读或偏见抑或是刻板印象的直接诱因,影响人们对一国的综合认知,成为国家形象建构成功与否的决定性条件。早在20世纪40年代美国为了促进对外交流就设立了外交学院(FSI)。在人类学家爱德华·霍尔及相关学者的努力下,跨文化传播作为一门学科而诞生。所谓的跨文化传播,简单来讲是指发生在不同文化主体之间的互动和传播,是在"传播"这个概念的基础之上,添加了"文化"作为其发生的脉络或情境②。综合来看,这一术语包含两个核心范畴:一是跨越文化/不同文化背景,二是比较/传播/沟通,是不同文化主体之间借助某种媒介形式所进行的传播活动。国家形象就是在这种跨越文化的传播过程中,认知主体基于自身已有的形成于传播过程中的信息的历史文化知识而对其他国家的认同或偏见。需要指出的是,由于世界政治经济发展的不平衡以及源于柏拉图时期西方世界所确立的二元对立的认识论的影响,跨文化传播过程中往往表现出基于社会和历史的文化中心主义或文化霸权导致的对所谓的边缘国家及其文化的偏见,产生了文明与野蛮、进步与落后等话语模式,并且在这种话语模式下,西方国家惯于通过"恶意贬损和摧残发展中国家的历史与文化,力图使发展中国家的历史与文化在全球化的过程中,不是失语就是褪色,或者被边缘化"③。国家形象的建构就是要打破这种西方建立起来的文化二元对立的话语模式,重建文明互鉴、文化互通的话语模式,使文化要素在微观传播层面上实现平等对话,进而建立起相对客观的国家形象。

---

① BOULDING K E. National images and international systems[J].Journal of conflict resolution,1959,3(2):120-131.

② 陈国明."跨文化传播"术语和学科的生成发展[J].学术研究,2010(11):141-148,160.

③ 姜飞.试析跨文化传播中的几个基本问题[J].新闻大学,2006(1):17-27.

(二)国家形象的文化物理学意义

信息传播技术的发展带来了信息呈现形式和传播渠道的变化,同时信息物理形态的改变也引发了信息文化和社会的意义变迁。从某种意义上说,传播技术往往决定了文化及其知识表征形式,或者说传播技术决定了包括传播生态、主体和内容的改变,而这一切,尤其是内容的改变必然引发思维方式、思维角度乃至思想态度的转变[①],进而改变受众对某一文化的认知。这就在一定程度上印证了爱德华·霍尔的"文化即传播,传播即文化"的观点[②]。而文化传播的本质并不单纯在于语言、习惯、种族、礼仪等本身,还在于这些事物本身的构造过程以及彼此之间的关系或传播模式。对文化现象生成过程背后的关系或模式的下沉式细绎乃是对文化的物理学意义上的解剖。

何谓文化物理学?文化物理学简而言之是对文化生成现象的根本性解剖,是抽丝剥茧地从文化现象进入到文化生活、文化深层结构,再进入到文明基础,类似物理学从物质到夸克的逐层深入解析。如果说物理学每一次深入发现新的元素和结构,都会带来物理学本身的革命,甚至社会生活的革命,那么文化物理学对每一个社会现象的深入解剖细绎则有助于找到文化生成的源头、文化变迁的动力以及影响的要素。正如物理学中原子的发现带来核武器、电磁波的发现导致现代通讯技术的产生,对中国象棋这一文化现象所涉及的从棋子的命名到棋子的角色、象棋游戏规则,以及由此而衍生出来的诸如"观棋不语""棋逢对手""举棋不定""过河卒子""丢车保帅"等价值观内容的细绎必将带来对中国文化中天文、相术、数学、军事、地理等源头的基于华夏文明的文化新发现。因此,文化物理学作为对基于文化和文明的文化现象成因的深层解析,在很大程度上需要对该文化现象所囊括的范围进行分析并在此基础上提炼其承载的载体,进而对该载体进行物理学意义上的解剖。从该意义上讲,对作为一种文化认知和话语表征的国家形象进行文化物理学分析要求透过文化的表层呈现形式对文化的深层结构和实质进行解剖,解剖的依据是将文化视为基于语言、习惯、种族等所形成的认知和表象,以及这种认知与表象本身的结构形式和相互关系。随着信息传播技术的发展,国家形象认知和表象的载体也发生物理学意义上的细分,出现了超越单一语言的涵盖图像、声音的多模态话语形态,这也进一步加强了对文化现象进行物理学意义上的解剖的必要性。

---

① 姜飞. 传播与文化[M]. 北京:中国传媒大学出版社,2011:208.

② 1959 年,美国人类学家爱德华·霍尔在其著作《无声的语言》中提出"文化即传播"的观点。在其 1966 年的作品《隐藏的维度》中传播与文化的关系有所改变,认为"传播即文化,文化乃是一种传播过程"。

（三）文化的微观话语表征

传播学视角下的信息（information）是能够消除不确定性的讯息（message），而不确定性的消除需要借助文化及其社会性意义的传递，这种意义传递的过程也是一种意义的再造，往往通过特定的语言或话语的表征得以实现。因此，传播技术的发展带来物理学意义上的细分，由此导致的文化微观表征形式改变主要体现在其话语呈现形式上，表现为从单一的语言进展到包括声音、图像多种意义表征共存的多模态特征。“模态”的概念与人体的感知通道和交互中的情境意义密不可分，一般指人体借助生命感知通道进行交流的渠道和媒介，包括语言、技术、图像、颜色、音乐等符号系统①。“多模态”是指为了实现对文化符号意义的认知同时调用的多种感知通道。广义的多模态研究在国内主要集中于语言学、计算机学、教育学和传播学领域。作为文化的微观话语呈现形式，多模态话语是生命体在与周围环境交互的过程中利用视觉、听觉、触觉、嗅觉和味觉五种感官通道所形成的符号意义完成对事物的认知并形成的话语，是综合运用语言、图像、声音、动作等手段和符号资源进行交际的现象②。这种话语作为对传播中文化的认知过程，是对文化进行深层解剖的表层依据，是文化物理学分析的基本要求，也是20世纪50年代结构主义运动导致的社会科学研究语言学转向在文化领域的一种体现，为从文化现象进入到文化生活、文化深层结构，再到文明基础提供了语言和符号的基本要素依据。

作为一种文化认知现象，国家形象的建构也往往通过图像、声音和文字三种模态实现。不同模态一方面传达不同的意义组成单位，表征国家形象的不同内容；另一方面则相互联系，系统性地建构一种文化认知。从该意义上讲，对国家形象的模态意义考察是综合了结构主义的语言观和符号观、后结构主义的话语理论，以及建构主义的认知观共同实现对国家形象文本微观模态所承载社会文化意义的解读和深层文化结构的文化物理学解剖，是对语言、符号与社会关系的再探索，也是对话语社会性的再现。

三、国家形象的微观文化意义解读

信息传播技术的发展使内容表征从信息发展到讯息，如今进展到数据，也在整体上呈现出一种文化物理学的不断细分，伴随这种演进过程的是信息从单纯的传递到仪

---

① 朱永生.多模态话语分析的理论基础与研究方法[J].外语学刊，2007(5)：82-86.

② 张德禄.多模态话语分析综合理论框架探索[J].中国外语，2009(1)：24-30.

式和“传播即文化”的观念,越发凸显传播与文化的等同性。国家形象作为由政府、企业、国民共建的形式与内容的统一体,除了在宏观上对所要构建的形象进行定位,将文化作为重点内容外[①],还要在微观上实践“传播即文化”,主要表现在对文化的表征要素在传播过程中的话语模式的关注,即微观文化意义的考察。在结构主义观点看来,文化是与语言相似的存在,是与语言成分类似的包含符号、概念,以及这些符号和概念组织起来传递信息的方式[②]。从该意义上讲,国家形象的微观文化意义即是以语言为中心的涵盖各种符号模态的在传播过程中对国家形象的呈现。随着传播技术的飞速发展,微观的文化意义呈现已超越了罗兰·巴特在《图像的修辞》一文中对语言与符号的相互作用的意义分析,而是演变为图像、文字和声音不同模态的更深层次的细分,由单一的以文字为主的信息呈现形式到借助图像、声音的多种形式实现的意义互构,也是信息传播技术带来的物质文明成果的物理学形式呈现。一方面这种文化物理学本身代表的是综合图像、文字、声音三位一体的话语形式,是文本意义的超语言呈现;另一方面,对这种文化物理学的意义解读乃是对话语意义的解读,是以语言符号模态为依托的权力和知识作用下的文化协商过程,也是一种认知过程,这种过程影响着不同主体对国家形象建构的话语策略。对形象呈现文本的微观物理学解剖将有助于透过不同模态的载体发现形象建构的特征及背后的文化含义。

(一)分析的背景

良好的国家形象是一国重要的无形资产,是发扬民族精神、提高国家竞争力、增强国家软实力的重要条件[③],是随着一国国际地位的提升及影响力的扩大亟需建设的关键内容,也是文化及其传播的过程与结果。国内外学界对国家形象研究的关注往往与一国综合国力的提升呈并驾齐驱之势:美国的国家形象研究主要集中在20世纪70年代至90年代,近年又有上升趋势;韩国则主要集中在20世纪90年代至21世纪初;而中国国家形象研究的爆发则始于2008年北京奥运会的召开。现有文献表明,中国国家形象研究的中文文献首次出现在1991年,1991—2002年间仅有相关研究24篇,2002—2008年有194篇,而2008年至今则有2665篇,占比达93%。从研究学科的分

① 程曼丽.大众传播与国家形象塑造[J].国际新闻界,2007(3):5-10.

② 史密斯.文化理论导论[M].张鲲,译.北京:商务印书馆,2008:149.

③ 汤光鸿.论国家形象[J].国际问题研究,2004(4):18-23.

布上看，国家形象研究整体上集中于传播学领域，近年有与语言学研究相结合的趋势[①②③]。2020 年席卷全球的新冠疫情给世界带来恐慌的同时也成为国家形象建构的重要契机。从武汉爆发疫情开始，网络上涌现了大量反映中国和疫情的视频性文本，不同于传统时代以文字为主的报道形式，视频文本以其所谓的真实性和现场性极大地影响了人们对事件的判断和认知走向，成为新媒体环境下特殊时期建构国家形象、突出文化特色的重要渠道。梳理相关视频材料发现，其制作主体主要有两类：官方媒体和自媒体。基于不同的视角、立场、目的和制作水平，这两类文本通过微观层面上不同的语言和符号模态话语突出了不同的文化主题、内容和意义，进而建构了不同的国家形象。

(二)分析对象的选取

为了对比并发现不同视频文本微观模态所代表的深层文化意义及国家形象，本研究以官方媒体 CGTN 制作的纪录片《武汉战“疫”记》(*The Lockdown One Month in Wuhan*)和自媒体用户(在中国生活的外国大学教师瑞恩)拍摄的纪录片《瑞恩的平安日志》(*Viral Videos with Ryan*)为分析对象，从文化物理学的角度基于对文本中的图像、文字、声音三种微观模态的浅层呈现特征进行差异性分析，从而发现其所构建的国家形象的差异，还原这种差异诞生的语境，并在此基础上对差异的成因进行细绎以再现其深层的社会文化结构。

(三)图像模态文化意义对比

视频文本中的图像是最重要的微观意义呈现方式，根据克里斯和范柳文的视觉语法理论，图像意义的细分涵盖了再现意义(representational meaning)、互动意义(interactive meaning)和构图意义(compositional meaning)，三种意义相互关联共同构建内容和主题[④]。图像的微观分析一般以帧(单幅静止图像)为单位进行视频截取，进而对具有核心意义的场景和序列意义表征进行分析，抽象概括出其文本含义。

经过统计分析，《武汉战“疫”记》共有图像 1871 帧，98 个场景，37 个序列，去除片

---

① 李菁菁.话语历史分析法与挪威国家形象构建：以挪威首相第 70 届和第 71 届联大演讲为例[J].外国语文，2017(3)：61-66.

② 杨奇光.国家形象的话语实践：《纽约时报》十年涉华报道的批判话语分析[J].新闻春秋，2017(1)：61-73.

③ 李智.新媒体时代国家形象传播的策略创新：以多语种网页交互纪录片为例[J].外语电化教学，2019(6)：33-38.

④ KRESS G, VAN LEEUWEN T. Reading images: the grammar of visual design[M]. London: Routledge, 2006.

头和重复的图像，得到1830有效帧，序列29个，并根据内容将序列依次命名为：车站封锁、无处栖身、寂静街道、空荡市场、准备迎战、专家断言、初战挑战、新建医院、上下一心、世卫发声、后方保障、战时医护、医疗援助、医院建成、居家隔离、集中隔离、隔离工作、方舱医院、敬吹哨人、悼吹哨人、物资援助、物流服务、快递小哥、军医驰援、万众一心、社区网格、世卫肯定、黎明曙光、朝阳升起。《瑞恩的平安日志》共有图像3377帧，去除片头和重复图像，得到有效图像3125帧，场景122个，序列14个，并根据内容依次命名为：疫情爆发、医院建设、远程工作、防护演示、物资充足、乐观战“疫”、公益捐赠、国际互助、抗疫举措、全面防护、娱乐战“疫”、科技战“疫”、复工复产、团结一致。

1.再现意义

再现意义主要反映图像中的人物、环境、过程、情景等的关系，是故事内容的直接体现。《武汉战“疫”记》再现意义的实现方式如表1所示。

表1 《武汉战“疫”记》再现意义实现(表中数字为图片或场景的统计数字)

序列	场景	图片	序列	场景	图片	序列	场景	图片
1.车站封锁	5	29	11 后方保障	2	15	21 物资援助	3	101
2 无处栖身	1	35	12 战时医护	10	250	22 物流服务	3	41
3 寂静街道	2	12	13 医疗援助	2	23	23 快递小哥	1	62
4 空荡市场	1	24	14 医院建成	2	15	24 军医驰援	2	29
5 准备迎战	1	31	15 居家隔离	4	20	25 万众一心	3	38
6 专家断言	2	40	16 集中隔离	3	85	26 社区网格	5	182
7 初战挑战	6	77	17 隔离工作	4	17	27 世卫肯定	3	42
8 新建医院	3	29	18 方舱医院	8	124	28 黎明曙光	6	64
9 上下一心	3	30	19 敬吹哨人	4	33	29 朝阳升起	2	23
10 世卫发声	3	36	20 悼吹哨人	4	29			

从表1可看出，出现序列数量较多的包括战时医护、方舱医院、黎明曙光、初战挑战和车站封锁，而对应的帧数较多的有战时医护、社区网格、方舱医院、物资援助和集中隔离。该视频图像的微观再现意义在于凸显疫情的严重性、医护人员的艰辛、国家对疫情的应对、万众一心抗疫的事实。序列所展现的语法意义属于事实性陈述，即“A应对B”，作为施动主体的“A”主要涵盖了医护人员、病患、群众、政府、世卫，施动对象则包括病患、疾病，而动作行为则主要有治疗、隔离、服务。这种语法逻辑叙述的是全国乃至世界齐心合力共同应对疫情，建构了中华民族迎难而上、万众一心、尊重生命、

人民至上的国家形象。同样,《瑞恩的平安日志》再现意义也是由序列、场景和图像来共同实现,经分析,该视频共有14个序列,129个场景,有效图像2254帧,具体如表2所示。

表2 《瑞恩的平安日志》再现意义实现(表中数字为图片或场景的统计数字)

序列	场景	图像	序列	场景	图像	序列	场景	图像
1. 疫情爆发	15	169	6. 乐观战“疫”	8	134	11. 娱乐战“疫”	12	182
2. 医院建设	16	196	7. 公益捐赠	8	170	12. 科技战“疫”	6	188
3. 远程工作	9	123	8. 国际互助	5	177	13. 复工复产	8	136
4. 防护演示	7	193	9. 抗疫举措	13	174	14. 团结一致	10	155
5. 物资充足	8	125	10. 全面防护	4	132			

表2主要突出的序列包括医院建设、疫情爆发、防疫举措、娱乐战“疫”、团结一致,而帧数较多的序列出现在医院建设、防护演示、科技战“疫”、娱乐战“疫”和国际互助。这种分布的微观再现意义在于突出疫情的严重性、中国政府对疫情的重视及抗疫的力度之大,以及人类团结合作的事实。该文本中的序列展现的是一种态度评价,其语法意义用公式可以表述为“A是B”,其中的“A”是与疫情相关的各类主体,包括医院、科技、防护,其表语特征则可以概括为“成功”,比如充足、乐观、团结、互助、全面等。此种逻辑语法表达的是对中国抗疫举措的赞同和中国战“疫”成功的事实,构建了中国政府尊重生命、高效有力、与世界共克时艰的负责任的大国形象。

2.*互动意义*

互动意义所表现的是图像内容与图像观看者之间的关系,是受众情感和认知形成的重要内容,一般通过接触、距离和视角得以体现①。

《武汉战“疫”记》中的图像微观互动意义整体特征为:对环境的描写以俯视性远距离长镜头为主,对人物的描写主要以中距离平视提供类图像为主,索取类镜头主要用于对人物的特写,尤其是医护人员和少量病患。一般而言,长距离俯视的提供类图像展现的是一种人与环境或空间的距离感,而近距离平视类图像则拉近了人在其中的情感距离。这种互动意义特征凸显了面对灾难时人的渺小同时又突出了医护人员的伟大,客观上构建了中国共克时艰、迎难而上、尊重生命的国家形象。

相比之下,《瑞恩的平安日志》整体上以近距离和中距离平视图像为主,尤其在他

① KRESS G, VAN LEEUWEN T. Reading images: the grammar of visual design[M]. London: Routledge, 2006.

作为视频文本故事讲述者拍摄亲身经历时，大量索取类镜头的使用拉近了与受众的距离，增强了受众情感的认同，这突出表现在序列 8 和序列 14 讲述“滴水之恩当涌泉相报”和“人类命运共同体”时。对场景的描述则主要采用远距离俯视图像，比如医院的建设。这种互动意义在彰显中国传统文化的同时也突出了对人类携手抗疫的期待，构建了中国尊礼尚施、尊重生命、高度负责、发达高效的国家形象。

3.构图意义

构图意义是指图像的结构或排列特征，通过信息值、显著性和框架三种方式来实现[①]，图像结构特征往往对图像文本意义起到增强或突出的作用。《武汉战“疫”记》中的微观图像在描述人物时整体上突出信息值和显著性，即将人物作为图像的中心、被前景化而成为图像的焦点，比如医护人员、病患、志愿者等；描写外景时的框架特征则采用上下结构，将天空置于图像上部而建筑物位于下部，以传达理想和现实之间的差异。这种构图总体上描述了以医护人员为中心的艰辛，以及面对灾难、共同战“疫”的决心和行动，构建了中国迎难而上、捍卫生命、奉献牺牲的国家形象。

《瑞恩的平安日志》的构图与《武汉战“疫”记》相似，即在描述人物时也是将人物作为图像的中心被前景化，但其中的人物范围要更宽泛，除了故事讲述者瑞恩之外，还有包括医护人员、执勤者、快递小哥、志愿者、捐赠者等在内的多种主体，构建的是团结一致、互帮互助、高效有力及时应对灾难的中国形象。

(四)文字模态文化意义对比

图像虽具有丰富的表意功能，但其本身的意义飘忽不定，孤立的图像有很多解释，因此图像和其他符号系统的意义总是依赖于文字，文字能够扩展或详述图像的意义[②]。作为语言的书面呈现形式，文字是传播的重要媒介，也是文化主要的微观表征形式，在视频文本中，以词语为单位的解说词是其主要代表。对词语的分配比例和特征的分析能凸显文本的主题、立场和观点，进而明确其所建构的国家形象及内涵。

通过对《武汉战“疫”记》中的解说词进行统计分析可以看出，出现频率较高的词语主要涵盖了医院、医护、病人、传染、病毒等与疾病相关的内容，具体如表 3 所示。

---

① KRESS G, VAN LEEUWEN T. Reading images: the grammar of visual design[M]. London: Routledge, 2006:208

② BARTHES R. Image-music-text[M]. London: Fontana Press, 1977.

表 3 《武汉战“疫”记》解说词分布（表中数字为解说词出现数量）

病人 47	武汉 43	医院 33	医护 30	传染 17	疫情/隔离 14	物资 11
病毒 12	支援 10	抗疫 8	封城/人民/孩子/感谢 7	政府/中国/妈妈/口罩 6	志愿者/快递/救治/防护 5	健康/希望/害怕 4

上述词频突出的主体是“医院”“医生”“病人”，主要针对的对象是“疫情”和“病毒”，主要动作有“传染”“隔离”。此种词频分布叙述的主要故事依然是医护采取措施救治病人。同时，包括“孩子”“妈妈”“志愿者”“快递”“人民”等的其他群体是对抗疫的支援。这在突出疫情的严重性及医护人员的艰辛的同时也彰显了中国人民的勇敢、防控措施的有效，建构了中华民族上下一心共同战“疫”的国家形象。

《瑞恩的平安日志》中高频解说词的出现比例出现了新的特点，“中国”以明显高的比例出现在解说词中，其次则是“疫情”和“口罩”，具体如表 4 所示。

表 4 《瑞恩的平安日志》解说词分布（表中数字为解说词出现数量）

中国 56	疫情 25	口罩 23	病毒 18	医院 16	抗疫/捐赠/工作 15	人民/武汉 14
隔离/物资 13	国家/医护/体温/帮助 12	封城/蔬菜 11	人类/科技/检查/举措 10	政府/感染 9	生活 8	5G/乐观/团结 6

该词频分配最直接的特征是将“中国”作为故事主体，针对的对象是“疫情”和“病毒”，同时“抗疫”“捐赠”“隔离”“封城”“帮助”等表示动作的词也频频出现。此种词频分布呈现了中国团结一致、同舟共济、高效抗疫的事实，客观上建构了一个负责任大国的形象，一个科技强国的形象和积极乐观的国民形象。

（五）声音模态文化意义对比

声音是视频文件中一种极具价值的模态，它能打破单一画面产生的具象限制，扩大画面空间，更好地帮助观众辨别图像中的精彩部分[①]，起到渲染情感或增强内容意义的效果，一般通过音乐和同期声来实现。

《武汉战“疫”记》中的音乐整体以慢速、低沉、轻柔为主，表明疫情的灾难性本质，

① ALTMAN R. Television /Sound[M]//MODLESKI T. Studies in entertainment: critical approaches to mass culture. Bloomington/Indianapolis: Indiana University Press, 1986:39-54.

烘托出灾难给人带来的沉重且压抑的心情,客观上勾勒出中国坚韧、不惧艰难的形象。相比之下,《瑞恩的平安日志》则以轻快活泼的音乐为基调,凸显出乐观和希望,表明中国抗疫的成效。如果说音乐能够烘托气氛增进情感带入,同期声则有助于体现画面内容的真实性,增强视频文本的现场感。《武汉战"疫"记》使用了大量的同期声,包括武汉市民、医护人员、病人、世卫专家、医院建设者、被隔离者、志愿者、社区工作人员、快递小哥等,这一方面表达了武汉艰难的处境,另一方面也构建了中国人民团结一致、共克时艰的形象。相比之下,《瑞恩的平安日志》则主要以拍摄者的旁白音为主,同期声主要在询问国外疫情、询问中国物资供应,以及表达世卫专家对中国抗疫成果的肯定,突出的是中国在疫情期间对民众生活的保障、团结互助、人民的积极乐观和抗疫成效,构建了一个充满凝聚力、充满希望的大国形象。

(六)研究发现

上文通过对《武汉战"疫"记》和《瑞恩的平安日志》中的微观内容载体图像、文字和声音进行细读和分析,发现这两个文本在主题选取、材料构成、视角选定方面存在着一定差异,这种差异在间接构建不同国家形象的同时也说明了国家形象在跨文化传播中存在的障碍。

《武汉战"疫"记》以新闻记者的视角通过选取大量反映医护人员、医院、病患、志愿者、社区、快递小哥的工作画面突出疫情的严峻性并凸显中国政府抗疫的坚定、艰巨和力度,同时反映中国社会万众一心、共克时艰的凝聚力,间接反映疫情面前携手合作的必要性,整体上构建的是一个以人民生命为重的负责任的大国形象。《瑞恩的平安日志》则是以在华外国人的视角通过选取与中国战"疫"举措相关的内容,包括医院建设、个人防护、科技手段、国内外捐赠等,以及相关的统计数据图像,表达的是对中国抗疫措施成效的肯定,这种话语叙事在突出中国政府不遗余力保护人民生命安全的同时,表达了对中国传统文化的肯定和对中国提出的"人类命运共同体"理念的认同。图像、文字、声音等微观文本要素的综合使用整体上呈现了一个高度负责、治理高效的政治大国形象,一个拥有求同存异、尊礼尚施精神的文化大国形象,一个科技发达、团结互助的新时代大国形象。

四、文化物理学视角下的传播与文化研究

(一)国家形象建构的文化意义

国家形象作为一种基于历史和文化信息所形成的认知,对其进行建构归根结底需要对其得以生成的文化进行解构。文化的概念于16世纪初被延伸到“人类发展历程”领域,被理解为一种抽象化的过程或这种过程中的产品①,这就界定了文化的时空性、关系性及物质性特征。德国思想家赫尔德提出的文化的三个特征——文化是一种社会生活模式,文化具有民族性,文化具有区域边界性②——则超越了物质性而明确了文化与社会、国家的关系,将文化作为自我意识和民族认同的手段。因此,作为对一国认知的国家形象,从该意义上讲即是对该国文化的认知,国家形象建构的核心是对其文化及文化要素的再认识。在《武汉战“疫”记》和《瑞恩的平安日志》中国家形象的建构伴随着不同主体对中国文化的认知或认同。《武汉战“疫”记》中构建的中国万众一心、共克时艰、以生命为重的国家形象是基于中华家国天下的文化基因,面对灾难携手抗击是中华民族的古老传统,而尊重生命则是社会制度和社会关系对中国文化提出的新要求,是文化超越国界而努力“追求完美”③在实践中的体现。《瑞恩的平安日记》所表征的中国发达的科技、条理高效的抗疫现实,以及团结互助、尊礼尚施的社会特色则具有双重文化基因:启蒙和理性作为西方文化的根基导致其在认知和实践中重视科技、效率,强调人对自然和科技的控制;而中国儒家文化中的仁义礼智信以及崇尚和谐的精髓在该视频中得到很好的认同,连同中国提出的“人类命运共同体”理念也被异文化群体认为具有全球适应性,文化的融合性得以凸显。

(二)信息传播技术作为文化的物理学动力

技术是一种权力,它具有社会属性,能支配决定社会和文化的发展④。信息传播技术的权力则改变了整体的传播生态,改变了媒介的形式和传播渠道,同时带来了传播内容呈现的改变,或者说信息传播技术带来了传播形式和传播内容的改变。传播形式的改变引发信息呈现逻辑和解读方式的变化,由最初单纯的信息传递,到

---

① 威廉斯.关键词:文化与社会的词汇[M].刘建基,译.北京:生活·读书·新知三联书店,2005:102-103.

② 姜飞.传播与文化[M].北京:中国传媒大学出版社,2011:61-62.

③ 阿诺德.文化与无政府状态:政治与社会批评[M].韩敏中,译.北京:生活·读书·新知三联书店,2002:8.

④ VEBLEN T. The engineers and the price system[M]. London: Routledge, 2017.

大众媒体时代将信息认为是理性客观的过程,到新媒体时代传播被认为是一种意义的共建和协商的过程,这种过程突出的是对文化的认同和解读,是将传播与文化等同的观念,凸显传播与文化等同的重要地位。在传播内容的表征上,信息传播技术使内容呈现出现细分,由单一的文字呈现演变为图像、文字、声音多模态的意义互构(包括图像的再现意义、互动意义、构图意义;文字的高频词及词频分配;声音的音乐和同期声)和解读,或者说是由过去的单主体、单模态的独白叙事到如今多主体、多模态的对话性叙事。这种对话性的"众声合唱"则是如今"故事得以传播并产生意义的基本方式"①,此种内容表征方式"比三方面单独分开要完美得多,因为它们无疑共同反映了社会实在表面现象的感性因素"②,对社会主体的认知乃至行为产生直接影响。

信息传播技术的演进从浅层来讲带来传播物理学意义上的科学化进程,如从信息到讯息和数据的细分,这种物质的细化同时也带来了文明物质成果的精进。同理,媒体的概念从复数的 media 到单数的 medium(媒介),再到如今图像、文字、声音细分的研究对象,在带来传播学科学性的同时也带来社会和文化深层结构的变革,这就要求对传播和文化现象进行文化物理学意义上的解剖。

(三)文化物理学对文化与传播研究的意义

文化物理学是对文化生成现象的根本性解剖,解剖的依据是将文化视为由语言、符号等微观模态载体细分下的包含习惯、习俗、种族等表征的认知和表象,而解剖的目的则是通过发现这种微观模态承载的表征现象背后的文化深层结构而打通不同文化之间交流的障碍。

信息传播技术的发展无疑为文化物理学的确立提供了保障和依据——它一方面强化了爱德华·霍尔的传播与文化关系的论断,使文化成为"传播中的文化";另一方面也使文化内容的呈现媒介发生物理学意义上的细分,出现了图像、文字和声音的多模态形式。在文化内容的浅层理解上需要调动多种感官,要想进入到深层结构则首先需要对表层的内容进行物理学要素的逐个分析,对要素意义进行文化结构的解读,进而从社会层面进行探讨。所以,文化物理学的方法是一种科学实证主义的文化研究范式,它一方面避免了对文化现象的表层描述,另一方面也对信息内容进行了重新语境化、主体化和过程化,是历史实证主义的再现。正如对国家形象的研究,作为一种文化

① 巴赫金.巴赫金全集:第三卷:诗学与访谈[M].白春仁,译.石家庄:河北教育出版社,1998:269.

② 霍克海默,阿多尔诺.启蒙辩证法(哲学片段)[M].洪佩郁,蔺月峰,译.重庆:重庆出版社,1993:116.

现象，国家形象研究既需要对其媒介载体及呈现形式进行实证研究层面上的表层描述，又需要对表层特征产生的依据进行历史性解读，这一过程需要语言学与认知科学的介入。因此，文化物理学要求的细绎逻辑开始了传播研究与包括社会学、语言学、心理学等在内的其他学科的深入对接，将文化和传播研究引向深处，也从某种程度上补充了传播研究的科学性气质。

〔姜飞，北京外国语大学国际新闻与传播学院教授，博士生导师；郭金英，北京外国语大学国际新闻与传播学院博士生，天津商业大学外国语学院讲师〕

〔特约编辑：顾洁〕

国际传播格局变迁的新动因研究:基于信息传播新技术的平台化媒体*

New Driver of International Communication Structure: Platform-based Media

◎ 任孟山 陈 强
Ren Mengshan Chen Qiang

摘要:在世界百年未有之大变局的背景下,国际传播格局也面临重大演进。平台化媒体作为信息与传播新技术的最新表现形式,成为国际传播新的主要媒介。本文从国际关系格局与国际传播格局的演进、平台化媒体的内涵、平台化媒体的新特征、平台化媒体对国际传播格局的影响等方面展开分析,认为平台化媒体是国际传播格局变动的新动因,但格局的变动仍需考量国际关系格局的演进。

关键词:国际传播;国际关系;国际格局;平台化媒体

Abstract: The world is now going through changes unseen in a century, so as the structure of international communication. As the latest technology of information and communication, platform-based media has become the major new channel of international communication. The paper discusses the evolution of international relations structure, the connotation of the platform-based media, new characteristics of platform-based media, and impact of platform-based media on the structure of international communication. Since then, the author concludes that platform-based media is the new driver steering the change of international communication structure, but international relations is still needed to be taken into consideration when discussing the international communication structure.

Keywords: international communication, international relationship, international

* 本文受中国传媒大学中央高校基本科研业务费专项资金资助(项目编号:CUC210D014)。

structure, platform-based media

引言

当今世界正处于百年未有之大变局的背景下。在宏观层面，国际社会百年间经过两次世界大战和一次冷战所形成的西方国家在政治、经济、军事、文化等领域全面领先和主导的国际关系格局正在发生重大变化，这一变化的核心是“世界格局之变，崛起的中国重新走近世界舞台中央是推动这一变化最重要的动因之一”①。在微观层面，肇始于上世纪的信息技术革命创造出的网络空间已经与现实空间实现了深度融合，以信息流动为本质的信息传播新技术对人类社会的影响达到了前所未有的程度，信息传播新技术已经突破了其作为一项“技术”的局限，对全球社会进行了重新建构并塑造了新的人类活动场域，移动智能终端在相当程度上成为人体器官的延伸。

国际传播是国际关系在传播领域的反映，“国际传播格局的形成与发展，同国际秩序的演进密切相关”②。在当前国际关系格局经历如此剧烈变化的阶段，国际传播格局自然也随其演进发生变化。因此，对当前的国际传播格局加以关照有其理论和现实意义。但是，正如国际关系格局的演进一样，国际传播格局也是一个动态过程，伴随力量对比的变化而不断变动。“国际关系格局具有历史性，也是一个历史范畴。”③在新一轮的国际传播格局变动未达至稳定状态之前，就其变动结果进行讨论存在诸多不确定因素，会因为“身在此山中”而“不识庐山真面目”，尤其当国际传播格局也作为一个历史范畴时，将对国际传播格局的研究聚焦于何处就成为一个需要考量的问题。

国际传播从诞生起就面临着如何跨越民族国家地理边界的掣肘问题，历史上的信息与传播技术发展过程就是不断用信息传递的时间来压缩地理空间距离的过程。相较于国内传播，跨越民族国家地理边界的国际传播对信息与传播新技术的依赖更加明显。信息流动和远距离传播网络的组织和运营是由信息传播技术及在其基础上的组织形式而实现的，从电报到电话，从无线电广播到卫星电视，从便士邮局到国际通讯社再到跨国媒体集团，信息传播技术作为大国力量的组成部分不断更新，国际传播格局也随着变化。因此，在“变局”的当下，讨论对格局的技术影响因素比讨论格局本身更

① 喻国明，欧亚.“百年未有之大变局”与中国新闻传播学发展的历史方位[J].新闻爱好者，2021(4):4-8.

② 赵永华，孟林山.国际传播格局及其影响因素[N].中国社会科学报，2021-01-21(003).

③ 方柏华.国际关系格局:理论与现实[M].北京:中国社会科学出版社，2001:26.

有意义。

当今时代的信息与传播新技术——计算机及网络,一开始是作为军事技术手段出现的,其设计思路为“去中心化”和“扁平化”,目的是在主权国家下达核打击命令的过程中不被敌方阻拦。20世纪六七十年代,以计算机、互联网为代表的新一轮信息技术革命发端,经过几十年的发展,尤其当4G技术的普及带来移动智能终端的普及之后,人类获取信息的媒介在一瞬间从传统媒体跳跃到了新媒体,一直发展到近年来形成的全新表现形式——平台化媒体,“从全球范围看,以社交连接、技术驱动、资本创新为主导的平台媒体已经成为日益主流的枢纽平台”①。平台化媒体的运行逻辑与百多年来传统的国际传播媒介有着巨大不同,国际传播的历史惯性与新技术背景下产生的变革之间发生了剧烈碰撞,平台化媒体作为国际传播格局的新动因得以凸显。

本文以国际传播格局伴随国际关系格局的演进而变化为假设,讨论作为国际传播格局新动因的平台化媒体对国际传播格局造成的影响。

一、作为国际传播新枢纽的平台化媒体

在2003年,当新世纪的曙光照耀人类社会不久,信息社会世界峰会宣言就做出了如下论断:“在20世纪工业社会向21世纪信息社会的快速转型中,现代社会正经历着一场彻底变革。这一充满生机的转变过程预示着我们生活的各个方面都将发生根本改变,这包括知识传播、社会交际、经贸活动、政治活动、媒介、教育、健康以及休闲娱乐等。”②回首检视,这一在当时看来非常大胆的论断是正确的,因为互联网技术在21世纪的发展使人类社会确实在重构整体生活,其中也包括我们讨论的国际传播。国际传播作为一种跨越国家地理边界的信息流动方式,从一开始就面临着地理空间的问题。当前互联网技术的集大成者——平台化媒体因为其巨大的“连接”性,在我们能够想象的空间里最大限度地改变着国际传播的方式,成为跨国信息流动的最大枢纽。

当互联网发展进入平台化阶段,人类的数字化生存方式也更多依赖于平台。“平台”既是一种互联网技术上的概念,也是一种商业模式的概念,国内外学者都对其有过诸多研究。史安斌、童桐认为,所谓“平台”是“在网络化生存中起到枢纽作用的基础设施”③;沈国麟对“平台”进行了更细致的划分,提出“平台”是“一种数字化基础设施,能

① 张志安,曾励.媒体融合再观察:媒体平台化和平台媒体化[J].新闻与写作,2018(8):86-89.

② 查德威克.互联网政治学:国家、公民与新传播技术[M].任孟山,译.北京:华夏出版社,2010:277.

③ 史安斌,童桐.世界主义视域下的平台化思维:后疫情时代外宣媒体的纾困与升维[J].对外传播,2020(9):4-7.

够支持设计和特殊的应用,包括计算机硬件操作系用、游戏设置、移动装置等”①,并且将平台划分为操作系统、基础性平台和行业或专业类平台三种;王方、陈昌凤从内容生产角度对“平台”进行了界定,认为“平台本身并不从事生产,而是使用数字化技术,为供需相关主体提供连接、交互、匹配与价值创造等服务”②;著名的咨询公司埃森哲(Accenture)将“平台”作为一种商业模式进行分析,认为“平台模式是指连接两个或更多的独立群体,并使之能够通过相互之间的直接互动产生价值的商业模式”③;范迪克(José van Dijck)等人更是直接提出了平台社会(the platform society)这一概念,在这样的社会形态中“社会和经济运行以及人类之间的沟通在相当程度上由线上平台进行”④。在平台社会中,人类获取信息的方式自然也是通过平台化媒体来进行,“以社交连接和资讯聚合为属性的平台媒体,是当下信息集成、流动、分发和传播的枢纽”⑤。对于当前平台化媒体时代的国际传播秩序,姬德强、杜学志认为“这一秩序正在经历全球范围内信息与传播环境平台化的剧烈转型”⑥。

在平台化时代,人类的数字化生存依托于平台,形成了平台社会,平台以“连接”作为根本属性,作为互联网中的基础设施起到了枢纽的作用;“平台注重的是分发内容,而不是生产内容”⑦,平台为用户赋权,连接所有用户,那些具有社交属性、用户习惯在上面获取和发布信息的平台就成为平台化媒体;平台社会的国际传播也进入到平台传播阶段,全球信息流动的渠道从传统的大众媒体迁移到了平台化媒体。但与传统大众媒体的新闻专业生产不同,平台化媒体只是进行内容的分发,是平台化媒体的用户在创造信息源;平台化媒体背后的运营主体——互联网企业成为“网络社会中最重要的技术节点和信息流动节点”⑧,互联网企业遵循的资本和市场驱动的逻辑与传统大众媒体有着明显不同。

媒介技术演进的不同阶段对国际传播格局带来的影响是不一样的,要根据媒介技术对人类社会的影响深度而定。平台社会所具有的颠覆性意义,使平台化媒体深入到

---

① 沈国麟.全球平台传播:分发、把关和规制[J].现代传播,2021(1):7-12.

② 王方,陈昌凤.全媒体时代的国际传播:智能化、平台化、故事化[J].电视研究,2020(3):65-67.

③ 盛浩,郭立.迈向平台:中国企业转型升级新机遇[EB/OL].(2016)[2021-05-16].http://www.199it.com/archives/552990.html.

④ DIJCK J V,POELL T,WAAL M D. The platform society:public values in a connective world[M].Oxford:Oxford University Press,2018.

⑤ 张志安,曾励.媒体融合再观察:媒体平台化和平台媒体化[J].新闻与写作,2018(8):86-89.

⑥ 姬德强,杜学志.平台化时代的国际传播:兼论媒体融合的外部效应[J].对外传播,2019(5):13-15,44.

⑦ 沈国麟.全球平台传播:分发、把关和规制[J].现代传播,2021(1):7-12.

⑧ 郎平.互联网如何改变国际关系[J].国际政治科学,2021(2):90-121.

人类的生活当中,网络空间与现实空间深度融合,过去很多泾渭分明的界限被打破。在平台传播时代,以主权国家作为主要行为体的国际传播受到这种颠覆性技术革新带来的影响,传统大众媒体时代在国际传播领域的很多规则被打破。在传统大众媒体时代,只有国际通讯社拥有国际新闻采集能力,一个国家国际通讯社新闻采集能力的大小是衡量该国国际传播能力的重要指标之一。但在平台化媒体阶段,任何用户都可以将身边的信息上传至平台供其他用户浏览,国际通讯社的国际新闻垄断被打破。想了解巴以冲突的新闻,关注 Twitter 上的巴勒斯坦和以色列用户可能比关注 BBC 的报道更有效。

二、从传统大众媒体到平台化媒体的国际传播媒介变化

从人类社会进入大众传媒时代,国际传播行为依赖的媒介就是传统大众媒体,国际传播格局在很大程度上是由各主权国家所拥有媒体的国际报道实力强弱而进行排列的。从纸质媒体到广播再到电视媒体,传统大众媒体总在以各种形式突破民族国家地理边界的掣肘。一个国家的媒体覆盖区域越大,传至族群越多,进行国际新闻报道的队伍越强大,驻外记者站越多,它在国际传播格局中所处的地位就越高。进入平台传播时代,国际传播依赖的媒介瞬移到了平台化媒体,传统的专业新闻机构同样成为平台化媒体的用户,与普通用户一起在平台发布信息供其他用户浏览和转发。互联网时代,全球社会进入平台社会阶段,国际传播媒介从传统的大众媒体转变为平台化媒体,在传播渠道、运行主体、传播内容、目标受众、发展动力、风险管控以及效果评价等方面都出现了变化。平台化媒体成为国际传播的主要媒介。观察从传统媒体到平台化媒体的变化能够更好地理解平台化媒体对国际传播格局的影响。

(一)传播渠道的变化

国际传播的目的性非常明确,就是要突破对象国无形和有形的边界,让信息流入对象国,进而影响对象国的民众。当一国发布的信息能够影响足够多的国家时,这个国家就拥有了所谓“国际话语权”的可能。传统大众媒体在对象国的发行和播出需要实体渠道。纸质媒体需要通过代理商或者开设分站进入对象国的发行市场;广播媒体因为无线电监管政策,需要在对象国寻求合作伙伴才能进行节目播出。如果通过大功率发射机在对象国国境之外进行信号发射,就会因为违反无线电监管政策而遭到干扰,这常发生于冷战时期;电视节目的跨国播出对技术的要求更为复杂。电视媒体想

在对象国寻求所谓“落地”，不得不面临一系列严格的政策法规监管。因为传播渠道的限制，传统大众媒体需要得到对象国的行政许可才能在对象国发行和播出，而对象国出于意识形态等因素的考量，对许可证的发放极为谨慎。到了平台化媒体时代，平台媒体的基础设施化使国际传播的渠道出现颠覆性变革，只要接入国际互联网的用户即可访问平台化媒体。对象国对平台化媒体的约束手段较少，平台化媒体以互联网企业为运营主体，只要符合对象国的商业监管，即可被访问。这种渠道的变化，使受众获取信息的成本急剧降低，平台化媒体作为国际信息流动的传播渠道，在最大限度地突破一国的地理边界。中国近年来崛起的以 TikTok 为代表的平台化媒体作为新的传播渠道，使困扰中国多年的媒体进入对象国“落地”的问题得以部分破解。

(二)运行主体的变化

由于各国新闻机构管理体制的不同，传统的大众媒体分为国营、私营、公私合营等几种性质，不论其所有制如何，传统大众媒体的运营主体均为专业的新闻机构。平台化媒体则不同，“其核心的构建性力量是所谓的平台企业，也就是具有垄断性和跨国性的互联网公司”[①]。这两种主体遵循完全不同的逻辑，前者遵循的是专业新闻机构的逻辑——新闻价值、新闻伦理，近最大努力去生产优质新闻；后者遵循的是商业逻辑，围绕流量和关键绩效指标(KPI)去扩张平台和吸引用户。前者作为专业新闻机构会被捆绑上国家意识形态等因素，后者作为商业机构会被资本力量所捆绑。值得玩味的是，平台化媒体虽然具备商业机构的外衣，但近年来出现的母国和对象国政府强力干预平台化媒体的现象，使平台化媒体的“去政治化”成为神话。

(三)传播内容的变化

传统大众媒体的内容为新闻机构专业生产的内容，要经过严格的新闻生产流程，遵循新闻伦理；而平台化媒体仅仅为信息的分发枢纽，并不进行内容的生产。平台化媒体的内容特性由其连接性决定，UGC(用户生产内容)和 PGC(机构生产内容)会在平台大量出现，供用户浏览、转发。在平台化媒体上，用户既是内容的接受者，也可能成为内容的直接生产者和二次生产者。传统大众媒体的传播方式决定了其受众需要线性接受内容，但平台化媒体的内容非线性呈现使用户的接受方式、时间更为灵活。平台化媒体的这种内容结构当然也包含了传统大众媒体作为平台化媒体的机构用户

---

① 姬德强，杜学志.平台化时代的国际传播：兼论媒体融合的外部效应[J].对外传播，2019(5)：13-15，44.

所上传的内容,这使平台具有了海量内容的可能。也正因如此,平台化媒体可以垄断信息传播渠道——通过平台化媒体能够了解所有信息。传统大众媒体内容的专业性和平台化媒体内容的海量性有着巨大区别。这样的内容结构也是一把"双刃剑",海量性使内容的选择性极强,但其"内容生产过程中的价值导向缺失可能导致难以把控的风险"①。

(四)目标受众的变化

传统大众媒体的受众区分非常明显,纸媒(读者)、广播(听众)、电视(观众)。在平台化媒体崛起的前夜,传统大众媒体开始集中出现类型化趋势,即某一媒体针对某一类型的受众,这也是传统大众媒体衰落之前最后的狂欢。这种类型化趋势使某一类型的受众对该类型媒体的忠诚度较高,但也使类型化媒体的受众范围被严格限定。这种类型化的思维与平台传播时代海量内容、海量用户的逻辑是完全相左的。平台化媒体的受众涵盖了传统大众媒体的所有类型受众,从受众到用户的转变是传统大众媒体与平台化媒体最主要的区别之一。用户(user)在平台上不仅仅接受内容,也生产内容。同时,平台化媒体的类型边界在消解,不同类型平台化媒体之间的区别正在变得日益模糊,短视频、长视频、微型博客、图文、VR、AR在不同类型的平台化媒体上都可呈现,所具有的社交功能使其在平台化媒体的用户之间有了更多人际传播的机会。同时,平台化媒体连接的特性使用户可以成为国际传播的主体,"赋予跨境信息以情感温度,人物间情感关系的呈现触碰到人类共通的情感,更易打动海外观众"②,这在李子柒现象中得到了突出的表现。

(五)发展动力的变化

传统大众媒体作为专业的新闻机构,其发展具有国内和国际两个面向,在这里我们只讨论其国际面向的发展。传统大众媒体的国际新闻报道能力受母国的国家战略影响较大,媒体国际新闻业务范围与国家利益触达范围基本一致。传统大众媒体的发展驱动力在很大程度上来源于一国的政策导向,为外部驱动。平台化媒体则有本质不同,作为遵循商业逻辑的跨国垄断互联网公司,凭借大量的资本运作扩张全球业务范围。这种企业战略的驱动来源于企业对商业利益的追求,发展方式可以有重组、并购、

① 张志安,曾励.媒体融合再观察:媒体平台化和平台媒体化[J].新闻与写作,2018(8):86-89.

② 任孟山,李呈野.中华文化对外传播的新时代经验与可能路径:李子柒爆红海外给国际传播带来的思考[J].对外传播,2020(1):16-18.

开设新公司等。虽然同样有对母国和业务所在国国家战略的考量，但其发展驱动力来自企业扩张，为内部驱动。典型的例子就是我国平台企业在“出海”过程中进行的大量海外并购，国家政策的鼓励属于次要因素，企业从自身战略利益和经济利益角度考量其发展方向才是主要因素。字节跳动与腾讯在海外业务拓展方向上的不同，来源于企业内部对海外业务市场的不同判断。与字节跳动深耕欧美市场不同，腾讯把主要精力放在东南亚市场。2020 年 6 月，腾讯视频收购了马来西亚视频平台 iFlix。iFlix 平台覆盖东南亚地区，拥有千万级的用户规模，这场并购使腾讯视频的部分华语内容通过该平台直接触达东南亚本地年轻用户。这种基于商业利益考量的驱动，使平台化媒体在发展方向上更为精准。

（六）风险管控的变化

从传统大众媒体到平台化媒体，其作为信息流通媒介的本质没有变化，但就风险管控而言，涉及把关人变化的问题。“以前，把关人的权力掌握在媒体手中，而如今，媒体的把关人权力被削弱了。向用户推荐信息的算法规则成了平台传播时代最重要的把关人”①。把关人的变化以及有时存在的缺失导致一系列问题。平台化媒体中新闻专业生产的式微、作为“黑箱”的算法规则带来的各种不确定性，使平台化媒体中的新闻伦理问题、虚假新闻问题以及对用户的不当引导问题层出不穷。在互联网中，信息是以数据的形式存在，海量用户使用平台化媒体。类型边界逐渐消解的平台化媒体的功能不只是提供信息，同时涉及大量其他功能，用户的数据隐私保护成为平台化媒体面临的问题。在平台化媒体国际化过程中，其海外业务拓展国政府常常会通过公民隐私保护法律对平台化媒体进行规制。平台化媒体出现之前，恐怖主义、极端主义思想很难通过传统大众媒体进行传播，但平台化媒体的连接特性，使恐怖主义、极端主义思想以一种较为隐蔽的方式在平台化媒体中扩散。这是平台化媒体作为新的国际传播媒介所面临的新问题，也是全球互联网治理的关键议题之一。

（七）效果评价的变化

在以国际传播为面向对传统大众媒体与平台化媒体的比较讨论中，还会涉及两者在国际传播能力效果评价依据上的变化。传统大众媒体拥有传播效果评价的主导权，这一评价是相对封闭和主观的。我国学者针对国际传播效果评价设计了多套体系，从

① 沈国麟.全球平台传播：分发、把关和规制[J].现代传播，2021(1)：7-12.

公信力、海外信息采集能力和分发能力等多个角度对国际传播效果进行评价,但这些评价体系依然围绕传统大众媒体或者平台中的大众媒体账号进行。平台传播时代,平台化媒体数据的公开化使国际传播效果评价变得可量化和相对客观,平台化媒体面对的用户数量可以最大限度地体现一国国际传播水平的高低。用户"用脚投票"的行为可以直观地体现出国际传播效果的好坏。RT(今日俄罗斯电视台)成立之后,其国际新闻报道方式和取向虽然备受争议,但 RT 旗舰账号用户订阅量在视频平台 YouTube 上排名位于前列的事实说明了其在国际传播方面的影响力。

三、平台化媒体对国际传播格局的影响

国际关系格局作为把握国际环境的重要基础,是国际传播格局的基本背景。诸多学者对其内涵、外延进行过详细分析,国际关系格局是指"世界各种国际战略力量之间在一定历史时期内相互联系、相互作用而形成的相对稳定的国际核心结构和战略态势,它建立在力量对比的基础之上,反映了国际关系体系的内在联系和规律"①。由此可见,其具有历史阶段性、相对稳定性,是一种在力量对比基础上形成的结构。关于国际传播格局的内涵与外延,目前学界并没有明确的界定,但有多位学者对其进行了讨论。吴瑛将其称为国际舆论格局,"在一定时期内国际舞台上的各种舆论力量相互联系、相互作用所形成的一种结构状态"②。崔保国将其称为"世界信息与传播格局","世界信息与传播格局即是主权国家政治经济实力的直接映射,不平等是突出阻碍发展中国家快速发展的制约因素之一"③。赵永华提出"国际传播格局虽然与国际政治格局的发展方向保持总体一致,但就具体进程而言,存在一定的迟滞性"④。虽然学者论述国际传播格局的角度不同,但都指出了其与国际关系格局的密切关系。国际关系格局与国际传播格局最主要的共同点是以民族国家作为主要行为体,这也是我们讨论二者关系的起点。自 1648 年《威斯特伐利亚条约》签订以后,民族国家得以建立,主权原则得以确认,形成了以民族国家为主要行为体的国际关系体系。而在国际传播格局方面,同样以民族国家为基本单位,"即传播力量的集中化和协同化"⑤。我们从国际传播媒介变化对民族国家的影响角度

① 方柏华.国际关系格局:理论与现实[M].北京:中国社会科学出版社,2001:23.

② 吴瑛.国际舆论格局与我国对外传播的路径选择[J].当代传播,2009(5):31-33.

③ 崔保国,孙平.从世界信息与传播旧格局到网络空间新秩序[J].当代传播,2015(6):7-10.

④ 赵永华,孟林山.国际传播格局及其影响因素[N].中国社会科学报,2021-01-21(003).

⑤ 姬德强,杜学志.平台化时代的国际传播:兼论媒体融合的外部效应[J].对外传播,2019(5):13-15,44.

来分析其对国际传播格局的影响。

(一)西方国家在国际传播中的主导地位在平台化媒体时代可能被打破

这是国际传播媒介变化带来的最明显影响。国际传播舞台考验的是民族国家的国际信息生产与分配能力。长期以来,国际信息的生产分配被西方国家主导,后发国家的传统大众媒体不仅面临着生产问题,还面临着“落地”问题。以中国为例,在国际舞台上长期存在着“有理讲不出、讲了没人听、听了没人信”的问题。平台化媒体为解决这一问题提供了机会。人人可以触达的平台化媒体,使传统大众媒体的“落地”问题被化解。从理想的情况来看,平台化媒体连接用户这一特性,意味着生产新闻的用户可以最大限度地将内容送达全球用户。平台化媒体作为新的全球信息流动媒介,也使用户可以用最低成本在最大范围内选择内容。一方面,传统民族国家的地理边界对国际信息流动所形成的空间障碍,在由互联网建构起来的虚拟世界中被最大限度地压缩,图、文、视频等元素通过光纤实现了瞬时流动,使信息的国际流动性大大增强;另一方面,在肇始于20世纪70年代的世界信息与传播新秩序运动中,一个主要观点就是国际信息流动的不平等性,即信息从西方国家流入发展中国家。平台化媒体所具有的连接属性使用户成为内容的生产者和分发者,专业的国际媒体集团对国际信息流动的垄断地位被打破,通过平台化媒体,信息双向流动的可能性越来越大。发展中国家用户上传的内容可以借由平台化媒体被发达国家的用户浏览、转发。需要注意的是,平台化媒体作为信息分发的渠道,改变的是全球信息流动方式,海量信息在平台中自由流动,影响用户选择的能力就成为评价一国信息分配能力的重要因素。通过平台化媒体,虽然存在将内容送达全球所有用户的可能,但用户是否会选择浏览与转发就成为新问题。平台化媒体的内容呈现方式与传统大众媒体的线性呈现方式不同,这意味着一国的国际传播能力建设不仅要注重信息的采集与分发,同时还要进行内容表达方式的转换。在国际传播过程中,需要进行国际化的表达而不是自说自话,这种观点已经成为共识。平台化媒体内容非线性呈现、用户碎片化浏览的特点,决定了机构用户上传的内容需要以适合平台用户接受的方式进行。此外,在平台化媒体中还有大量个人用户,这些用户会发布自己生活中的内容,这些生活信息作为国际传播信息流动中的内容也在影响他国用户。一国的国际传播内容要基于一国的具体实践,“国际传播属于象征层面的信息整合和意义概括,要认识到为‘中国故事’提供原材料的中国现实是最重要的”[①]。

(二)国际传播领域的平台资源争夺成为新选项

在平台社会,平台几乎涉及人类生活的所有方面,但其本质则是由互联网企业运营的计算机程序。“国际传播正呈现出平台化的新特点——从单个内容‘走出去’转变为传播平台‘走出去’。”[②]当平台化媒体成为国际传播主要媒介后,对平台的争夺就成了对国际传播领域资源的争夺。以中国为例,作为中国优势的平台化媒体,短视频平台从2016年就开始实行国际化路径。至2020年上半年,抖音海外版TikTok全球下载量达6.26亿,列全球第一,在苹果和谷歌系统内产生收入4.21亿美元,列全球第三。快手则针对不同的海外市场推出了Kwai、Snack Video等不同的社交短视频应用,在韩国、俄罗斯、越南等市场表现突出。各国都在进行自有平台化媒体的建设,一旦时机成熟就会将其推向海外。传统大众媒体时代的国际传播领域,民族国家行为体主要针对国际新闻的采集和分发能力进行建设,并且争夺这一领域的资源。从采集资源的争夺来看,各国政府对他国新闻机构海外记者站和新闻中心的设立都采取审慎态度,甚至将其当作外交砝码,特朗普时期美国针对俄罗斯和中国驻美国媒体机构所采取的极限施压手段就是一个例子;从分发资源的争夺来看,频道和节目的海外“落地”更是一个非常艰难的过程。平台化媒体时代,平台具有的技术本质和商业属性,使国际传播领域资源的争夺出现了巨大变化。平台化媒体的母公司可以通过海外商业并购较为容易地进入对象国用户市场,通过商业手段和技术优化获取用户,传统大众媒体时代的国际新闻采集和分发资源争夺退居次席,平台背后技术领域和商业领域的资源争夺则成为新的焦点。这种资源争夺焦点的变化,对以民族国家行为体为主体的国际传播力量对比所构成的稳定状态会产生影响,国际传播力量的组合要素排列顺序出现了变化,平台背后的技术领域和商业领域资源成为第一要素,国际新闻的采集、分发能力成为次要要素。

(三)平台化媒体建设影响主权国家的传播发展战略

平台化媒体的基因是资本和技术,发展的动能也由资本和技术驱动。一个真正意义上的平台化媒体需要巨量的资本和庞大的数据工程师队伍,那些资本市场规模小、电子计算机人才匮乏的国家很难出现真正意义上的平台化媒体。平台作为互联网时

---

① 任孟山.中国国际传播的全球政治与经济象征身份建构现代传播[J].现代传播,2016(9):67-71.

② 王方,陈昌凤.全媒体时代的国际传播:智能化、平台化、故事化[J].电视研究,2020(3):65-67.

代最重要的基础设施和最突出的形态，具有巨大的溢出效应，平台化媒体也是其溢出效应在传播领域的反映。进入平台化媒体时代的国际传播，主体依然是各民族国家。虽然平台化媒体的运营主体多为私营的互联网企业，但其母公司所在国依然对其发挥着巨大影响，这表现在两个方面：一方面是母公司所在国政府对其施加的影响；另一方面是其海外业务所在国政府因为其母公司所在国而对其采取的区别对待政策。国际传播媒介已发生巨大变化，国际传播主体依然为各民族国家行为体，这两者之间的结构性矛盾，使民族国家不得不调整传播发展战略，推进平台化媒体建设。平台化媒体比拼的是背后的资本量级和技术实力，它需要母国的数据工程师红利和资本市场优势。平台化媒体作为国际传播的主要媒介，在平台社会产生了巨大影响，倒逼国际传播格局中的国家行为体进一步培育资本市场、提升资本市场成熟度、加强电子信息人才队伍建设、提升国家整体信息化水平，这样的发展战略会进一步拉大后发国家与信息技术优势国家的差距。正如 19 世纪末信息与传播技术革新带来的影响那样，“技术嬗变的加速和大城市的经济起飞所产生的变化，使发达世界和很久以后才被人指称的第三世界的差距开始出现”①。

结语

在平台传播时代，平台化媒体成为国际传播的主要媒介。从传统的大众媒体到平台化媒体，在传播渠道、运行主体、传播内容、目标受众、发展动力、风险管控以及效果评价等方面都出现了巨大的变化。这些变化对国际传播格局的主要行为体民族国家产生了影响，进而影响到国际传播格局的演进。需要明确的是，国际传播格局是遵循国际关系格局而演进的，由国际力量对比等众多因素决定，国际传播媒介的变化仅为其影响因素之一。同时，平台化媒体中个体的内容生产状态容易让人忽视整个平台化媒体的内容建设。实际上，专业的新闻报道在国际传播领域依然不可或缺，不能忽视国际新闻报道专业机构建设和人才培养。

〔任孟山，中国传媒大学教授、博士生导师、研究生院副院长、传播研究院国际传播研究中心主任；陈强，中国传媒大学传播研究院 2020 级传播学专业博士研究生〕

〔特约编辑：顾洁〕

① 马特拉.世界传播与文化霸权：思想与战略的历史[M].陈卫星，译.北京：中央编译出版社，2001：15.

身份建构与世界想象:建党百年来中国国际传播话语体系变迁*

Identity Construction and Imagination of the World: Transformation of Chinese International Communication Discourse System since the Founding of the Communist Party of China

◎ 李继东　姜　楠　金明珠

Li Jidong　Jiang Nan　Jin Mingzhu

摘要:自建党以来,中国国际传播话语体系先后经历了新民主主义话语、革命话语、发展话语、合作话语、和谐话语和人类命运共同体话语,本文基于"结构—行动者"视角,将这一历程置于国际体系变迁、政治经济语境变化以及传播技术迭代与中国发展的互动进程中,探讨由对外话语、国家行为和身份共同构筑的国际话语体系。研究发现,在依赖程度日益加深的国际体系与日趋融合的传媒生态中,中国国际传播话语体系的历史转型与国家身份形成互构性关系,中国国际传播理念由世界/国家本位转向人类本位。

关键词:国家身份;国际传播;话语体系;变迁;中国

Abstract: Since the founding of the Communist Party of China, the Chinese discourse system of international communication was characterized successively by new democracy, revolution, development, cooperation, harmony and community with a shared future for all mankind. From the perspective of "structure-agent", this paper explores the discourse system composed of international discourse, international communication and national identity, by examining the interaction between the evolution of international discourse system, of political and economic context in the world, of communication technology, and the development of China. It is found that with increasing

* 本文系国家社科基金重大研究专项课题"'一带一路'对外宣传及国际舆论引导问题研究"(18VDL019)的阶段性成果。

interdependence of international system and integration of media ecology, an mutual-constructive relationship is formed between Chinese national identity and the historical transformation of the discourse system of international communication, and China′s philosophy of international communication has shifted from a world/country-based to a human-based.

Keywords: national identity, international communication, discourse system, transformation, China

2020年5月31日习近平总书记就加强我国国际传播能力建设主持中央政治局第三十次集体学习,总书记的重要讲话为站在新历史节点的中国国际传播指明了方向、明确了任务、确立了战略地位。在总书记讲话精神的指导下,我们要从中国共产党国际传播的百年实践中梳理、提炼、升华中国理论,为纷繁复杂的国际传播工作提供学理支撑。换言之,我们需要围绕"中国精神、中国价值、中国力量"来深入研究中国国际传播话语体系的演变历程,更好地"打造融通中外的新概念、新范畴、新表述,更加充分、鲜明地展现中国故事及其背后的思想力量和精神力量"。作为国际传播理论指导和具体实践的国际传播话语体系,生成于"世界结构"中的中国革命、社会主义建设和改革开放等历史实践,①并与国际政治的宏观结构体系密切关联。本文基于"结构—行动者"框架梳理了建党百年来中国国际传播话语体系的构建和转型历程,探讨其演进特征、范式及动力机制。

一、国家身份是国际传播话语体系转型的动力与落脚点

话语作为社会化、历史化及制度化形构的产物,是特定社会和历史实践语境中的文本,其意义被遍布于特定时空的社会关系结构所限定,因此需要突出历史进程中的意义结构,②将话语置于"结构—行动者"的连续统一体中分析其宏观结构和微观单位的交互作用。③ 同时,话语也是特定身份的实践行为,不同的词语使用方式与不同的

① 姬德强.探究中国对外话语体系的多重维度:专访国际知名传播学者赵月枝教授[J].对外传播,2014,21(5):13-15.

② 费斯克,等.关键概念:传播与文化研究辞典[M].李彬,译.北京:新华出版社,2004:85;HOLZSCHEITER A. Between communicative interaction and structures of signification: discourse theory and analysis in international relations[J].International studies perspectives,2014,15(2):142-162.

③ HOLZSCHEITER A. Between communicative interaction and structures of signification: discourse theory and analysis in international relations[J].International studies perspectives, 2014, 15(2): 142-162.

身份相关,代表不同群体的价值和利益。[①] 因此,国际传播话语体系的内涵不是给定或静止的,而是在中国与世界的互动关系中不断变迁的。作为国家行为体主导的言语行为,国际传播话语体系是国家宏观战略的重要组成部分,内涵于国家话语整体特性的阐释,表达国家意志和利益。由此,如何处理中国与世界的关系始终是国际传播话语体系建设的核心命题,深受国家身份定位、选择和调整的影响。

随着建构主义国际关系学派在 20 世纪 90 年代的兴起,“身份”这一概念成为研究国家利益和行为的重要变量。建构主义社会理论的基本原则是行动者依据物质条件和其他行动者对其施加的意义采取相应的行动。[②] 身份也就成为有意图行为体的一种主体或单位层次属性,根源于行为体的自我领悟;又依赖于行为体对其他行为体的再现与此行为体自我领悟之间的一致性,具有主体间或体系特征。同时,身份影响行为体动机和行为的产生,[③]因此,身份是为个体提供自我意识的机制,描述并规定了行动者应该如何思考、感受和评价,以及在相关情境中的行为,是行为体理解外部关系环境的重要手段。[④]

作为国际社会单一行为体(unitary actor)的国家也具有自我意识,[⑤]其身份是国家在对自身特性的领悟、理解以及国家间互动的基础上形成的,[⑥]关乎自身相对于国际社会角色的定位以及对主导国际社会的认同程度。[⑦] 据吉登斯的结构化理论[⑧],这既要重视身份建构的主体性,又应强调身份形成的社会结构性因素。[⑨] 从国内层面看,国家的意识形态、政治制度、社会转型等对国家身份的选择和定位具有重要影响,

---

① Gee. An introduction to discourse analysis: theory and method[M].3rd ed.London: Routledge,2010.

② WENDT A. Anarchy is what states make of it: the social construction of power politics[J]. International organization,1992,46(2):391-425.

③ 温特.国际政治的社会理论[M].秦亚青,译.上海:上海世纪出版集团,2014:220.

④ CHAFETZ G, SPIRTAS M, FRANKEL B. Introduction: tracing the influence of identity on foreign policy [J]. Security studies, 1998,8(2-3): 7-22.

⑤ 温特. 国际政治的社会理论[M].秦亚青,译.上海:上海世纪出版集团,2014: 94-195.

⑥ 李慧明. 国际关系中的国家身份[J].学术论坛,2007,30(12):63-71;刘智勇.中国国家身份与外交战略的选择(1949—2004)[D].北京:外交学院,2005.

⑦ 秦亚青.国家身份、战略文化和安全利益:关于中国与国际社会关系的三个假设[J].世界经济与政治,2003,17(1):10-15,77.

⑧ 吉登斯指出,行动者和结构二者的构成过程并不是彼此独立的两个既定现象系列,即某种二元论,而是体现着一种二重性。社会系统的结构性特征对于它们反复组织起来的实践来说,既是后者的中介,又是它的结构。参见吉登斯.社会的构成[M].李康,等译.北京:生活·读书·新知三联书店,1998:89。温特认为结构化理论是对“行动者—结构”问题的一种解决方案,它将主体和结构概念化为相互构成或共同决定的实体。参见 WENDT A. The agent-structure problem in international relations theory[J]. International organization, 1987,41(3): 335-370.

⑨ 袁正清.国际关系理论的行动者:结构之争[J].世界经济与政治, 2003,17(6):39-44,79;李慧明. 国际关系中的国家身份[J].学术论坛,2007,30(12):63-71.

塑造国家意图的形成。[①] 从国际层面看，国家身份是物质实力和国际社会观念综合作用的结果。一方面，国家身份具有物质特性，物质实力是国家身份选择的基础；另一方面，国家间的共有观念影响着国家自身与他者相互对待的方式，对国家身份的塑造有重要作用。如此看来，国家身份具有结构属性，即随着国家间互动形式的变化而变化，[②]是国内与国际两个层次互动的结果[③]。

在国际社会层面，国家根据各自身份在外交活动中进行角色扮演，[④]并在互动中大致形成了敌人、对手和朋友三种不同的身份类型。不同的身份赋予国家不同的利益，塑造国家行为体的基本行动框架和对外战略行为。[⑤] 而国际传播与国家利益紧密相连，天然受到国家权力的制约与控制，[⑥]国际传播话语体系作为国家身份在国际传播活动中的实践行为，是国家行为体与国际体系的互动结果。鉴此，国家身份为国际传播话语体系的转型提供动力与归属。在中国与国际体系互动的历史进程中，国际传播话语体系的发展演进与国家身份的转换相适应，并为国家身份的不断调适提供话语支撑与依据。

二、独立统一共和国的缔造者(1921—1949)：新民主主义话语与多方位外交活动的开端

1921 年，当中国共产党作为一支独立的政治力量登上历史舞台时，中华民族被帝国主义列强抛到了世界秩序的最底层，处于殖民地、半殖民地的深渊，且大国力量深度介入中国内政，操纵中国军阀展开争夺，多次引发大规模战争，给中国人民带来深重灾难。由此，中国共产党将“取消一切不平等条约”“推翻国际帝国主义的压迫，达到中华民族完全独立”作为自身的奋斗目标。在世界政治格局的不断变化中，中国共产党始终站稳民族立场，并根据中国革命运动的发展规律制定对内对外政策。由于当时中国并非世界斗争中心，中国共产党也非执政党，难以采用直接、全面的外交方式实行党的政策。为此，中国共产党的主要方针是“准确把握大国对中国关系的变化，利用他们的

---

① 袁正清.建构主义与外交政策分析[J].世界经济与政治，2004，18(9)：4，8-13；赵良英.中国负责任大国的身份构建：兼评西方中国责任论[D].武汉：武汉大学，2010.

② 赵良英.中国负责任大国的身份构建：兼评西方中国责任论[D].武汉：武汉大学，2010.

③ 庞珣.国际角色的定义和变化：一种动态分析框架的建立[J].国际政治研究，2006，27(1)：133-143.

④ 陈翔.负责任大国：中国的新身份定位[J].世界经济与政治论坛，2016，36(6)：33-50.

⑤ 袁正清.建构主义与外交政策分析[J].世界经济与政治，2004，18(9)：4，8-13.

⑥ 张桂珍.国际传播是国际关系的一部分[J].现代传播，1998，20(2)：2.

矛盾与分歧,争取形成对中国革命有利的外部环境,减少在国内斗争中的困难。"①侵略国之间不断因利益冲突产生矛盾,为中国共产党提供了联"友"抗"敌"的发挥空间。延安时期,中国共产党在思想、理论和组织上逐步走向成熟,对国际形势的判断与认知能力迅速提升,在纷繁复杂的大国关系中掌握了发展壮大的契机,形成了灵活务实的外交话语体系。②因此以1935年为界,分为如下两个阶段。

(一)反帝反封建的新民主主义话语(1921—1935)

中国共产党成立之初将苏联与共产国际视作思想路线的指导者,随着革命实践的发展,中国共产党从中国具体情况出发,主张压迫中国平民阶级的势力并不以内外分野,而外人侵略中国亦只限于列强特权阶级的政府,其余各国平民与我们处于同样的命运,③并指出革命的首要问题是辨清"敌"和"友"。1922年7月,党的二大确立了反帝反封建的革命纲领和民主联合战线的中心任务,这一时期的对外宣传工作主要是为了联"友"抗"敌"。

建党初期,中国共产党以"各阶级的联合"的大众话语形式表达政治主张,促使工农群众认识到中国共产党是代表他们根本利益的政党,赢得社会各阶层无产阶级的支持,扩大了影响范围。对于帝国主义列强,《向导》《新青年》《前锋》等刊物分工协作,形成强大的宣传攻势,尤其是《向导》发刊词《本报宣言》旗帜鲜明地指出"国际帝国主义的外患,在政治上在经济上,更是钳制我们中华民族不能自由发展的恶魔"④,并设立"外患日志"一栏,借助事实报道和马列主义理论,揭露帝国主义列强竞相控制中国命脉、操纵军阀内战和压榨中国人民的真相,与《顺天时报》和《字林西报》等帝国主义宣传工具展开了激烈的舆论斗争。共产党早期的革命宣传将"打倒帝国主义、打倒封建军阀"的革命话语传遍全国,不仅时刻提醒、矫正国内革命的主题,还有助于获得其他民族拥有相同境遇的民众的认同,与全世界无产阶级形成统一战线。

(二)团结内外的"抗日统一战线"话语(1935—1948)

延安时期,国民党政府的新闻机构把控着国内的信息源,对共产党进行新闻封锁,

---

① 郑俊琰.中共对外关系研究的又一次突破:评牛军新著《从延安走向世界——中国共产党对外关系的起源》[J].党史研究与教学,1992,14(3):90-93.

② 冯建玫.延安时期中国共产党的世界眼光[J].湖北行政学院学报,2014,29(6):56-60.

③ 杨立德.三民主义教育在西南联大:评陈雪屏向常委会的报告[J].云南师范大学学报,1993,36(5):85-87.

④ 本报宣言[N].向导,1992-09-13(1).

并在报纸上大肆抹黑和污蔑共产党形象。同时，日本帝国主义加紧对中国的侵略，企图变中国为其独占殖民地。面对日益严酷的斗争环境和民族危机，共产党逐渐摆脱教条主义束缚，开始运用外交思维应对国内外复杂的局面。① 1935 年 12 月，中共中央高举“抗日民族统一战线”的旗帜，明确提出“执行灵活的外交政策”，“同一切和日本帝国主义及其走狗相反对的国家、党派，甚至个人，进行必要的谅解、妥协、建立国交、订立同盟条约的关系”。为配合党的政策，这一时期的对外宣传主要是为了塑造中国共产党良好的国际形象，争取国际社会对中国革命和建设事业的同情和支持，推动世界反法西斯统一战线的建立和发展。中共中央本着外交政策积极化的原则，展开了全方位的民间外交，广邀外国记者来访。埃德加·斯诺是第一个进入陕北苏区访问的美国记者，他所著的《西行漫记》在中外华侨聚集区引起极大轰动，吸引许多进步青年投身革命。至 1939 年 9 月，中国共产党邀请了近百名外国记者、军人和传教士到访陕甘宁边区，这些来访者向世界介绍了一个欣欣向荣的“完全不同的中国”，有效塑造了党的正面形象，也为中国共产党赢得了一批忠实的国际友人，成为党对外传播的喉舌和获取信息的关键通道。

第二次世界大战全面爆发后，大国关系发生重大调整，英、法、美等国出于各自国家利益的考量，需要集中人力物力以增强对日作战力量。同时，中国共产党抗日武装在敌后战场取得节节胜利，逐渐受到国际社会的重视和承认。1940 年毛泽东指出，虽然共产党反对任何帝国主义，但是须将日本帝国主义与同日本帝国主义相对立的英美帝国主义加以区别，且明确提出建立太平洋抗日统一战线的主张，强调与英美人士作诚恳坦白的通力合作。② 皖南事变发生后，中共南方局通过同英美记者的联络，将事件真相迅速公布于英美等国的报纸上，引起国际舆论对国民党政府的强烈抨击；1942—1943 年，周恩来多次邀请美国派官方代表团访问延安；1944 年 7—8 月，中外记者西北参观团和美军观察组先后进驻延安，对中共根据地和抗日武装实地考察，并撰写大量报道，通过电台和报刊将中共的真实面貌向外界广为传播。随着对外联络对象的不断增多，中国共产党同外界的交往逐步由民间上升至半独立外交的层面，借外媒的“口”突破国民党的封锁，将“团结内外”“维护抗日统一战线”的话语传向世界。

---

① 冯建玫.延安时期中国共产党的世界眼光[J].湖北行政学院学报，2014，29(6)：56-60.

② 张同乐.简论中共关于建立太平洋反日统一战线的策略思想[J].河北师范大学学报，1996，41(S1)：4.

三、维护主权独立与世界革命的推动者(1949—1978):革命话语与“内外有别”原则的确立

作为诞生于第二次世界大战结束后和冷战爆发初期的革命国家,新中国在建立初期的核心使命是维护主权独立完整、保卫新生政权和争取国际社会承认。[①] 与此同时,冷战格局不断增强,东西方阵营对峙激烈,中国以革命性的体制外国家进行自我身份定位,[②]成为全世界无产阶级革命的推动者。

这时期对外宣传的主要目的与任务是宣传新中国的革命和建设成就,支持世界人民的革命斗争。基于传播目的、内容、范围等方面的需要,这一时期的国际传播即对外宣传,其话语体系建设的主要特征表现为强烈的革命话语,以及“内外有别”的实践原则。1966 年“文化大革命”开始后,革命话语不断升级,对外宣传方式也发生改变,以此为界可分为前后两个阶段。

(一)政权初立的“主权维护型”话语(1949—1966)

新中国成立初期,国内面临着恢复战争创伤、巩固新生政权和进行社会主义改造等问题。在国际上,中国被裹挟到美苏争霸的冷战格局中,受到以美国为首的帝国主义阵营的包围和封锁,国家安全面临威胁。自《威斯特伐利亚和约》之后,国家成为国际关系的中心,国家的主权原则和国际社会的无政府状态是国际关系的主要特征。在自助性的国际体系中,国家只能依靠自我保护以求生存,[③]排他性的绝对主权被摆脱殖民统治获得政治独立的国家视作维护独立的根本保障,并成为在国际关系中自由行动的法理依据。[④] 因此,作为国际体系的新生组成单位,维护国家安全,求得生存发展,确立主权独立的国家身份成为新中国国家战略的首要考量。[⑤]

这时期的对外宣传也就承担起了展现新中国建设成就和争取国际社会同情与承认的重要任务。周恩来指出要“把中国人民对世界各国人民的友好愿望传播得更广更

---

① 吴志成,温豪.从独立自主走向复兴自强的中国特色大国外交析论[J].东北亚论坛,2019,28(5):3-16,127.

② 秦亚青.国家身份、战略文化和安全利益:关于中国与国际社会关系的三个假设[J].世界经济与政治,2003,17(1):10-15,77.

③ 秦亚青. 权力·制度·文化[M].北京:北京大学出版社,2005:34.

④ 苏长和.发现中国新外交:多边国际制度与中国外交新思维[J].世界经济与政治,2005,19(4):4,11-16.

⑤ 陈以定.当代中国外交中意识形态建设与国际话语权建构:基于中国外交话语分析视角[J].学术界,2012,27(7):79-87,272-275;陈以定.略论中国外交观念的演进:基于话语分析视角[J].长白学刊,2012,28(1):39-44.

远，并且加强我们同他们的团结”。① 毛泽东提出“把地球管起来，让全世界都能听到我们的声音”。② 通过发挥多种宣传工具的作用，对外宣传工作有声有色，同我国的国际地位和国际影响相适应。③

书、报刊和广播是这一时期的主要媒介形式，为配合国家内政外交理念，对外传播媒体被作为意识形态宣传的工具，带有浓厚的政治功利色彩。④ 中央广播事业局在第五次全国广播工作会议上提出“广播是阶级斗争的工具”，要为中心工作宣传服务。⑤ 1950 年 1 月由国际新闻局创办的《人民中国》是新中国成立后出版的第一份对外宣传刊物，以刊发中国政府的政策和声明为主要任务。一年后另一份英文版对外刊物——《中国建设》创刊，强调以客观的笔触展示中国社会的发展和变迁。为了提升对外宣传效果，周恩来总理强调，这些刊物“要针对各自的目标受众”⑥，以此“争取对新中国和各项政策的理解和可能的支持”，正是在这一理念的基础上逐步确立起“内外有别”的宣传模式，成为此后我国对外传播中长期奉行的重要准则。

“内外有别”强调传播内容要有针对性，国内外受众予以分别对待。1952 年，中央在批准中新社的《华侨广播工作草案》中指出，“国内报道与国外报道的目的和作用不同，选择主题的角度和方法应有区别”⑦，规定中新社稿件要降低政治声调，减少宣传气味。1959 年 6 月，在中央政治局扩大会议上，毛泽东指出，“广播是要讲给人家听的，不看对象不对，不照顾对象，不吸引人不行”。⑧ 1961 年外文出版社在“澄清业务思想”的学习和讨论中一致认为，对内与对外宣传要有读者对象、宣传目的、宣传内容、宣传方法和语言文字五个方面的不同，⑨由此深度挖掘“内外有别”原则，实现从笼统到具体化的过程。

(二)阶级斗争下的“革命外交”话语(1966—1978)

随着国际格局的重组与中苏关系的演变，以及国内“左倾”思想的不断升级，中国

---

① 谢良鸿.向世界说明中国，让中国走向世界：新中国外宣事业五十年[J].新闻战线，1999，44(10)：26-29.
② 毛泽东.毛泽东新闻工作文选[M].北京：新华出版社，1983：182.
③ 甘险峰.中国对外新闻传播史[M].福建：福建人民出版社，2004：145.
④ 江卫东.中共对外新闻传播思想史初探[J].重庆三峡学院学报，2014，30(2)：140-149.
⑤ 习少颖.1949—1966 年中国对外宣传史研究[M].湖北：华中科技大学出版社，2010：38.
⑥ 李彦冰，荆学民.全球化背景下我国对外传播“内外有别”原则的困境与出路[J].华北水利水电大学学报(社会科学版)，2010，26(2)：24-27.
⑦ 朱鸿军，蒲晓.新中国成立 70 年对外传播媒介与传播观念之变迁回顾[J].对外传播，2019，26(6)：11-13.
⑧ 中共中央文献研究室.建国以来毛泽东文稿(第 12 册)[M].北京：中央文献出版社，1998：274.
⑨ 沈苏儒.对外传播的理论与实践[M].北京：五洲传播出版社，2004：81.

领导人在严峻的安全形势下对世界革命形势和战争爆发可能性的估计趋于严重化,且过高认识了中国的国际影响力,加之近代以来受到西方列强欺辱的历史记忆的影响,[①]这时中国更多以"敌人"角色对他国进行再现建构,且更倾向于霍布斯逻辑的相互征服性国际关系。在以"敌人"建构其他国家身份时,这个国家通常会采取强有力的方式与"敌人"打交道以改变现状,即试图消灭或征服敌人,国家决策也常不得不为最坏的情况做准备。[②] 在权力政治内部的利益驱使下,新中国成立初期温和的和平外交观念逐渐让位于世界革命和无产阶级国际主义的革命外交观念[③],力图通过动员国际社会力量推动世界革命发展,以此在动荡的国际关系体系中抵御侵袭,谋得生存。

20 世纪 60 年代中国形成的革命外交倡导以世界革命推翻西方资本主义国家主导的国际体系,坚信只有通过激进的政治和社会革命,才能从根本上改变中国在国际社会任人宰割和欺凌的屈辱地位,这使长期处于国际体系边缘位置的新中国一度成为主流国际社会与秩序的挑战者和反对者。在国内"文化大革命"阶级斗争成为社会主导思想和行动基础的趋势下,革命和阶级斗争意识更为强烈,并映射到中国与世界的关系构建中。在马克思主义关于世界革命和反霸权思想的影响下[④],中国将自身定位于"国际反帝反修的号召者""世界革命的推动者"[⑤]和"国际体系的革命者"等身份。

这一时期,一方面中国与美苏两个超级大国对抗,维护国家主权和领土完整、争取中间地带的支持是对外宣传的主要任务;另一方面,中国将阶级斗争和输出革命、推动世界革命视作对外宣传的核心目标,以意识形态和社会制度为宣传重点。因此,口号、语录、社论等成为主要的话语内容,"文化大革命"文件大都全文播出,要求"不加码,不减码,不想当然,不自作主张",严格按照中文稿译。1967 年 12 月,中央发出《中共中央、国务院、中央军委、中央文革小组关于对中央广播事业局实行军事管制的决定》,强调毛泽东思想的国际传播是中心任务,"必须保证毛主席的声音,在任何时候,任何情况下,都能准确、及时地传播到……全世界去"[⑥]。而这些内容往往"政治术语太多"[⑦],对外宣传受众范围也被窄化,主要针对亚非拉地区,局限于革命的、进步的受众。革命型意识形态下的对外传播完全成为革命的宣传工具,服务于中国之于世界体系挑战者

---

① 吴志成,温豪.从独立自主走向复兴自强的中国特色大国外交析论[J].东北亚论坛,2019,29(5):3-16,127.

② 温特.国际政治的社会理论[M].秦亚青,译.上海:上海世纪出版集团,2014:257-258.

③ 陈以定.略论中国外交观念的演进:基于话语分析视角[J].长白学刊,2012,28(1):39-44.

④ 陈以定.当代中国外交中意识形态建设与国际话语权建构:基于中国外交话语分析视角[J].学术界,2012,27(7):79-87,272-275.

⑤ 田丽.中国共产党对外宣传战略研究[D].北京:中共中央党校,2016.

⑥ 周庆安,吴月.断裂的平衡:中国对外传播制度史探析(1966—1976)[J].全球传媒学刊,2017,4(3):61-77.

⑦ 周庆安,吴月.断裂的平衡:中国对外传播制度史探析(1966-1976)[J].全球传媒学刊,2017,4(3):61-77.

的身份，在激进的政治话语主导下，推动世界革命的发展。

四、国际社会的参与者与负责任的大国（1978—2013）：发展话语与“外外有别”原则的推进

1978年以来，中国逐步从战争与革命话语转向和平与发展话语，中国对自身和他者身份的认识逐渐由霍布斯文化逻辑中的“敌人”关系过渡到洛克文化逻辑中的竞争性国家间关系。[①] 这直接影响了中国的国内外议程，推动中国对自身利益和国际身份进行重新认知，从国际体系外的、挑战型的、革命性的国家逐步转变为认同并主动融入现存国际体系、现状性的国家。[②] 随着中国对日趋多边与合作的国际体系和国家间关系认同的加深，促进国家现代化发展成为首要战略考量，为服务国家发展和经济建设大局，国际传播的目标、任务和对象也重新定位。

（一）国际社会的一员与“和平发展”话语（1978—1989）

中国国内发展目标的变革推动了中国与国际关系的转变。一方面，在积极发展外向型经济、与各国开展交流与合作的进程中，中国开始与国际接轨，积极参与国际体制建设，一改国际制度“挑战者”和“革命者”的身份，转向洛克文化逻辑，在以“和平发展”为导向的外交话语中建构起“国际社会的一员”的身份象征，将国际交流与合作视为推动国家现代化进程的重要路径。[③] 另一方面，以经济建设为中心的国家总体战略目标决定了以利益为导向的国际战略，为此，中国需要争取相对稳定的国际环境以保障国内经济建设和各项改革事业的顺利开展。[④]

由此，中国对外传播话语的主要目标转变为加强国际社会对中国的认识，增进中国与世界各国的友谊，创造有利于改革开放和社会主义现代化建设的国际舆论环境。这不仅体现在党对外传播理念和政策的转变，也体现在中央对外宣传领导小组等组织构建上。早在1979年3月，时任中宣部部长胡耀邦就指出，对外宣传要增进各国人民对我国的了解和友谊，创造有利于我国实现“四个现代化”的国际条件。[⑤] 一年后的4

---

① 温特.国际政治的社会理论[M].秦亚青，译.上海：上海世纪出版集团，2014：273.

② 钟馨.1976—2001年中国对外传播史研究[M].武汉：武汉大学，2010.

③ 门洪华.压力、认知与国际形象：关于中国参与国际制度战略的历史解释[J].世界经济与政治，2005，19(4)：4，17-22.

④ BUZAN. B. China in international society：is “peaceful rise” possible? [J]. The Chinese journal of international politics，2010，3(1)：5-36.

⑤ 何国平.改革开放30年来中国外宣思想的演进[J].当代传播，2008，24(6)：94-97.

月，中央书记处整合中联部、中宣部、外交部、文化部、人民日报社、新华社、广播局、外文局等骨干力量组建了中央对外宣传小组（1991 年在国务院系统挂名为国务院新闻办公室），时任中宣部副部长朱穆之兼任组长。1982 年 4 月中央对外宣传小组首次召开了全国地方对外对台宣传工作会议，奠定了历史新时期大外宣格局的基础。1986 年的全国对外宣传工作会议指出，这一阶段的对外宣传要严格遵循实事求是原则，将改革开放后全新的中国形象展现给世界。朱穆之指出要让各国对中国有全面深入的认识，增进中国与世界各国和人民的相互了解，发展友好往来和互利合作关系；[①]另外，对外传播应与经济贸易等结合，主要为改革开放和国内经济建设服务。同时，基于传播的针对性和受众的差异性，“内外有别”的原则再度确立。这意味着中国将自身视为现存国际体系中的一员，力图融入国际经济结构中，为中国的和平发展服务，并且逐步认识到不同国家、阶层和文化的差异，具备了对象细分的宣传意识。

（二）经济全球化的参与者与“融入型”话语（1989—1999）

东欧剧变与苏联解体结束了半个多世纪的两强争霸局面，美国凭借超强的综合实力成为超级大国，国际格局呈现“一超多强”的单极特征。[②] 同时，全球化浪潮席卷世界，新兴经济体、发展中国家及其他处于边缘地带的国家迅速发展，开启了国际体系向多极化转型的进程[③]，国家间相互依赖日渐加强，国际合作成为国际关系的主旋律。随着国际交流的进一步活跃，各类冲突和摩擦事件也不断出现，尤其是中西方之间的意识形态与文化冲突日益加剧，西方主流媒体倾向于妖魔化中国，宣扬“中国威胁论”。面对复杂多变的国际舆论环境，中国坚持国际合作，进一步扩大开放，工作重心仍放在经济建设上，步入深化改革与加速现代化发展的社会结构转型期。

在国内外因素的影响下，中国继续致力于构建融入经济全球化的“国际社会参与者”的身份象征，高度关注与重视国际传播话语体系建设，目标定位于全面地向世界介绍中国，为中国树立良好的国际形象，为改革开放和现代化建设创造良好的国际舆论环境，[④]与同时开展的传媒改革一并推动国际传播由对外宣传向对外传播转变。

20 世纪 80 年代末的一些重大事件暴露了中国对外传播工作薄弱、分散、缺乏强有力的领导等诸多问题，对外宣传工作一度陷入了十分被动的局面。中央对这些问题

---

① 秦汉，胡慧民.改革开放 40 年中国对外传播观念的演变[J].对外传播，2018，25(12)：15-18.

② 史志钦.百年未有之大变局与中国身份的变迁[J].人民论坛·学术前沿，2019，8(7)：13-20.

③ 门洪华.压力、认知与国际形象：关于中国参与国际制度战略的历史解释[J].世界经济与政治，2005，19(4)：17-22，4.

④ 戴延年，陈日浓.中国外文局五十年大事记 2[M].北京：新星出版社，1999：263-264.

及时进行反思，认识到对外传播工作的重要性和紧迫性，于1990年3月恢复了1988年因精简机构而被裁撤的中央对外宣传小组。[①] 在同年10月召开的全国对外宣传工作会议上，对外传播更是被提升到"国家总体外交的组成部分"的外交战略布局中，根本任务是为我国社会主义现代化建设和祖国统一大业服务，为我国路线、方针、政策服务，为世界和平、各国人民友谊和人类进步服务。[②] "内外有别"原则得以再度确立，并升华为"外外有别"。会议指出，"外国人和海外同胞，由于生活在不同的社会中，他们的生活方式、思维方式和语言习惯和我们有很大不同，而各个国家和地区的情况也很不相同，必须认真研究这些特点，区别对待。"[③]朱穆之还指出不仅要区别西方世界、苏联东欧和第三世界情况的不同，还要对各界、各阶层予以区分，不仅要认识到"内"与"外"的差别，还要认识到"外"与"外"的差别，对国外受众的分析更加细致化。

20世纪90年代后，世界信息技术发展迅猛，广播、电视等媒介成为信息传播的重要载体，并且，互联网的迅速崛起开始重构信息传播的媒介格局，积极运用新技术成为国际传播话语体系建设的重要一维。面对媒介环境的变化，中国对外宣传的核心思想理念与时俱进，"重点发展对外电视和广播""联合起来，走广播电视大外宣的路子"[④]成为工作重点。1994年4月印发的《进一步做好新形势下对外宣传工作的意见》指出，中国国际广播电台、中央电视台、《中国日报》、《北京周报》——"两台一报一刊"是外宣"手段的重点"。[⑤] 同年中共中央办公厅、国务院办公厅发布的《中共中央文件》(第27号)明确了"广播电视并重、内宣外宣并举、中央与地方联合、发挥系统优势"的指导思想，并提出"建立一个以国际台为龙头，以各省市电台为依托，相互弥补，相互支持的全国性的广播对外宣传协作网"，开启了体系化国际传播话语建设时期。[⑥]

(三)负责任的大国与"和谐型"话语(1999—2013)

自20世纪90年代中后期以来，世界日趋多极化。随着经济全球化进程的逐渐深化，国家间竞争与合作关系并存，国家实力的消长带来了国际权力结构与力量格局的变迁，西方世界实力和地位普遍性相对下滑，而非西方新兴国家的国际塑造能力集体上扬，推动国际体系转型。加之后冷战时期贫穷、饥饿、恐怖主义等人类共同威胁的出

---

① 1991年该小组改建为一个具有独立编制和财政预算配额的实体机构，1992年更名为中央对外宣传办公室。

② 姚遥.新中国对外宣传史[M].北京：清华大学出版社，2014：332.

③ 王建，肖正涛."内外有别"原则在对外传播中的发展[J].青年记者，2011，71(26)：81-82.

④ 钟馨.1976—2001年中国对外传播史研究[D].武汉：武汉大学，2010.

⑤ 姜飞，张楠.中国对外传播的三次浪潮(1978—2019)[J].全球传媒学刊，2019，6(2)：39-58.

⑥ 钟馨.1976—2001年中国对外传播史研究[D].武汉：武汉大学，2010.

现，使国家安全与国际安全紧密相关，多边主义与大国合作成为一种共识性的理念。

同时，中国经济快速发展，综合国力持续增强，国际地位和影响力达到新的高度，成为重新崛起的大国。自身实力的壮大促使中国渴望在全球和地区性国际机制中发挥更大的作用。1999 年 11 月中美签署中国“入世”双边协议，2001 年“入世”，这是中国主动融入全球化的行为象征，意味着中国与世界的关系更加紧密。[①] 由此，中国对国家身份重新定位，确立起“负责任的大国”的身份认知。[②] 进入 21 世纪后，中国对“和平与发展”时代主题的认识进一步深化，在追求国家利益与维护人类共同利益相统一的思维的基础上，确立了促进世界和谐与共同繁荣的外交理念，“和平发展”“互利共赢”“和谐世界”和“统筹国内国际两个大局”等和谐型话语[③]彰显了中国基于世界本位的理念与“负责任大国”的身份定位，致力于提升国际话语影响力，构建更加公正合理的国际传播新秩序。

但实际上，自 20 世纪 90 年代以来，“中国威胁论”“中国崩溃论”等曲解性言论和负面评价甚嚣尘上，中国同国际社会之间需经历长期复杂的磨合与适应阶段，再难独善其身，这样一来，对国家行为内涵进行充分解释成为构建中国国际话语体系的关键环节。江泽民同志在 1999 年初召开的全国对外宣传工作会议上提出了“向世界说明中国”的新外宣纲领，成为我国国际传播新阶段的话语体系理论中心。他指出：“对外宣传工作的着力点应该是，继续向世界说明我国改革和建设的伟大成就，说明邓小平同志开创的建设有中国特色社会主义道路的正确性，充分展示中国人民坚定不移地走自己的路、实现社会主义现代化的形象；继续向世界说明我国改革开放的方针政策，充分展示中国人民坚持实行改革开放的形象；继续向世界说明我国反对霸权、维护和平、支持国际正义事业的立场，充分展示中国人民爱好和平的形象；继续向世界说明我国政治稳定、经济发展、社会进步、民族团结的局势，充分展示中国人民为维护安定团结和实现繁荣富裕而不懈奋斗的形象；继续向世界说明我国社会主义民主法制建设的成就，充分展示中国人民依法治国，建设社会主义法治国家的形象。”2003 年 12 月，胡锦涛同志在全国宣传思想工作会议上强调，要“坚持把加强和改进对外宣传作为宣传思想战线的一项战略性任务。要紧紧围绕党和国家的工作大局，全面客观地向世界介绍我国社会主义物质文明、政治文明和精神文明不断发展的情况，着力维护国家利益和

① 李宝俊，徐正源.冷战后中国负责任大国身份的建构[J].教学与研究，2006，54(1)：49-56.

② 史志钦.百年未有之大变局与中国身份的变迁[J].人民论坛·学术前沿，2019，8(7)：13-20.

③ 陈以定.当代中国外交中意识形态建设与国际话语权建构：基于中国外交话语分析视角[J].学术界，2012，27(7)：79-87，272-275.

形象，不断增进我国人民同各国人民的相互了解和友谊，逐步形成同我国国际地位相适应的对外宣传舆论力量，为全面建设小康社会营造良好的国际舆论环境。”①

与此同时，国际话语体系的媒介布局逐渐清晰和系统化，更注重技术性建设。为顺应互联网快速发展的媒介生态格局，进行适应性和前瞻性的变革，2000 年 3 月下发的《国际互联网新闻宣传事业发展纲要》提出要大力加强互联网媒体建设，加强主流媒体的网上新闻宣传。② 2005 年中央外宣办制订了《2006—2010 年全国对外宣传工作规划》，强调以“一社两台两报”(分别是新华社、中央电视台和中国国际广播电台、《中国日报》和《人民日报》海外版)为主体，形成若干个具有国际竞争力和影响力的传媒集团，着力打造一批对外交流的文化企业集团和知名品牌。2009 年中央下发的《关于印发〈2009—2020 年我国重点媒体国际传播力建设总体规划〉的通知》从媒体建设角度提出提升国际传播能力的总体方案，并纳入国家经济社会发展总规划，指出要以中央主要媒体为骨干、以新兴媒体为突破口，硬件和软件并重，同步推进基础设施建设和信息内容建设，全面提升采编播发能力和产品营销能力，加快构建覆盖面广、信息丰富、技术先进的现代国际传播体系，形成与我国经济社会发展水平和国际地位相称的媒体国际传播能力。③

中国国际传播进一步树立受众意识，“内外有别”和“外外有别”原则在“向世界说明中国”的总体国际话语体系中继续确立，指导着中国的国际传播实践。

五、人类命运共同体的倡导者(2013 至今)：合作话语与“内外融通”原则的确立

随着移动互联网、人工智能和大数据等技术的发展，全球化进程加速深化。在世界百年未有之大变局中，国际权力关系发生了全球性转移与扩散，政治多极化深入发展，且“多极”之间的力量对比日趋平衡④，单一国家独霸世界、强权势力主宰世界、集团对立分割世界难以为继。⑤ 与此同时，和平与发展仍是时代的主题，经济全球化与经济一体化相伴而生，国家间的关系尤其是大国关系更为密切且相互依赖，⑥人类社

---

① 胡锦涛同志关于新闻、宣传工作的论述和新思维[EB/OL].(2006-07-27)[2021-04-10].http://media.people.com.cn/GB/40606/4633009.html.

② 秦汉，胡慧民.改革开放 40 年中国对外传播观念的演变[J].对外传播，2018，25(12)：15-18.

③ 程曼丽.中国对外传播的历史回顾与展望(2009—2017 年)[J].新闻与写作，2017，34(8)：5-9.

④ 史志钦.百年未有之大变局与中国身份的变迁[J].人民论坛・学术前沿，2019，8(7)：13-20.

⑤ 裘援平.世界变局中的时与势[EB/OL].(2019-03-20)[2021-05-11]. http://www.iiss.pku.edu.cn/research/bulletin/3581.html.

⑥ 崔立如.国际格局转变与中国外交转型[J].国际关系研究，2014，2(4)：3-11，151.

会多元共存,利益共同体现象更加凸显。①

在自身崛起与全球性权力转移交叠的重要历史时刻,中国基于友谊角色结构的康德文化观念继续建构和担负着"负责任大国"的国家身份。在友谊的角色结构中,"多元安全共同体"和"集体安全"成为宏观层次上的逻辑和趋势,共同体成员之间有着和平的意愿和行为的共有知识,彼此间不会兵戎相见,而是以其他方式解决争端。"集体安全"的规范是"一般性"互惠,即行为体在没有获得及时的回报时也会互相帮助,在安全问题上,国家主要采取多边主义或助人性质的行为。② 在"负责任大国"的身份认知下,中国积极参与国际事务,推进地区间和国家间的合作互助,提出了"全球治理观""人类命运共同体"等推进全球化发展、建构新型大国关系、促进国际关系转型的理念与实践。外交理念也由"韬光养晦、有所作为"向"主动谋划、努力进取"③转变,"共同""平等""多元"等话语表现出"人类本位"的核心价值理念,成为中国国际传播话语体系的主旨和要义。习近平在 2013 年召开的全国宣传思想工作会议上提出"要高举和平、发展、合作、共赢的旗帜,统筹国内、国际两个大局,引导人们更加全面客观地认识当代中国、看待外部世界,为实现'两个一百年'奋斗目标、实现中华民族伟大复兴的中国梦提供有力保障"④。

"讲好中国故事"是新时期中国国际传播话语体系建设的核心要义。习近平总书记在 2016 年 2 月 19 日党的新闻舆论工作会上指出"要加强国际传播能力建设,增强国际话语权,集中讲好中国故事,同时优化战略布局,着力打造具有较强国际影响的外宣旗舰媒体。"⑤而后,习近平总书记在 2018 年 8 月召开的全国宣传思想工作会议上对"讲好中国故事"进行深入阐述,更加明确其关键与内涵:"要推进国际传播能力建设,讲好中国故事、传播好中国声音,向世界展现真实、立体、全面的中国,提高国家文化软实力和中华文化影响力。"中国的国际传播话语体系建设由此从传播渠道建设的技术层面向"讲好中国故事"的内容层面转变,从扩大传播范围转向提升内容品质,更加注重信息的传播内涵与话语特性。在"人类本位"核心命题的统筹下,中国理念成为中国国际传播话语体系建设的中心,以此从更广阔深远的视角关照全人类的命运与发

---

① 基欧汉,奈.权力与相互依赖[M].3 版.门洪华,译.北京:北京大学出版社,2002:6.

② 温特.国际政治的社会理论[M].秦亚青,译.上海:上海世纪出版集团,2014:290-291.

③ 黎萌.专家:习近平重塑"韬光养晦有所作为"[EB/OL].(2015-08-15)[2021-05-10].http://politics.people.com.cn/n/2015/0815/c1001-27466723.html.

④ 孟建,于嵩昕.政治传播视野中习近平对外传播思想研究[J].现代传播,2015,37(9):75-76;习近平.习近平谈治国理政[M].北京:外文出版社,2014:155.

⑤ 习近平在党的新闻舆论工作座谈会上强调:坚持正确方向创新方法手段 提高新闻舆论传播力引导力[EB/OL].(2016-02-20)[2021-05-12].http://jhsjk.people.cn/article/28136289.

展，为世界及人类发展贡献中国智慧。

互联网、大数据和人工智能等信息传播技术的迅速发展，不仅重塑着广播、电视技术曾建构的信息生态，[①]还不断改变着人们的生活方式和思维方式。全方位媒介融合成为不可逆转的趋势，社会和媒介网络的结合促进信息社会的成型，赋能于多元主体的传播，深刻影响了中国的社会权力结构关系。[②] 国际传播话语体系适应媒介技术变革推动的传播格局的转变，整合纳入技术创新性话语，突出互联网思维和融合发展理念，积极融入国际话语体系，强化多元主体的理念，构筑全方位立体传播格局，更加彰显新全球化进程中科技引领性作用以及休戚与共的人类共同体观念。习近平总书记多次强调发挥多元行为体的共同作用，"要促进青年、智库、议会、非政府组织、社会团体等的友好交流，增进人民的了解和友谊"。[③] 中国国际传播的主体日趋多元，突破了过去专业组织主导的大众传播格局，政府部门、媒体、高校、企业、非政府组织、公民等实践主体都担负着国际传播的重要责任，从而形成了多层次复合联动的国际传播体系。

同时，媒介深度融合的进程加速，移动互联网、智能技术等新技术变革改变了模拟信号或物理传输方式和单向传播模式，逐渐消弭了地理、内外、媒介和行业等区隔，促成了跨界共享的传播生态、多向交互传播模式和以个人及其群落为中心的传播格局。信息传播生态变得更加开放、公开和透明，国内问题国际化，国际问题国内化，对内和对外传播的边界日渐模糊。早在2013年全国宣传思想工作会议上，习近平就提出了"大宣传"的理念，并强调"融通中外"："要精心做好对外宣传工作，创新对外宣传方式，着力打造融通中外的新概念新范畴新表述，讲好中国故事，传播好中国声音。"也就是说从宏观整体上考量国内外舆论场，在传播内容、方法等方面建构内外一体的国家传播话语体系。

2020年突如其来的新冠肺炎疫情进一步加速了世界格局的重大转型，对世界格局、技术权力、传播秩序带来了结构性影响。一方面，"逆全球化"思潮愈演愈烈，民族主义、区域主义和国家主义日益盛行，对全球合作形成巨大挑战；另一方面，国际主要行为体力量对比不断调整，国际格局多极化深入发展，全球治理体系面临诸多挑战与不确定性。随着疫情的持续蔓延，各国间的相互影响和依赖程度进一步加深，形成你

① 师文，陈昌凤.新闻专业性、算法与权力、信息价值观：2018全球智能媒体研究综述[J].全球传媒学刊，2019，6(1)：82-95.

② 云国强.历史与话语模式：关于中国国际传播研究的思考[J].新闻大学，2015，35(5)：87-94.

③ 张超.党的十八大以来习近平的对外传播思想研究[J].对外传播，2016，23(8)：58-60.

中有我、我中有你的命运共同体，而西方的治理理念和模式难以为继，国际社会迫切需要新的全球治理理念。① 在这种特殊的历史境遇中，作为人类命运共同体和“一带一路”的倡导者，中国担负着中流砥柱、尊俎折冲的历史重任，以“负责任大国”的身份积极倡导人类命运共同体意识，在促进全球抗疫协商合作、加强国际宏观经济政策协调、支持发展中国家做好疫情防控和经济社会发展等方面体现了大国担当。② 2020 年 5 月习近平总书记在第 73 届世界卫生大会视频会议开幕式上承诺，“中国将在两年内提供 20 亿美元国际援助，用于支持受疫情影响的国家特别是发展中国家抗疫斗争以及经济社会恢复发展。”③他指出，“公共卫生安全是人类面临的共同挑战，需要各国携手应对”，并在二十国集团领导人特别峰会上就加强国际协调合作提出了中国方案，受到国际社会的高度评价和广泛欢迎。

随着疫情的全球蔓延，西方世界对中国崛起的焦虑感加剧，国际舆论中针对中国“泛政治化”的话语倾向逐步升级，国际舆论标签化和中国污名化的倾向更为明显，借助信息化和数字化手段，国际舆论场中的“中国问责论”政治化取向加剧，而中国对全球协作抗疫和推进世界和平发展的重要意义却被刻意忽略和遮蔽。对此，中国国际传播话语的应对体系建设逐渐成熟，不仅基于人类命运共同体的理念持续主动发声，并且建立各地政府常态化的新闻发布制度，截至 2020 年 12 月 27 日，国家层面新冠肺炎疫情防控新闻发布会共举办 193 场，通报疫情数据，回应国内、国际社会关切。在传播内容方面，国务院新闻办公室于 2020 年 6 月发布《抗击新冠肺炎疫情的中国行动》白皮书，央视新闻新媒体开启 24 小时不间断直播《共同战“疫”》和系列评论短视频《主播谈疫情》等，对西方媒体的“舆论围剿”进行“反制”。④ 而省市级有关新冠疫情防控发布会更是不胜枚举，形成了良好的多层次疫情应对系统。

结论与讨论

回首建党百年来的历程，虽然中国在国际社会中的身份、战略文化和安全观念不断调整变化，⑤但是中国国际传播话语体系始终以服务民族自强和国家发展、维护国家稳定为目标。中国国际传播话语体系的知识生产整合于国家宏观话语体系，由国家

① 于运全.论后疫情时代的中国对外传播新发展[J].人民论坛·学术前沿，2020，9(22)：84-91，115.
② 于运全.论后疫情时代的中国对外传播新发展[J].人民论坛·学术前沿，2020，9(22)：84-91，115.
③ 习近平在第 73 届世界卫生大会视频会议开幕式上致辞[N].人民日报，2020-05-19.
④ 段鹏，张倩.后疫情时代我国国际传播话语体系建设的价值维度与路径重构[J].新闻界，2021，37(3)：28-36.
⑤ 秦亚青.国家身份、战略文化和安全利益：关于中国与国际社会关系的三个假设[J].世界经济与政治，2003，17(1)：10-15，77.

层面统一协调，精心部署，与经济工作、外交工作、国家安全工作深度整合，①建立起国家利益至上的根本原则。

在国际传播与国际关系互动性日益增强的进程中，作为中国现代化进程以及中国与世界关系变化的话语实践过程，中国国际传播话语体系的历史转型与国家身份变化形成互构性关系。在国际体系的变迁中，中国独特的发展路径和西方主导的多种普适性话语经常产生紧张关系，而崛起的中国又迫切需要向世界说明自身，②阐释自身定位。国家身份的不断调适需要与之相适应的话语体系作为支撑，国家身份成为中国国际传播话语体系转型的动力。反之，国家身份的形成是意义建构的过程，从传播角度而言，国家身份是在世界信息传播体系中通过话语实践被社会性地建构起来的，国际传播话语是国家身份建构的重要力量之一。在中国与世界不断磨合的过程中，现代世界全球体系将中国纳入其秩序的过程和中国国际传播话语日益显现出的主体性，使中国与世界之间互为想象成为可能。③

在相互依赖程度日渐加深的国际体系进程和日趋融合的传媒生态中，中国国际传播理念由世界/国家本位转向人类共同体本位，话语模式也由民族斗争、阶级斗争与革命话语模式向合作发展话语模式转变，进而架构起融通中外的话语体系。在中国共产党成立百年之际，面对国际国内两个大局，中国对外传播乃至传播研究的"中国转向"已开启，也就是"用中国理论阐释中国实践，用中国实践升华中国理论"的时期已到来，从历史上看，传播研究经历了从西方中心或西化的理论，到本土化的转向，再发展到当今的中国化理论的突破与创新。这些理论源于党对外宣传的理论和实践，源于源远流长的中华民族国际传播实践，源于当代多主体海外传播实践与理论探索，并生发出一系列原生性概念，成为我们国际传播的思维框架。目前亟须将这些概念推向世界，再定义国际传播格局与秩序。

〔李继东，中国传媒大学研究员、博士生导师、传播研究院副院长；姜楠，中国传媒大学传播研究院2019级博士生；金明珠，中国新闻社内参部编辑〕

〔特约编辑：顾洁〕

① 王维佳.中国对外传播的范式转变[J].对外传播，2015，22(1)：16-18，21.

② 王维佳.中国对外传播的范式转变[J].对外传播，2015，22(1)：16-18，21.

③ 云国强.历史与话语模式：关于中国国际传播研究的思考[J].新闻大学，2015，35(5)：87-94.

从中美高层战略对话看国际传播新格局

New Patternin Global Communication Surrounding Reporting of Anchorage Talks

◎ 谢　琳　刘笑盈
Xie Lin　Liu Xiaoying

摘要：重大的历史转折往往是通过一系列的历史事件体现出来的，在一系列的历史事件中，总会有一些突出的标志性事件。我们认为，2021 年 3 月 18 日至 19 日在美国阿拉斯加州安克雷奇举行的中美高层会谈就是这样的事件。这次会谈吸引了全球媒体乃至全球网民的注意，使安克雷奇这个不知名的小镇瞬间举世闻名。会议内容更反映出国际关系和国际传播格局的新变化。可以说，这次对话和对于这次对话的报道，标志着国际传播新格局的形成，新格局体现了国际传播的新特点。在这种新格局中，我们的国际传播也需要新的传播策略，承担新的任务。

关键词：安克雷奇对话；国际传播新格局；新格局的四个变化；新传播的五项任务

Abstract：Major historical turning points are often manifested through a series of historical events. In a series of historical events, there are always some prominent landmark events. We believe that the China-US high-level talks held in Anchorage, Alaska, USA on March 18-19, 2021, is just such an event. This meeting not only attracted the attention of global media organizations as well as that of the internet surfers across the world, it also made Anchorage, an unknown town instantly famous all over the world. What's happened during the talks reflected the new changes in international relations and international communication patterns. It can be said that this dialogue and the reporting of this dialogue mark the formation of a new pattern of international communication, which embodies the new characteristics of international communication, and in this new pattern, our international communication also needs new strategy and to undertake new tasks.

Keywords: Anchorage talks, new pattern in international communication, four features of the new pattern, five tasks of the new pattern of communication

一、对话透露出国际传播新格局

北京时间2021年3月19日清晨，世界媒体目睹了中共中央政治局委员、中央外事工作委员会办公室主任杨洁篪对美方无理行为长达16分钟的回击。世界媒体似乎早已经习惯了美方动辄对别国的指手画脚，惊讶于这次中方的表现。世界两个最大经济体的戏剧化交锋，点燃了媒体的热情。电视和社交媒体上反复播放杨洁篪的"金句"——"你们没有资格在中国面前说，你们从实力的地位出发同中国谈话。"这句话甚至被俄罗斯外交部发言人扎哈罗娃和俄罗斯总统新闻秘书佩斯科夫使用。英国剑桥大学高级研究员马丁·雅克在西班牙《起义报》上说，"他（杨洁篪）并没有使用外交辞令，而是直接挑战了美国的地位及其行事方式的合法性。而这一切就发生在世界媒体面前。"雅克的评论代表了一部分媒体的看法，他说，"中国在外交领域已从'保持低调'转变为'据理力争'"，从全球体系中的看客转变为多极世界的伟大构建者。①

安克雷奇两天的会谈吸引了全世界媒体的关注，世界紧盯中美阿拉斯加对话。会议中的各种花絮，从杨洁篪吃泡面到美国女翻译染紫头发，媒体都没有放过。《纽约时报》说："拜登先生，不要再对中国说狠话了"；德国《法兰克福汇报》称"中国戳中美国伤口"；《韩国日报》称杨洁篪对美方的斥责和日本首相菅义伟对美国高官的"卑躬屈膝"形成了鲜明对比。②《南华早报》网站称，由于经济增长和力量对比的变化，"中国把新的自信带到了阿拉斯加的谈判桌"。当然，传统媒体更多关注的是事件本身及其影响，是中美两国对会谈的官方总结。"坦率的""建设性的""有益的"等词汇，频频出现在各国媒体的评论中。法国《观点》周刊网站3月28日发表文章说，中美互不相让，甚至在媒体面前起了冲突，但这一情节的严重性不应被高估。重要的是在安克雷奇双方进行了三场长时间的会谈。按照华盛顿的说法，这是"实质性、严肃和直接"的讨论。日本《产经新闻》3月21日刊登《判定美中将继续对立为时尚早》的文章，也表达了类似立场。

---

① 美国仍未接受中国已与其旗鼓相当的现实[N/OL].参考消息，2021-03-26[2021-03-28].https://rebelion.org/estados-unidos-todavia-no-acepta-que-ahora-china-es-su-igual/.

② 阿拉斯加对话后中美都很忙：俄外长访华协调外交步伐，布林肯赴欧还想谈中俄[N/OL].环球时报，2021-03-22[2021-03-28].https://world.huanqiu.com/article/42P9hppaCZc.

与传统媒体的分析角度不同,网民发表的观点多带有感情色彩。在YouTube上,在各大新闻媒体关于中美高层战略对话视频的跟帖中,CNN的新闻下面获得点赞较多的包括:“当有人告诉你他比家人更在乎你时,正常的反应应该是‘滚开!赶紧去看医生吃药!’”“美国代表在对中国展现强硬态度后,要求媒体离开会议室。但杨洁篪问他们‘你们为什么这么害怕媒体在这里’,并让媒体留下来记录了中国的强硬回应”;NBC下面获点赞较多的是:“真是难以置信,我第一次见到有国家敢当着美国的面反对美国”“完整版的视频被立即删除了,那段视频向你展示了美国代表是如何羞辱自己的,如此无能”;英国《卫报》下面获点赞较多的评论为:“中国还没有抬手,光用语言就扇了美国一耳光”“如果我的邻居告诉我应该如何抚养我的孩子,而他自己的儿子和女儿却吸毒成性,死于枪支暴力,我会非常生气”;德国之声下面则是:“让中国记者离开?时代真的变了,美国开始变成一个害怕记者的国家”“邀请你的客人过来然后立即攻击他们,无论在哪种文化中这都是粗鲁的表现”。

在社交媒体上,国家关系被理解和比作为日常人际交往,“戏剧性”“道义”“是非曲直”这些能引起人们强烈共鸣以及评论欲望的点成为评论重点。日本网民的反应尤为体现了网络时代民众意见重情感与传统媒体重事实之间的差别。在日本雅虎新闻网相关新闻下面,获得最高赞的留言写道:“真是相当直接的交锋。希望日本也能这么直接地(在外交场合)表达观点。总是搞窝囊外交的话,这个国家就算一直出钱,也无法赢得国际上的信赖和尊敬,于日本国家利益也无帮助。”

从宏观的角度来看,我们可以说,安克雷奇对话及媒体表现,证明国际传播的新格局正在形成。所谓“格局”,可以拆字来理解,“格”就是物体的空间结构和形式,“局”就是布局、分布、摆放,是形式构成的结果。假如我们把一定历史时期内国际社会各种传播力量和关系间的结构现状和表现形态从理论上加以概括的话,我们便可称它为这一时期的国际传播格局。显然,安克雷奇对话是新的国际传播格局形成的重要标志。

二、新格局呈现出新变化

通过整个中美高层战略会谈及其报道,我们可以梳理出新的国际传播格局的四大变化:

首先,是力量对比的变化,可以概括为“他者”崛起、东升西降。

中美高层战略会谈之所以会吸引全世界的目光,不仅是因为中美两国的关系紧张而微妙,而且是因为这是世界两个最大经济体之间的会谈,中国已经成长为美国视为的最大竞争对手。从特朗普到拜登，打压中国，是两党少有的一脉相承的政策。中国作为一个崛起的“他者”已经让美国感受到严重威胁。中国已经成为世界第二大经济体，人均GDP连续两年突破1万美元大关，在抗击新冠肺炎疫情方面体现出了巨大的制度优越性和人民凝聚力，“一带一路”、人类命运共同体等主动设置的国际议程的影响力正在逐步扩大，中国的国际地位正在提升。同时，美国处于“后特朗普时代”与“疫情时代”叠加的时期，亟待修复与盟友的关系，弥合国内分裂。美国肆意“退群”以及特朗普号召民众冲击国会等事件，令个人自由、文化多元主义等概念的吸引力大打折扣。2021年3月联合国人权理事会第46次会议期间，116个国家的代表和有关国际机构对美国人权状况进行评议，对美国提出了347条人权改进意见。美国正从“山巅之城”逐步滑落。人们开始考虑是不是真的只有一种发展的可能性，并审视美国“普世价值”包装背后的真实。

不管在政治制度上，还是在文化上，中国都是距离美国价值观遥远的“他者”。这个“他者”的成功不仅意味着中国具有了更加强大的实力，而且意味着一套和美国模式完全不同的政治制度和发展模式的合理性和可行性。俄罗斯汉学家、作家尤里·塔夫罗夫斯基在文章中引用效力于五角大楼“国防优先”组织的研究员理查德·哈纳尼的话说，“来自中国的真正威胁，全然不是军事或地缘政治意义上的，而是意识形态方面的。它在这方面的成就不断，已成为美国政治统治集团面临的最大威胁。”①一直以民主价值观引以为傲的美国居然有一天会觉得他们一直抨击的中国意识形态成了最大威胁，这在之前是无法想象的。世界正在改变。正如知名美国前外交官理查德·哈斯3月23日在《外交》双月刊上发表的文章所说的那样，美国及其西方盟友“无法阻止一个多极化且意识形态多样化的世界到来”，他们“需要清醒地认识到，二战后形成的由西方领导的自由秩序已经无力承担维护21世纪全球稳定的任务”。

力量的对比也反映在媒体和话语权方面。在会谈中，中国要求美国和中国的媒体对等出现，同时在场、全程报道只是一个形式，背后也反映了媒体力量的变化。在话语权方面，就美国媒体而言，其话语体系存在三大困境：一是无法解释或不愿承认中国发展背后的原因；二是无法解释自身的发展困境和社会问题，正如我国驻英大使刘晓明在文章中所描述的，在经济发展“失调”、政治体制“失灵”、社会融合机制“失效”和思想道德“失范”中，找不到合理的解释；②三是无法解释包括资源、环境、世界贫富分化、核扩散、恐怖主义等全球性问题。所以常常处于进退两难、双重标准的境地。

---

① 塔夫罗夫斯基.美国梦的破碎格外抢眼[N].参考消息，2021-02-09(13).

② 刘晓明.对西方资本主义困境的观察与思考[N].人民日报，2013-04-12.

其次,是传播态势的变化,可以概括为中国在国际舆论领域的主动出击。

杨洁篪在中美高层战略对话上的态度,被一些海外媒体认为是中国改变对美国态度的一个标志。其实杨洁篪对美方的回击,是在美国代表一系列无理行为之后进行的。中国的主动出击源于两点:一是西方媒体"组团"对中国的污蔑和抹黑迫使中国不得不主动正面出击;二是随着中国实力和国际地位的稳步提高,中国需要有所作为,扭转现在的舆论局面。

自改革开放以来,邓小平确定的"韬光养晦和有所作为"方针体现了中国外交的两个方面,也是中国在国际舆论场上一直坚持的,可以说,这一方针体现了中国智慧。中国哲学的最高境界,就是对"平衡"的把握,确切地说,是对"度"的把握。对"度"的把握,不是中庸,也不是西方的精确计算,而是因时、因人、因地、因势的灵活掌握,是恰到好处的把握。"把握度",不是不要极端,恰恰是找到极端,在两个极端之间找中间点,针对具体情况,灵活确定处理事物的"度"。习近平主席强调的"明者因时而变,知者随事而制"①就是对这一方针的解释。概括而言,国际环境有三大变化:其一是经济环境的变化,由于疫情的影响,原来隐藏在全球化中的问题开始集中暴露,出现了"逆全球化"的趋势;其二是政治环境的变化,信奉"美国第一""美国例外"的美国政府搅乱了全球治理结构,全球的安全局势在恶化;其三是文化和传播领域的变化,民粹主义盛行,社交媒体发展带来"后真相时代",假新闻与情绪新闻盛行,这些都拉大了言论与事实之间的距离。中国现在已经站在了世界舞台的中央,现实要求我们必须主动出击。习近平主席曾说:"别人乱说我们一通,如果我们不及时加以澄清和纠正,就会以讹传讹,反倒让世人觉得我们输了理似的。我们要主动发声,让人家了解我们希望人家了解的东西,让正确的声音先入为主。"②在国家政策层面,"讲好中国故事,传播好中国声音",是习近平主席从战略层面对国际传播能力建设提出的要求。他强调,要"推进国际传播能力建设,讲好中国故事,展现真实、立体、全面的中国,提高国家文化软实力"③。2018年,习近平主席在全国宣传思想工作会议上又提出要主动讲好三个故事,即中国共产党治国理政的故事、中国人民奋斗圆梦的故事、中国坚持和平发展合作共

① 倪光辉.习近平在全国宣传思想工作会议上强调:胸怀大局把握大势着眼大事,努力把宣传思想工作做得更好[J].共产党员,2013(9):16.

② 习近平.当前工作中需要注意的几个问题[M]//习近平关于社会主义文化建设论述摘编.北京:中央文献出版社,2017.10.

③ 习近平.决胜全面建成小康社会 夺取新时代中国特色社会主义伟大胜利:在中国共产党第十九次全国代表大会上的报告[M].北京:人民出版社,2017:44.

赢的故事。[①] 2020 年全国两会期间发布的“十四五”规划和 2035 年远景目标纲要强调，要“加强对外文化交流和多层次文明对话，创新推进国际传播，利用网上网下，讲好中国故事，传播好中国声音，促进民心相通”。安克雷奇对话，表明我们对美国的攻击不再隐忍。

再次，是世界舆论的分化，出现了世界舆论多极化的趋势。

杨洁篪在反击美国指责的开场白中说：“美国本身并不代表国际舆论，西方世界也不代表。无论从人口规模还是从世界趋势来看，西方世界都不代表全球舆论……我认为世界上绝大多数国家不承认美国所倡导的普世价值，不承认美国的意见可以代表国际舆论，不承认少数人制定的规则将成为国际秩序的基础。”事实也的确如此。尽管美国在会前拉帮结派，对中国施压并抹黑中国，但是国际舆论并没有跟随美国的脚步。认真分析关于安克雷奇对话的媒体报道，我们看到世界媒体报道的内容十分丰富，角度观点多样，世界舆论的分化十分明显。例如，会谈中美国对中国的指责和中国的硬气表态上了世界媒体的头条，但是各国的评价并不相同。除了少数国家的媒体站在美国一边，大部分媒体都是支持中国的立场，甚至包括一些西方媒体。比如西班牙的《战斗报》在 3 月 20 日报道说，中美会谈以其剑拔弩张、充满浓烈火药味的开场白让整个世界目瞪口呆！同时也向全世界再次证明了与美国打交道的真理：如果你仰视美国，那么美国一定会俯视你。意大利的米兰电视台在 3 月 19 日的评论中说：“这是一个历史性的时刻，它不但寓意着东西方世界拳头的转移，也寓意着东西方嘴巴的转换。”尽管一些西方媒体屏蔽了会谈中中方的关键信息，一些中东媒体也对中国的硬气表示不解，反应冷淡，但是世界网民更多地表现出了对美国批评的态度。安克雷奇对话显示出了世界舆论多极化的趋势。

中国在国际上经常被指责，对此应该进行客观分析。皮尤研究中心在 2019 年 5 月 13 日至 10 月 2 日对全球 34 个国家的 38,426 人进行过调查，该调查很清楚地显示，对中国抱有较多负面看法的国家，主要是西方发达国家以及中国大陆的邻近地区。希腊、保加利亚、以色列对中国的正面看法都超过了 50%。其他国家，包括俄罗斯和乌克兰，拉美的巴西、阿根廷、墨西哥，非洲的肯尼亚、尼日利亚，中东的突尼斯、黎巴嫩等，对中国的正面看法都大大高于负面看法。一个有意思的现象是，YouTube 上有一个在欧洲街头随机采访的频道，当被问到“哪个国家最令人讨厌”时，回答“俄罗斯”和

① 习近平.自觉承担起新形势下宣传思想工作的使命任务[M]//习近平谈治国理政：第三卷.北京：外文出版社，2020:314.

“美国”的人数超过了回答“中国”的人数。各国的讨厌模式基本上是“大国+邻国”。讨厌的最根本原因是利益冲突。这说明世界的多元、利益的多元导致价值的多元,从而也形成了舆论的多元。

最后,是世界传播的新形态,新传播开始在国际传播新格局中显示力量。

我们曾经总结过,当代社交媒体新闻可称为“新形态新闻”或“新传播”,其特点是体量巨大、无所不包和瞬息万变。新传播还有很多称谓,如“流量新闻”“网红新闻”“汇聚式新闻”等。其表现是传播渠道多、主体多、话题多且易变、传播边界模糊、传播汇聚、整体占用社会时间长等。就具体新闻要素而言,在传统的事实、渠道、受众要素之外,新形态新闻又加上了场景、情感、关系要素,形成了传播的“六要素”。这“六要素”是相互联系的,特点也在变化。比如,内容要素中包括深度、广度、流行话语;渠道要素包括互动与平台化;受众成了互动的积极受众;关系要素指的是从弱关系到强关系,或从强关系到弱关系的转化;情感要素是指情绪、价值、关心角度的趋同或相同以及不断的变化;场景要素则是指此时此刻和此情此景。[①] 在这次对话中,我们可以明显看到这种新传播形态得到了充分体现,比如情感传播、价值传播的凸显,流行语的盛行,对戏剧化情节的关注(包括翻译的染发、中美翻译的对比),热点的跳跃,传播视频化等。新传播形态是世界传播进入2.0时代的体现。传播全球化可划分为前后两个阶段,即传播1.0时代和传播2.0时代。前者是传播全球化的起步阶段,主要表现为全球网民数量的快速增长,各媒体形态与网络媒体的初步融合。后者是传播全球化的深度发展和全面升级阶段,出现的标志是2017年世界网民超过总人口的50%,呈现出来的特征一是全球网民数量爆炸性增长;二是所有媒体形态的网络化;三是以视觉呈现为核心的融合传播兴起。“全媒体时代”是其另一个称谓,这一称谓也表明了国际传播新格局的重要特点。

三、新格局需要承担新任务

对“格局”一词我们还有另外一种拆字的理解:“格”是对认知范围内事物认知的程度,正如汉语中所说的“格物致知”;“局”是指认知范围内所做事情以及事情的结果。这二者合起来称之为“格局”。在对国际传播的新格局特点进行了分析之后,我们需要做的就是适应这样的格局,掌握在这一格局中的主导权。因此,我们需要承担以下五大任务:

---

① 刘笑盈,董超.关于当代媒体发展的十三个解释[J].新闻战线,2019(17):52.

(一)报道真实中国、真实世界的任务

事实是第一位的,国际传播的层次是“三个认同”:事实认同、利益认同、价值认同。尽管我们知道新闻的价值是由新闻事实决定的,但是当前国际传播中的一个重要特点就是言论和事实的距离越来越远。2016年“后真相(Post-truth)”被《牛津词典》选为当年的年度词汇并迅速流行,这个词的意思是“客观事实的陈述,往往不及诉诸情感和煽动信仰更容易影响民意”。除了情绪化表达,“后真相”一词还指假新闻的盛行、信息的过载和碎片化导致寻找信息的成本过高。在这样的时代,新闻的主观性不断凸显,网络时代的技术集权、增加隔离、扩大差格、片面呈现、解构元叙事等各种现象,加上政治操控,导致受众的认知经常出现偏差。典型的人物就是美国前总统特朗普,典型的事例就是西方政客和媒体对新疆棉的抹黑。现实要求我们把讲好事实作为重要的任务。当然,讲好事实是讲真实可信、准确客观的事实,实事求是地追求真相。讲好中国故事不等于只赞美,不反思。既要让海外受众了解我们的发展成就,也要讲困难和问题,让海外受众了解一个有血有肉、实实在在、形象丰满的中国。

在讲好中国故事的同时,新格局还给我们提出了报道世界的任务。从“报道中国”到“报道世界”的转向,就是在讲好中国故事的同时,也要讲好世界的故事。在当前西方普遍陷于舆论分化、方向迷茫,处于“后西方”“后真相”“后秩序”的时代,报道世界不仅是我们外宣战略的需求,也是国际舆论场填补空缺的需要。[①] 不从“世界的角度”“全球的角度”去报道中国那也是没有力量和说服力的。

(二)讲好中国价值观的任务

新格局需要有价值观和理论体系作为支撑,话语权的争夺归根结底体现在价值观的竞争上。在西方话语体系出现困境的时候,需要中国的价值观体系进行填补。安克雷奇对话中就充满了价值观的冲突。从美国的罔顾礼节、拉帮结伙、无视民意,到在人权、民主等问题上对中国的无端指责、霸权欺凌,处处可以看出价值观的斗争。实际上,最近几年我们在对外传播上已经开始了价值观传播的转向。在价值观传播中,不仅包括了对西方谬论的驳斥,而且包括了对一些元定义、元理论的重新解释;不仅包括了对西方双重标准的揭露,而且包括了我们对传统价值观的现代阐释。例如,习近平主席在2014年9月庆祝人大成立60周年大会上的讲话中,就首次揭示出社会主义民

① 刘笑盈.中国对外报道:从报道中国到报道世界[J].对外传播 2018(11):4.

主的特点:“在中国社会主义制度下,有事好商量,众人的事情由众人商量,找到全社会意愿和要求的最大公约数,是人民民主的真谛。”[①]我们的民主不是一票的选举民主,而是以民为主,为民做主;我们的人权首先是发展权、生存权;我们的自由是安全自由、出行自由。在传统文化的现代阐释方面,近年更是发展出了“和睦、和谐”的中国发展观,“文明包容互鉴”的国际文化观,“平等互利、合作共赢”的经济观,“和而不同”“求同存异、和平共处”的国际关系观,“达则兼济天下”的国际责任论等。“构建人类命运共同体”“一带一路”也被写入联合国决议。新冠肺炎疫情爆发以来,“人类卫生健康共同体”的概念,在气候变化方面人与自然生命共同体的概念,全球可持续发展的新价值观等都受到了世界欢迎。这些价值观,是构建国际传播新格局的重要理论支持。

(三)塑造中国形象的任务

改革开放以来,我国的国际传播在理论上有四个重点领域:塑造国家形象,增强文化软实力,建设国际一流媒体和争夺话语权、建立话语体系。应该说,中国的国家形象建设取得了很大的成绩。2020 年 9 月,当代中国与世界研究院发布了《中国国家形象全球调查报告(2019)》,基于对覆盖世界主要区域的 22 个国家的 11000 个调查样本的数据分析,2019 年中国整体形象好感度持续上升,海外受访民众的整体印象为 6.3 分(满分 10 分),较 2018 年有所提升。[②] 不过,在新冠肺炎疫情爆发后,在西方政客和媒体的打压抹黑下,在西方声音依然强势的舆论环境下,中国国家形象的负面评价开始上升。2020 年 10 月,美国皮尤研究中心发布的一项针对美英德澳日韩等 14 个发达国家的调查显示,由于疫情等因素影响,民众对中国国家形象的正面评价创下了历史新低(24%)。[③] 在中国民众对政府的支持度创历史新高的背景下,中国在发达国家眼中的国家形象居然创下历史新低。中国在国际舆论场上发声不足,以及遭受抹黑和误解的程度可见一斑。

在国际传播新格局中,我们面临着塑造和改善中国国家形象的任务。要想积极有效地应对中国被挨骂、被抹黑的问题,一方面要敢于斗争,进行正面回应,有理有据地

---

① 习近平为何要提出有事好商量[EB/OL].(2014-09-24)[2021-07-24].http://theory.people.com.cn/n/2014/0924/c49150-25722147.html.

② 当代中国与世界研究院课题组,于运全,王丹,孙敬鑫.中国国家形象全球调查分析报告(2019)[J].人民论坛·学术前沿,2020(20):90-95.

③ SILVER L, DEVLIN K, HUANG C. Unfavorable views of china reach historic highs in many countries[R/OL]. https://www.pewresearch.org/global/2020/10/06/unfavorable-views-of-china-reach-historic-hi ghs-in-many-countries/.

展开批驳；另一方面还要善于斗争，讲究策略和方法，学会“轻声说重话”。毛泽东思想活的灵魂有三个方面：实事求是、群众路线和独立自主，依然可以为我们所用。实事求是就是尊重事实，如果说中国与西方国家之间有对抗、竞争、合作三种关系，就应该找出并说明这三种关系；群众路线就是要争取多数，甚至不计前嫌，团结一切可以团结的人，用好国际志愿者；独立自主就是按照自己的节奏，做好自己的事情。当前塑造中国国家形象，最重要的就是塑造好“全球中国”的形象。在前述 2019 年的中国国家形象调查中，中国参与全球治理各领域的表现认可度不断提高，人类命运共同体与文明交流互鉴的积极意义得到全方位认可，共建“一带一路”海外认知度不断上升。世界各国民众普遍预期中国的国际地位和全球影响力将不断提升，中国承担世界和平建设者、全球发展贡献者和国际秩序维护者的角色和作用备受期待。其实在新冠肺炎疫情中，中国的贡献也是巨大的。“做得好”是“说得好”的前提，但是“做得好”也要“说得好”。“全球中国”的形象包含三层含义：一是强调中国与世界密不可分，要在全球的视野下讲述中国故事；二是强调中国是世界的中国，是积极、主动参与全球治理的负责任大国；三是强调世界需要中国，中国发展也能惠及世界。

（四）构建新传播体系的任务

当前媒体的全球化、社交化、情感化特征明显。习近平主席曾经用“四全三无”来说明当前的媒体特征，即“全程媒体、全息媒体、全员媒体、全效媒体”，“信息无处不在、无所不及、无人不用”。在安克雷奇对话及其报道中，受众几乎可以了解到会议的所有信息，全程参与，充分显示了新传播的力量。新传播需要构建新的传播体系。在这方面，政府力量、社会力量、企业力量、民间力量都是需要重视的。美国学者约瑟夫·奈曾说，中国软实力不足的主要原因是中国的软实力不是来自民间，而是来自政府部门。也正如美国的中国问题专家沈大伟所说，中国“基本上沿用了国内的宣传模板，试图将其推向全球”。出于对“宣传”的天然反感，以及西方对中国意识形态的敏感，中国官方的宣传受到很多先入为主的“抵抗”，民间传播则更容易被接受。一个例子就是 2021 年 4 月 27 日，中国博主李子柒在 YouTube 上的粉丝数突破千万。这位四川女性因为在国内外社交媒体上展现中国传统艺术和令人惊叹的中国乡村美景而声名鹊起。这个现象说明了三个问题：一是网络媒体时代，个人传播更具情感力量；二是民间非官方、不带有政治因素的内容传播效果更好；三是民族特色为表、深层共鸣为里的内容才能做到融通中外。

“媒介即信息”的概念从来没有像当今这样得到彰显，“连接”就是互联网时代的关键词。我们传统的传播,主要集中在传统媒体,平台小、渠道窄,声音难以传递出去。因此,我们需要搭建更多的渠道和平台。在传统媒体进行渠道拓展的同时,我们搭建了包括博鳌亚洲论坛、达沃斯夏季论坛、上合组织及二十国集团峰会、金砖国家首脑会议等非媒体的国际会议和论坛,也开始利用他国媒体作为传播渠道。我们还要进一步扩展新媒体平台和民间传播渠道,实现"弯道超车"。在国际新媒体平台方面,我们不仅要在 YouTube、Facebook、Twitter 等国际平台上发力,也要打造 Tiktok、WeChat 等国内走出去的平台。通过各方面的努力,我们最终要建立形态各异、特色鲜明,拥有不同类型和层次的丰富的传播体系。

(五)改进传播方式的任务

在安克雷奇对话中,杨洁篪的"中国人不吃这一套"、王毅的"美国人的老毛病需要改一改了"等名言,伴随着说话时的眼神、动作、场景传遍世界。这些构成了新传播的所有要素——流行语、短视频、场景、传受关系、受众的情感体验……新传播格局需要新传播方式。应该说,近年来,我们的对外传播形式一直在改进的过程中,从讲好中国故事,到讲好宏观故事和微观故事,讲好通用故事和特色故事,讲好英雄故事和普通人的故事;从创建中国特色的话语体系,到政治话语的创新,媒体话语、民间话语的改进。改进传播方式,不仅要有讲述方式和话语方式的创新,还要有表达形式的配合,以适应社交媒体新传播的要求。例如,国内媒体融合的视频类、直播类、音频类、数据新闻、VR 类、网页互动类、漫画类、H5、活动类等多种创新形式,都可以用于国际传播。对外传播的形态除了正面报道和宣传,还有事件营销和危机处置等不同形态。事件营销的要点是制造热点、抓住热点。在新传播时代,热点是传播聚焦的关键时刻。除了北京冬奥会、世界文明对话会等媒介事件热点外,还有随机性的网络事件热点,例如"丁真的世界"就是特别好的热点事件营销,也可以用于国际传播。改进传播方式的前提是尊重受众,了解受众,动员受众参与。新传播时代的另一特点是情感传播。网络时代不仅有"意见自由市场",还有"情感市场"。"情感市场"并不以真理为唯一准绳。"'情感市场'对国家、组织和个人形象及声誉的影响往往要比'意见市场'大得多,这一点在社交媒体时代表现得尤为显著。此外,在危机事件和负面舆情出现时,'情感市场'对国家、组织和个人美誉度的维系也能起到至关重要的作用。我们可以用以往积攒下的'情感资本'来冲抵因危机和负面舆情带来的声誉损害。"① 只有新传播方式才

---

① 史安斌.尊重传播规律,开掘"情感市场"[N].环球时报,2021-02-09(15).

能争取更多的受众,尤其是年轻的受众。

20世纪的科学哲学家卡尔·波普尔曾经用“三个世界”的理论来解释物质与精神的关系。他认为宇宙中有物质世界、精神世界和知识世界三个世界,知识世界是联系前两者的客观桥梁。套用在新闻学上我们同样也面对三个世界,一个是客观存在的事实世界,一个是媒体报道的语境世界,一个是人们想要的理想世界。如果我们想达到理想世界,就必须改进媒体报道的世界,其中的意义是巨大的。

〔谢琳,中国传媒大学传播研究院国际新闻专业博士研究生,新华社国际部主任编辑;刘笑盈,中国传媒大学传播研究院教授、博士生导师〕

〔特约编辑:顾洁〕

理论与历史

再造与重构:“媒介化”影响与行为方式变化研究*

Reengineerring and Reconstruction: Research on the Influence of “Mediatization” and Changes in Behavior

◎ 赵淑萍　王海龙

Zhao Shuping　Wang Hailong

摘要:“媒介化”已经成为探讨技术性媒介对文化和社会变迁产生影响的新理论框架,是近十年间对媒介进行研究的新范式。这一范式的诞生与数字媒介的发展关系密切,可以说正是数字媒介的勃发以及对社会的深刻影响,才使媒介化生存、媒介化生活以及媒介化社会成为现实。

2020年初,新冠肺炎疫情爆发后,人类的物理接触被大范围“截除”,不得不将一部分社会行为迁移到云端。网课、健康码、远程办公、云会议、云考试成为日常生活的一部分,也加深了社会的媒介化程度。

基于上述背景,本文从工作、日常生活、社交、消费、教育等具体的社会实践入手,研究了媒介如何在与社会的结合中将自身的特征和逻辑投射到社会中,以及媒介化后的人类、媒介和社会的关系变化。

关键词:数字媒介;媒介化;媒介与社会

Abstract: “Mediatization” has become a new theoretical framework for exploring the impact of technical medium on cultural and social changes, and a new paradigm for medium research in the past decade. The birth of this paradigm is closely related to the development of digital medium. It can be said that it is the proliferation of digital media and its profound influence on society that make mediated survival, mediated life, and mediated society a reality.

At the beginning of 2020, after the outbreak of the COVID-19, human physical contact was “cut off” on a large scale, and humans had to migrate part

* 本文为国家社科基金重大项目“我国新闻传播业人工智能应用现状与发展趋向研究”(项目编号:19ZDA327)的阶段性成果。

of their social behaviors to the cloud. Vocabulary such as online class, health code, remote office, cloud conference, and cloud examination have all become common vocabulary in life, and it has also deepened the degree of "mediation" in society.

Based on the above background, this article starts with specific social practices such as work, daily life, social interaction, consumption, education, etc., and studies how the media plays a role, and "maps" its own characteristics and logic to the society in integrating with the society, and after "mediaization", the relationship between people, medium and society has changed.

Keywords:digital medium,mediatization,media and society

"媒介化"(mediatization)已经成为探讨技术性媒介对文化和社会变迁产生影响的新理论框架,是近十年间对媒介进行研究的新范式。媒介化研究的核心关切是"媒介如何日益融入其他社会制度与文化领域的运作中并且自身也成为社会制度,以及社会互动——在不同制度内、制度之间以及社会整体中——如何通过媒介实现。"①媒介化研究的兴起与数字媒介的发展关系密切,正是数字媒介的勃发以及对社会的深刻影响,加速了媒介化生存、媒介化生活以及媒介化社会的到来。

2020年初,新冠肺炎疫情爆发后,人类的物理接触被大范围"截除",人类不得不将一部分生活迁移到云端。网课、健康码、远程办公、云会议、云考试成为日常生活的一部分,也加深了社会的媒介化程度。

基于上述背景,本文从工作、日常生活、社交、消费、教育等具体的社会实践入手,研究了媒介如何在与社会的结合中将自身的特征和逻辑投射到社会中,以及媒介化后的人类、媒介和社会的关系变化。

一、从中介物到拟态环境再到媒介化

人类的生存与媒介一直有着密不可分的关系。"世界上根本不存在任何摆脱了媒介的生命,而且'嵌入在媒介中'倒是一个不错的人类境况。"②"我们与媒介共生,生活

---

① 夏瓦.文化与社会的媒介化[M].刘君,等译.上海:复旦大学出版社,2018:21.

② 彼得斯.奇云:媒介即存有[M].邓建国,译.上海:复旦大学出版社,2020:53.

在媒介中。”[①]

在文字尚未诞生的石器时代，岩画就已经成为“部落将神话、图腾及意识传递给年轻族人的媒介”[②]。媒介在时空上拓展了人们的认知，成为人类意识能力的延伸。媒介与陶瓷、车轮这样的技术物一样，成为人们与世界交互的工具，是人们了解世界的中介物。

大众传媒的出现，使媒介逐渐成为人们获取信息的主要渠道，媒介为人类提供大量的信息，并且逐渐构建出李普曼口中的“拟态环境”。媒介与社会的关系发生了变化，媒介不再是接触环境的居间中介，而是成为一个虚拟的信息环境本身。

在数字革命的推动下，媒介已经进入社会的各个领域，人类以媒介化生存的方式为数字化生存进行注解。同时，媒介也从大众传媒的神坛上走下来，成为和水、电一样须臾不可离的生存要素，成为社会的数字基础设施。

真正的变化来自数字媒介逻辑的建构力量，它似乎“既能描述世界，又能操纵世界”。数字媒介不仅是环境，也成为改变环境的力量。作为社会元素的数字媒介，在与社会关系的长期、大范围结构性变迁中，逐渐将自己的媒介逻辑投射到社会的发展中，从而影响社会的行为方式和制度性逻辑，使社会被“媒介化”。

二、工作媒介化：时空整合与算法节律

数字技术步入日常工作领域，这源于计算机从数学计算的工具转变为电子数据处理设备。在IBM、微软等公司的商业拓展下，计算机逐渐成为工作的办公工具。但是，计算机以及智能化设备在工作上的使用只是工作的数字化体现，并不能被称为媒介化。工作的媒介化始于互联网的兴起，电子邮件、即时交互工具让工作越发无法离开数字媒介，移动互联网的发展在时空上实现媒介与工作的混合，将工作媒介化变为常态，媒介逐渐成为工作的一个元过程（meta-process），重新安排了工作的时空和节律。

（一）空间和时间重新整合

电子邮件、文件共享、群发信息等数字媒介以光速传播信息，让人们告别物理交通的束缚，例如等待传真的焦虑、电视电话会议的繁琐，从而大大提升了人们的工作效

---

① 库尔德利.媒介、社会与世界：社会理论与数字媒介实践[M].何道宽，译.上海：复旦大学出版社，2016：188.

② 施拉姆.人类传播史[M].台北：台湾远流出版公司，1994：24-25.

率。数字媒介在信息传递上的异步性,使人们不必任何事都马上做出响应,时间可以自由支配。这种自由支配的工作时间,成为一种可以被整合的资源。例如,正是庞大的自由时间的整合,才使维基百科成为可能。

数字媒介也重新整合了工作的空间。远程控制电脑,让一些员工可以在家中处理公司的业务;云办公、云会议等方式,让人们能够在不同的空间尤其是非工作场所参与到工作中。

但是,工作的媒介化也给人们提出了挑战。一旦时间可以自由安排,就会有人迫于竞争的压力选择第一时间响应。久而久之,不及时响应就成为一种消极的态度,这种内卷导致人们逐渐失去自由的空间和时间。在 2021 年春节前后关于"下班后的工作消息要不要回""回家过年应不应该带电脑"的话题被广泛讨论。"在互联网的规训下,我们的工作和生活已经做不到那么泾渭分明了,严格区分工作时间和生活时间也变得并不容易。"①

(二)算法对工作节律的控制

没有什么比机器更加克制,它不仅能够日夜不停地工作,而且绝对客观公正。数字媒介正在成为监督和分配人们工作的机器,算法正在对人们的工作节律进行严格地控制。

钉钉、飞书等协同办公软件能够根据工作进度的总体安排划分时刻表,并且每天在全企业共享工作进度。一旦工作进度放缓,就会引起管理者的注意。在外卖平台,"算法在外卖员的订单分配、时间计算、路线预估和送单监测等方面,发挥了重要的监管作用。"②网约车平台滴滴的"滴滴大脑"可以"每 2 秒进行一次全局的判断,在庞大的计算中,完成全局最优的智能派单。"③

三、社交媒介化:深度媒介交往与社交行为的异化

社交媒介并不是一个新鲜的东西,从西塞罗和其他古罗马政治家用来交换信息的莎草纸信开始,人类就已经学会使用媒介拓展社交的疆界。分享是人的天性,"我们的

---

① 张永群. 回家过年不带电脑被开除,这么任性?[EB/OL].(2021-02-20)[2021-02-23]. https://baijiahao.baidu.com/s? id=1692229330161705397&wfr=spider&for=pc/.

② 孙萍."算法逻辑"下的数字劳动:一项对平台经济下外卖送餐员的研究[J].思想战线,2019,45(6):50-57.

③ 王学成.特定时空视角下网约车平台的匹配功能研究[D].北京:北京交通大学,2018:105.

大脑就是为了建立社交关系网而生成的”[①]。从莎草纸到电报再到今天的互联网，社交的动力推动人类媒介技术的革新，媒介技术也不断刷新着社交的方式。

（一）媒介社交超越现实社交

今天，人们的社交行为越来越离不开社交媒体，人们的社交行为已经进入深度媒介化的阶段。

在时间上，我们每天要花费大量的时间在社交媒体上，据艾媒咨询的数据显示，2020 年中国移动社交用户规模已突破 9 亿人，较 2019 年增长 7.1%。[②] 媒介化的社交行为已经成为主要的社交行为形式。例如，一些家庭成员即使同在一个家庭空间，也会使用数字媒介进行交往。人们对数字媒介社交的过度依赖，使数字媒介的关系已经超越了现实的人际关系。

（二）媒介关系成为交往的“前台”

在《日常生活中的自我呈现》一书中，戈夫曼用“前台”和“后台”的概念来界定日常生活的区域。例如，在一个餐馆，服务员会把大厅的区域当作“前台”，而后厨则是“后台”。

与人交往时，面对面交往的空间是“前台”，而远离交往对象的地方则是“后台”。人们在“前台”和“后台”所表现出的行为会呈现出差异。过度的媒介社交正在将媒介关系转化成为交往的“前台”。人们更加看重在社交媒介上与人沟通时的所言所语，社交媒介的沟通方式和效果有时候是维系人际关系的重要渠道。在现实空间中，这些人可能并没有机会进行沟通，或者这些沟通不如媒介沟通给人的感觉舒适。

另一方面，数字交往中的异步性，允许人们精心组织和反复打磨用语，不像现实的交往要马上做出反应。社交媒体软件中的一些特效、表情包、动图等装饰性行为，给予了超出人们肢体语言的表达丰富性。数字媒介的交往行为大多数可记录和可追溯，这也让人们更加重视表达后留下的痕迹，面向当下的表达逐渐转为面向未来的表达。

一些人也会对社交关系中的自我呈现进行伪装。眼下，帮助别人包装朋友圈已经成了一种新的服务。通过精心打磨的文案、刻意拍摄的照片等，一些人可以在社交关系中自我呈现出与现实自我迥异的面貌。

---

① 斯丹迪奇.从莎草纸到互联网：社交媒体 2000 年[M].林华，译.北京：中信出版社，2015：18.

② 艾媒咨询.2020—2021 年中国移动社交行业研究报告。

长期和深度的数字交往可能会导致人们在真实交往中的“失语”,以至于不能很好地适应现实交往,这便是技术长期使用后对人的某些功能的抑制和截除。

(三)社交行为的商品化

我国的社交媒体经历了用户争夺、流量争夺阶段后,逐渐确立了自己的功能和定位:微信的熟人社交、抖音快手的视频社交、微博的陌生人社交等。它们在不同的细分领域占据着巨大的用户和流量,此后,这些社交媒体正在思考如何将巨大的用户资源和流量资源变现。

社交作为信息的交汇地,在这个虚拟的场所,充斥着大量的广告信息,一些付费的社交软件则直接将社交行为商业化。原生态的社交平台已经不存在,我们已不可能真正地免费使用社交媒介。

社交行为商品化的另一种表现是以售卖为目的的社交行为。当社交行为被元素化,从具体的场景中抽离出来,社交便可以被作为售卖的资源。例如,在网络直播平台上,社交中的陪伴功能就被抽离出来重新安置,“主播对于观众来说,不再是屏幕另一边的网友,而是以一种全新方式扮演的‘密友’角色,观看直播的过程就是营造了一种虚拟陪伴感、认同感和获得感。”[①]网络主播不再为了分享个人生活而进行直播,而是以打赏、带货等为目的进行直播。

四、消费媒介化:媒介主导生产和消费

(一)媒介消费的常态化

从第一个 B2C 电商网站开始,媒介就已经成为消费的新途径。借助互联网,消费的空间和时间被重新整合,消费者和货物资源的关系被重新安排。今天,消费的媒介手段已经从电子商务平台拓展到了社交媒体、短视频、网络直播等领域。

在当下的技术条件下,数字媒介已经完全可以复刻真实的消费场景。在电子商务的交易基础上,VR/AR 购物能够更加直观地体验产品,直播平台上的带货犹如现实中的橱窗,直播购物时主播的讲解和现实中的导购如出一辙,时刻刷新的购物数据则给予了消费者现实中集体抢购的体验。可以说,媒介正在将人们消费的真实体验一点

---

① 王艳玲,刘可.网络直播的共鸣效应:群体孤独·虚拟情感·消费认同[J].现代传播(中国传媒大学学报),2019,41(10):26-29.

点复刻和还原。通过媒介进行消费的人群规模逐渐增长，通过媒介进行消费成为常态，媒介已经成为消费的主导力量。

（二）面向媒介的生产

让·鲍德里亚在《消费社会》一书中断言，生产的社会已经被消费社会取代。消费主导了生产，生产面向消费。产品不断迭代、使用时间变短都是为了获得更多的消费而对生产做出的改变。当媒介主导消费时，消费又被媒介的力量影响，生产和媒介产生勾连，生产从面向消费转为面向媒介中的消费。

生产面向消费是指，媒介的高度整合、快速变动等特征逐渐转化到生产行为中。例如，众筹行为在媒介中将人们的消费意愿聚集在一起，确定具体的人群后再进行生产，生产和消费的顺序发生颠倒。再如，在消费降级的今天，越来越多的人会选择性价比更高的产品，为了迎合这种心态，商家会生产有可能在媒介中获得超级销量的产品，通过摊薄成本而降低价格。总之，生产中的行为会越来越受到媒介的影响。

五、教育媒介化：场域的解构和延伸

法国社会学家布迪厄提出场域（field）概念，“从分析的角度来看，一个场域可以被定义为在各种位置之间存在的客观关系的一个网络（network），或一个构型（configuration）。”[①]教育是社会的一个典型场域，指“在教育者、受教育者及其他教育参与者之间形成的一种以知识的生产、传承、传播和消费为依托，以人的发展、形成和提升为旨归的客观关系网络。”[②]媒介参与到教育中，正在从知识生产、空间场所以及权力关系等方面对教育的场域进行解构和延伸。

（一）学习空间的拓展

在互联网的普及下，在线教育已经非常普遍，网络公开课、在线培训等已经成为人们继续教育和能力提升的途径。在2020年新冠疫情爆发后，课堂教育这种高度依赖教室场所的教育形式也走向网络。

与此同时，课堂教育成为社会能够共享的资源。据《2020年抖音教育直播专题研究报告》显示，教育类直播已构成抖音直播的主要类别之一，教育类直播的观看量总体

---

① 布迪厄，华康德.实践与反思：反思社会学导引[M].李猛，等译.北京：中央编译出版社，1998：133-134.

② 刘生全.论教育场域 [J].北京大学教育评论.2006，4(1)：78-91.

呈上升趋势,其中兴趣培训、职业技能培训的观看人数较多。2020 年 2 月 5 日起,清华大学在抖音直播开课,不仅有精心为网友专门准备的课程,也将清华大学的课堂直接通过抖音进行直播。抖音数据显示,2020 年累计有 3600 万人次观看了清华大学直播课程。

教室是一个特别的空间,师生面对面,在一个现实空间中交流和互动,这个空间是媒介无法完全替代的。有学者指出,具身在知识的习得过程中具有重要的作用,“学院知识的习得在很大程度上依赖于传收双方的感官调动程度,而感官的调动程度在一定程度上取决于知识传播中的互动”①。疫情结束后,课堂教学会恢复到常态,但是,网络空间已经成为课堂教学的第二空间,成为课堂教学空间的补充和延伸。

另一方面,自我学习和提升的空间也在媒介的帮助下得到补充。新冠肺炎疫情之后,“直播自习室”火了起来。例如,Bilibili 视频网站就开设了特定的直播学习板块,学习者打开软件,把摄像头对准自己正在学习的内容或者学习者自身,就可以和远方的陌生人一同学习。一些参与直播自习的人表示,“参与直播自习室使他们产生了有人在陪伴自己学习的感觉,更容易坚持下去。”“看直播就是为了营造一点学习氛围。”②可见,网络直播这种形式能够在一定程度上复现教室、图书馆等线下学习场域的仪式感、空间感和氛围感,很多需要集体学习氛围和节律感的人,通过直播软件重新聚合在一起。

(二)规训的向外延伸

课堂教学需要通过多种手段实现对学生的规训,随着移动社交媒介的普及,教育的规训方式也在向外延伸。在当下,微信、QQ、家校通已经成为每个家长必备的工具,几乎每个班都有一个家长群,以方便学校老师和学生家长之间的交流。通过家长群,老师可以把学生的情况及时透露给家长,家长也可以了解孩子在学校的表现情况。教师还通过社交媒体将检查作业、指导学生、教育学生的权力移交给家长,这种现象逐渐成为一种常态。但是,这种规训的任意向外延伸已经带来学校空间和生活空间的混合以及学校空间对生活空间的侵占,一些家长已经明显表示出自己的反感。前不久,教育部出台了相关规定,禁止教师通过网络社交软件微信、QQ 等布置作业,禁止要求家长批改作业。

---

① 涂凌波,王子薇.空间隔离与知识流动:新冠肺炎疫情时期的线上知识传播研究[J].现代出版,2020(3):26-33.

② 范岳亚."直播自习室":新媒介技术下的空间组合与超人际互动[J].重庆文理学院学报(社会科学版),2020,39(6):86-95,122.

除了教学规训的延伸，考试这种过去只可能发生在教室的行为，也通过媒介向外拓展，随之一起延伸的还有对考试者的监控。通过两个摄像头和网络直播，远方的监考人员就能够监控到考试者的行为，AI技术还能为之提供辅助。可见，在媒介的传递下，这种规训的力量已经能够实现向不同时间和空间的延伸。

六、日常生活的媒介化：享受便利又要保持警惕

日常生活指的是起居、用餐、通勤等最基本的生活需求。马斯洛在《人本哲学》中介绍了人的需求层级。排在最前面的是生存的需求，其次是社交、娱乐等需求，日常生活对应的就是马斯洛所言的生存的需求，这是最基本的需求。提起日常生活与媒介的关系，人们很容易联想到早期的生活服务类电视节目，这些节目关注柴米油盐和生活点滴，成为人们生活的帮手和调剂。现在，我们的生活和社交、娱乐一样越来越无法离开数字媒介，媒介不仅仅是辅助，而是必需品。

在目前技术能够达到的条件下，人们的日常生活可以这样安排：早晨被智能音箱叫醒，然后在智能镜子前面洗漱，并得知天气情况，吃着智能烤箱做好的早餐，用手机叫上一辆出租车，或者在导航软件的帮助下自驾车前去工作；中午用手机点份外卖；在下班回家的路上用手机开启家中的智能设备；晚饭后观看一下智能手表记录的运动情况，然后在智能健身镜的指导下完成健身任务；最后在短视频、社交媒介或者游戏软件的陪伴下入睡。

起居媒介、健身媒介、穿戴媒介等，正在陪伴和服务人们的日常生活，并且可以将日常生活安排得井井有条。或许有一天，没有媒介的帮助，我们将寸步难行。

日常生活的媒介化，让我们深得便利，但是，我们也要对此保持警惕。

前不久，关于互联网平台参与社区团购竞争的事件引发广泛争议，《人民日报》等主流媒体纷纷发文批评互联网公司在“菜市场”的较量。社区团购的背后其实是资本的无序扩张、数字化的深入以及平台的流量争夺。当信息被中介化，居间的信息服务商便可以形成垄断。一旦日常生活被全面媒介化，生活领域将被媒介以及媒介背后的资本控制，我们可能彻底丧失生活的自由。

日常生活媒介化的另一个弊端在于，一部分人将因为无法使用数字媒介而无法正常或全面地享受到生活资源。疫情期间，很多老人因为没有健康码无法乘坐公共交通，因为不会使用团购软件而面临缺少生活物资的问题。

日常生活领域满足的是我们的基本生存需求，处在社会行为的最基础层，是面对

数字洪流的最后防线。当我们沉浸在数字媒介给日常生活带来的便利中时,也要保持警惕,我们是否有必要将自身的一切都交给数字媒介,面对数字化和媒介化,我们还需要保留什么?

总结:媒介化的人与社会

(一)媒介化的实践特征:替代、改造、调适

媒介化在具体的实践上的特征主要有以下三个方面:

一是媒介对现实中介的替代。从上述案例可以看出,我们能用数字媒介做的事情越来越多,早已超出大众媒介的范畴。当下,我们已经与媒介须臾不可分割,媒介已经成为我们生命的一部分、身体的一部分。过去,我们只是利用媒介获取必要的信息,而现在,我们需要利用媒介开启我们的生活。没有媒介的帮助,我们已经无法消费、出行、接受教育等,尤其是那些数字原住民,对数字媒介更加依赖。当我们大谈"去中介化"的时候,数字媒介反倒成为无处不在的中介。

二是被媒介逻辑改造。媒介逻辑,是指媒介自身的技术特征。在具体的实践中,人和社会高度依赖媒介,在较长的一段历程中社会已经被媒介渗透,媒介的一些逻辑特征成为社会逻辑特征的一部分。例如,数字媒介在时空上的任意性,已经逐渐渗透到社会行为中,社会行为呈现出时空自由组合的特点;数字媒介的光速传播也逐渐提升了人们的响应速度,人们的心理速度越来越快,社会运转的速度也在提速。

三是不断对技术进行调节和适应。对于技术给予人类的不适之处,人们设法去除,或者自身做出调节去适应。媒介与人和社会相互调节,经过博弈和调节之后达到平衡,最终持续运行,直到下一个阶段的到来。例如,面对数字媒介带来的数字鸿沟,人们一方面不断提升自己以适应数字媒介,另一方面也通过改造数字媒介的功能来迎合那些暂时被数字媒介遗弃的人。

(二)媒介与人的关系:技术的具身

在数字时代,媒介与人的关系密切,媒介能够在身体上、空间上被随意安置,媒介能够随时提供信息,在时间上被任意嵌入,媒介与人已经构成了具身关系,如图1所示。

人——→(技术—环境)⇒(人—技术)——→环境

图 1　媒介与人关系示意图

在前数字时代,人与技术之间的关系是中距离的,人观看由技术投射的环境,人与技术形成一种诠释关系。而人与技术的同构,“人造物被一同‘融入到’我的身体经验中,导向环境中的行为或者作用于环境”[①],技术成为具身的工具。

正如海德格尔对人类使用工具现象的理解,“它(工具)在其上手状态中就仿佛抽身而去,为的恰恰是能本真地上手。”[②]当你使用工具非常顺手时,它就会好像消失了一样,与你的意识融为一体。媒介化的人,使媒介成为人的一部分,这就如同衣服是人的一部分一样。人从媒介上看到的内容不仅是自己所感知到的世界,而且已经成为自己心灵的一部分,是自己存世的基础。人通过媒介所展现的,包括分享、评论以及社交表达已经是人的一种象征,是在社会关系中的具象表征。个人的媒介化,不仅会导致人们落入算法设计的“信息茧房”中,而且会使人们自愿倒向自己的媒介化世界,或者说,媒介化的世界就是自己所相信的世界。

(三)媒介与社会的关系:充盈与同构

媒介无处不在,无时不在,信息涉及各个领域,并且充盈着我们的生活。媒介与社会的关系从二元结构转为同构关系,如图 2 所示。

在前数字时代,报纸、广播、电视等大众媒介如同一条条河流,各自独立,有一定的边界,是社会的子系统,与社会形成大众媒介—社会的二元结构。不同的媒介以其独有的方式为我们提供现实的镜像,我们通过媒介感知到一个与现实世界相对应的拟态环境。

在数字时代,数字媒介从数量到种类都显著提升,遍布各个领域,信息充盈着我们的生活。这些信息处在高速的流动中,液态化的信息和液态化的媒介形态融入到社会之中,成为社会的构成分子,与社会形成同构关系。

媒介与社会的同构会导致社会场域的分化和重组,社会的空间不再限于地理空间。例如,网络课堂、网络自习室、网络直播购物这些由媒介重新搭建起的媒介空间都已经替代了现实的空间,成为人们新的生活场所。媒介创造的场域是流动的,流动的

① 伊德.让事物说话:后现象学与技术科学[M].韩连庆,译.北京:北京大学出版社,2008:55.

② 海德格尔.存在与时间[M].陈嘉映,王庆节,译.北京:生活·读书·新知三联书店,2014:82.

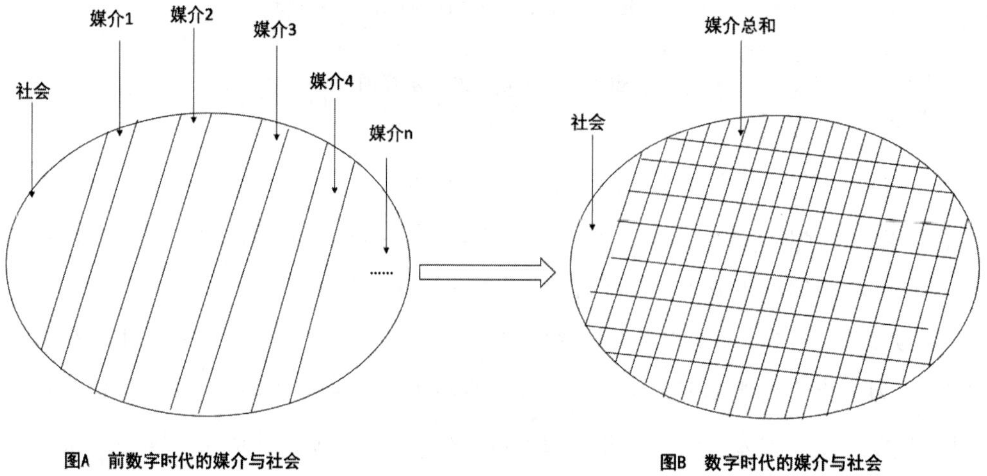

图 2 媒介与社会的关系变迁示意图

场域也带来了流动的生活。正如鲍曼所言,流动的生活是没有定准的生活,总是处在持续的不确定状态下。不确定性代表着不稳定和任意切换,可以从此场景切换到彼场景,也可以从此社群切换到彼社群。媒介正在提高这种流动性,而这种流动性最终导致社会共同体的分化和重构。

〔赵淑萍,中国传媒大学电视学院教授;王海龙,郑州大学新闻传播学博士后流动站在站博士后〕

〔特约编辑:崔林〕

媒体融合时代新闻内涵和功能的变革*

The Transformation of News Connotation and Function in the Era of Media Convergence

◎ 欧阳霞

Ouyang Xia

摘要：媒介技术深层次改变着新闻生产逻辑和新闻分发渠道，“新闻”不断被颠覆和变革。本文探讨在媒体融合背景下，新闻内涵和新闻功能等新闻报道前提的变革以及新闻报道内在逻辑和传播方式的重构。文章分析了新闻客观中立原则动摇、新闻时空淡化等新闻内涵变革；提出新闻内容生产功能弱化、新闻沟通功能强化等新闻功能重构趋势。作者认为媒介新技术推动了新闻生产和传播的发展，也推动了人与人的互动和交流，但其过程复杂多变，并不存在真正确定的发展规律和走向。

关键词：媒体融合；新闻变革；新闻内涵；新闻功能

Abstract: Media technology deeply changes the logic of news production and news distribution channels, and the conception of "news" is constantly being subverted and transformed. Under the background of media convergence, this paper discusses the transformation of the premise of news report, such as news connotation and news function, and the reconstruction of the internal logic and communication mode of news report. This paper analyzes the changes of news connotation such as the wavering of the principle of objectivity and neutrality and the weakening of the time and space of news. The paper puts forward the trend of news function reconstruction, such as weakening of news content production function and strengthening of news communication function. It is believed that new media technology has promoted the development of news production and communication, and also promoted the interaction and

* 本文系国家社会科学基金项目“融媒体背景下新闻报道体系创新研究”(18BXW033)的阶段性研究成果。

connection between people, but its process is complex and changeable, so there is no real definite law and trend of development.

Keywords: media convergence, news reform, news connotation, news function

在媒体融合的时代里,在机器开始新闻写作的现实下,在"万物皆媒""人人是记者"的潮流中,"新闻"不断变换着它的生产者、传播者以及生产方式和传播媒介,不断背叛和颠覆已有的内涵。同时,新闻的功能也被时间、技术和传播形态重塑。

新闻的内涵到底发生了怎样的变化?新闻的内容生产功能、沟通功能如何进行变革?新闻报道内在逻辑和传播方式进行着怎样的改变?越来越多的物质、信息和能量的介入使新闻生态系统变得愈发复杂。

1943年陆定一提出的新闻定义长期被中国新闻界奉为圭臬:"新闻就是新近发生事实的报道"。然而,这个经典定义在当下的局限性显而易见。如果我们将这一新闻定义补充为:"新闻是对新近已经发生和正在发生,或者早已发生却是新近发现的事实的客观及时的报道。"依然无法说明什么是新闻,因为新闻定义中的关键词"客观""及时"和"报道"不断被赋予全新的内涵,原有的含义甚至被完全颠覆。

一、新闻内涵的变革

(一)原则的动摇:从客观到主观

媒介技术的变革,让公众越来越多地介入新闻的生产和传播。立足于新技术革命下的媒介生态环境激励着记者和公众共同构成的生产主体不再置身于新闻之外,而是介入其中。这一现实,促使越来越多的研究开始摒弃情感与理性的二元对立,转而关注两者的互动方式[①],新闻范式逐渐演变为记者和受众共同介入新闻生产的新模式。

纵览参与式新闻(participatory journalism)生产案例,CNN的iReport作为主流电视新闻机构,第一次实现了公民参与社会议题的讨论。观众可以通过"Send your iReport"的链接进行简单便捷的投稿操作,经过编辑审查后便可播出。此后,伴随着平台介质分发的媒介不断融合,用户在新闻生产中的活跃度不断提升。

① PANTTI M. The value of emotion: an examination of television journalists' notions on emotionality[J]. European journal of communication, 2010, 25(2): 168-181;霍华德.卡斯特论媒介[M].殷晓蓉,译.北京:中国传媒大学出版社,2019:79.

5G时代到来，随着低时延、大容量、高速率加速智能生态的发展，视频语言日益成为新闻传播的主流。可视化新闻、短视频、横屏、网络直播、网红经济等成为2019年媒体融合的热词。Awario公司发布的《2020年社交媒体的6种预测》中显示，从2017年到2018年，Facebook直播、Instagram直播、YouTube直播视频内容的观看时间增长了65%。2019年"超级碗"实时流媒体的收视上涨19%，直播内容占主导地位。①

5G环境下，高清、虚拟现实等带来的深度体验和情感共鸣，将提升更多普通人作品的表现力和冲击力。这些变化可能会促进文化重心进一步下沉，使"草根"阶层获得更大的参与感。② 随着视频新闻在互联网和社交平台的兴起，更多受众涌入制作视频的世界，难免使视频新闻的拍摄、录制、传播业余化。这一趋势表现在前期制作者对视频的表达认知不足，对视频的制作欠缺经验，加上缺乏后期视频制作的条件和技能，一些视频粗糙不堪，无法实现视频语言准确表达新闻的功能。长此以往，新闻文本阅读建构形成的受众理性逻辑思维体系会被瓦解，新闻的阅读会堕入主观化、情绪化、浅表化、娱乐化。

随着受众越来越多地参与到新闻生产中，近年来我国一些媒体尝试通过在互联网上发布选题，吸引受众直接采写新闻，即"众包新闻"，以及通过公众提供资金来支持媒体记者采写新闻，即"众筹新闻"，由此来更充分地实现受众参与新闻生产。例如，梨视频对短视频内容的要求只需"让您挂念的人生，让您动情的故事，以及您想和大家分享的身边奇闻趣事""内容必须原创且首发"，简洁的界面和简单的操作让各年龄段的人都可以进行短视频新闻内容生产，体现了"众包新闻"公众参与的特点。

2015年10月，"众筹新闻"首次出现在南都珠海。新闻主题为"探访珠海公共Wi-Fi"，众筹目标为500元，众筹结果为580元，完成度116%。参与众筹的用户获得了一份详尽的公共Wi-Fi地图宝典和众筹分红。记者通过《南方都市报》平台提出某一新闻报道选题，用户通过自愿捐赠资金来资助他们感兴趣的选题，如果该选题筹得预期金额，提出该选题的记者就可以用这笔钱进行新闻生产。③

但由于受众没有接受过新闻生产的专业训练，很难具备新闻客观性原则的理念和自觉，更多地将观点、情绪明显地卷入新闻的表达中，主观介入势必破坏新闻客观性原则的根基。正因如此，"众包新闻"和"众筹新闻"昙花一现，很快便在新闻界偃旗息鼓，

① 漆亚林，何欢.回归与重构：趟过"浑浊的信息河流"：2019年西方媒体融合发展路径[J].新闻与写作，2020(1)：34-40.

② 胡泳.所到之处皆媒介：5G对媒体产业的影响分析[J].新闻记者，2020(7).

③ 蒋晓婧.面向未来的新闻生产模式：众包、众筹新闻[EB/OL].(2018-02-01)[2021-03-28].http://www.yidianzixun.com/article/.

这也是其必然的命运。

在传统媒体时代,客观采写新闻、真实传播新闻、确保新闻通过传播抵达受众的过程中葆有原本的容颜,这是新闻报道天经地义的遵循,也是传播者有信心把握的过程。

媒体融合时代,新闻信息通过各类信息聚合平台和社交平台传播,接受新闻信息的受众之间可以进行即时交流、评论、交锋。不同立场观点的受众的分享、讨论可能解构和扭曲媒体所传播新闻信息原本的报道主题和新闻价值,然后通过复制转发使原本的新闻产生新的面貌和传播活力,这种重组甚至重构的新闻以及文本之外的信息已无法用“新闻报道”这个概念来界定。

建设性新闻的出现再次引发人们对新闻的主观介入的警惕。从受众角度而言,传统媒体中通常会出现负面的、受冲突驱动的新闻报道,这类负面新闻往往在冲突中结束,并不在报道中说明解决冲突的政策和方案。长此以往,这类新闻报道对受众造成了“同情疲劳”,让受众看不到希望,受众厌倦了媒体对人类不幸的无建设性报道。[①]2008年,时任丹麦国家广播公司新闻部门负责人的乌尔里克·哈哥路普(Ulrik Haagerup)发表专栏文章,提出新闻工作者应该树立以“建设性”为主导的新闻价值标准,以修正传统的新闻价值。[②]

基于此,笔者于2021年3月开展问卷调研,研究受众对建设性新闻的态度。调研回收194份有效问卷。调研通过控制变量并提供给两组受众两篇不同的文本(一篇偏向负面报道,一篇偏向建设性新闻),测试其对文本的态度。除去基本人口统计学特征,问卷采用五点李克特量表,通过测试“这则新闻的报道是合理的”“我支持此类报道”两个维度的题目,问卷参与者被要求从1(非常不同意)、2(比较不同意)、3(一般)、4(比较同意)、5(非常同意)中进行态度选择,并利用SPSS辅助分析,得出受众态度结果。

表1 问卷分析数据

维度	这则新闻的报道是合理的	我支持此类报道
莱文方差等同性检验	0.061	0.334
平均值等同性t检验	0.050	0.436

在“这则新闻的报道是合理的”维度,受众态度sig值为0.050,倾向于显著。

① 徐敬宏,郭婧玉,游鑫洋,胡世明.建设性新闻:概念界定、主要特征与价值启示[J].国际新闻界,2019,41(8):135-153.

② BRO P. Constructive journalism: proponents, precedents, and principles[J]. Journalism, 2019, 20(4): 504-519.

(M=3.67,SD=0.562)因此从数据上可以看出,受众对传统负面新闻在一定程度上的疲劳,并对建设性新闻存在一定的"合理"倾向;然而在"我支持此类报道"维度,受众对两种新闻的态度 sig 值为 0.436,说明其并不会支持出现更多的建设性新闻报道(M=3.91,SD=0.725)。这一试验结果有些令人意外。原因可能是受众对媒体长期传播的新闻报道的负面和冲突框架虽然"同情疲劳",但又对其习惯性信赖,认为"负面的""批判的"才是新闻。

事实上,建设性新闻在理论研究之前就存在于新闻传播实践领域。建设性新闻作为一种系统性的新闻生产理念,以积极的建设性的方式来采写和传播负面新闻,强调积极心理学背景下新闻文本对社会的积极介入和社会责任感。建设性新闻以其强劲的发展试图为新闻业重塑新闻生产实践的方向。

伴随着凯瑟琳·吉尔登斯特德(Cathrine Gyldensted)、马琳·比耶尔(Malene Bjerre)等人的不断推动,建设性新闻引发新闻报道的解构与重构,推动新闻信任危机研究的新话题。尽管建设性新闻一开始就在不断强调在新闻报道中提出解决问题的方案,而记者并不直接参与解决问题,以此坚持新闻的伦理和新闻的客观性。但有了"建设性"的目标,在新闻生产的过程中,记者必然依照提出解决方案的框架采访提问和新闻写作,并寻求事态的正向解决,写作主体的能动性自然会在实践中凸显出来。建设性新闻的写作模式,让写作者很难成为冷静的观察者和记录者,很难恪守而不背离新闻的客观和中立。

在媒体融合时代,记者从记录事实的观察者转变为事件的参与者,受众从被动的信息接受者转变为新闻的生产者和传播者,新闻的主观介入性不断增强,客观报道新闻的原则和信念不断动摇。

(二)时空的重塑:从清晰到模糊

卡斯特对媒体最深刻的观察之一是,许多数字技术颠覆了我们关于时间如何流逝的个人感觉,也颠覆了我们关于社会距离的感觉。在某种程度上,新媒介技术消灭了时间,因为在数字时代,我们想象和测度传播过程所需时间的方式太慢了。[①]

媒体融合时代,媒体竞争借以技术赋予"及时"新的内涵,新闻最大限度地突破了时间和空间的限制。

当下 5G 技术飞速发展,带来了更快的速率、更短的等待、更加"即时"的时间感,

---

① 霍华德.卡斯特论媒介[M].殷晓蓉,译.北京:中国传媒大学出版社,2019:79.

高速率网络基础设施和虚拟技术的强大再现能力带来了更加真实、自由扩张的空间感。①

与此同时,受众接受新闻的心态发生了显著变化,他们总是期待在新闻发生的同时即刻知情,完全失去了等待新闻的耐心,促使"及时报道"开始向"实时报道"变迁,重构新闻的时空概念。

移动互联网特别是大数据技术的发展,以数据新闻、虚拟/增强现实新闻等为代表的新媒体新闻在延续心理接近性的同时,对地理接近性则多采取弱化态度。较之传统新闻报道方式,发生在远方的新闻如国际新闻报道借力新媒体技术,实现了受众有效跨越地理阻隔、对地理非接近性新闻事件的直观感知。因而,不论是在新闻生产实践中,还是在受众认知观念中,接近性都不再必然和物理意义上的距离有关。②

技术始终在通过改变社会时空来重新组织社会,网络社会的崛起必将带来以信息化、全球化和网络化为主要特征的时空转型。社会互动在数字技术的信息洪流中翻涌,"遥远"再也不会限制我们的生物时间感,我们与媒介共生,在联通中融合过去与未来。

实时报道不断填补着受众内心的"空虚",拓展着时空的外延,而媒体却不自觉地走入一种危险之中,即新闻媒体为了与社交平台争夺时效,实现新闻的实时性,不由自主地陷入碎片化、片段化、真假未定等社交媒体常有的传播误区,如果无法保证信息的真实性,新闻报道和新闻媒体终将丧失传播力、影响力、引导性、权威性。在信息的泛滥中,新闻活动进入了所谓"后真相时代",相比时效性,假新闻泛滥与伦理失范对受众的新闻认知信心是更大的伤害。

越来越多的不信任情绪,使平台媒体也不得不积极采取对策,设立把关机制,抵御假新闻,以化解信任危机。谷歌秉承"科技不作恶"的理念,改变搜索算法,在新闻资讯中优先选择原始报告及具有重大原创报道意义的文章,降低假新闻的出现率。Facebook 等社交媒体平台将 AR 和算法的事实核查作为自己的基本业务,并加强了人工审查对社交平台内容的把关,以此来减少平台上虚假信息与有害信息的危害。Instead 发布了一项新的 AI-POWEG 工具以减少该平台可能造成的虚假内容。③

真实是新闻的生命,也是新闻的底线,无论时代怎样发展,新闻的概念如何变迁,

① 雷跃捷,王娜.媒体融合时代新闻定义问题的再思考[J].新闻大学,2020(8):31-40,127.

② 常江,杨奇光.技术变革语境下新闻价值的嬗变[J].青年记者,2017(4):9-10.

③ 漆亚林,何欢.回归与重构:趟过"浑浊的信息河流"——2019 年西方媒体融合发展路径[J].新闻与写作,2020(1):34-40.

新闻的时效竞争如何惨烈,媒体都要守护新闻赖以生存的根基,不能让真实成为实时报道的牺牲品。

二、新闻功能的变革

新闻的功能是多元的也是强大的,在传统概念中,媒体生产内容,而新闻是内容的呈现者;在传统实践中,新闻与受众单向连接,实现人与人之间的沟通。然而在媒体融合时代,新闻的这些基本功能也在被重构,呈现出新的面貌。

(一)生产功能的弱化:从内容到渠道

融媒体时代,传统媒体与新兴媒体在内容、渠道、技术、人员、机制等方面走向融合,带来了新闻媒体生产流程、营利模式、管理方式的变革,新闻实现了多渠道、多样性传播。媒介融合强劲地昭示着技术和渠道的价值。

今日头条作为本身完全不生产原创内容的新闻信息传播渠道,没有雇用一个记者或者编辑,只是基于复杂的数学模型给读者推送新闻信息。算法(algorithm)逐渐替代传统的新闻价值选择标准,媒介愈发重视受众的个性化信息需求,即通过获取受众的反馈对内容进行分众化推送,这也导致新闻价值标准逐渐失去意义。① 内容生产渐渐被削弱,媒体纷纷围绕新技术将创新渠道作为核心诉求,转向"渠道为王""技术为王"。

然而,媒体的本质在于传递信息,内容才是受众内心的根本追求,内容最终决定着受众的走向。内容之于媒体就如同灵魂之于人一样重要。坚持"内容为王"的澎湃新闻令人瞩目地以优质原创内容的影响力、传播力、变现力立足于媒介市场,这似乎表明优质的内容依然是媒体的核心竞争力。

融媒体虽然始于传播渠道的融合,但更重要的是它通过影响产品形态,进而影响内容。在20世纪的美国,从印刷术到电报到广播再到电视的发展过程中,同样多次出现过这个现象。②

随着5G时代的到来,"内容为王"再次被动摇。胡泳在《所到之处皆媒介——5G对媒体产业的影响分析》中说,内容未必为王,分发仍是关键。内容产业一片繁盛,许多媒体人仍然秉持"内容为王"的想法。然而5G到来,天平可能再次向内容分发方倾

① 常江,田浩.新媒体时代"内容为王"的新标准[J].青年记者,2018(4):14-16.

② 张志安,等.中国应用新闻传播十大创新案例:第一辑[M].广州:南方日报出版社,2018:12.

斜。5G 提供商会占据最有利的地位来分发最佳内容，内容提供商也许将不得不为此付出代价。随着主要平台不断推出自己的流媒体和其他处理大量数据的娱乐服务，例如在线多人游戏、增强现实、虚拟现实以及大型赛事高清现场直播，吸引和留住客户的竞争在加剧，那些实施“连接＋内容”策略的提供商最有可能取得成功。[①]

事实上谁为“王”的争论并没有意义，内容和渠道谁也不能成为“独立王国”，谁也不能变成“独裁统治”。

技术的发展，渠道的多元，并不能取消内容的价值。但不可否认的是，新的媒介技术会对内容生产提出新的要求，内容生产如果对技术和渠道的变化视而不见，或者根本没有能力面对新技术、新渠道创造的媒介新环境，仍然固守原有的内容生产模式，必然让自己陷入裹足不前的焦灼状态。

在媒体转型过程中，传统媒体迅速拥抱新媒体，拓展新渠道，做微信号、客户端，注重传播形式的改变，但内容生产方式却往往没有创新，生产流程也没有根本变化，造成内容生产方式与传播形式不匹配。不同背景的媒体虽然开发了融媒体中心，但内容生产仍然打着原生媒体的烙印。比如，脱胎于纸媒的融媒体长于文字图片生产，疏于视频音频；脱胎于广电媒体的融媒体长于视频音频，文字图片处理能力较弱。

真正成功的创新媒体，如《新京报》、澎湃新闻，都是进行新闻生产的彻底转型，使报道内容能够适应新技术并充分利用新技术。这一转型表现为以内容为支撑，借助新技术、新渠道，通过不同形式、不同介质的推送和不同渠道的传播，使传播内容更全面、更立体、更鲜活。同时，借助新媒体，在内容生产上将传统媒体的公信力、权威性与新媒体的灵活性、生动性有机结合。《人民日报》更是逐步由一份报纸转变为全媒体形态的人民媒体方阵，旗下拥有报纸、杂志、网站、电视、广播、电子屏、手机报、微博、微信、客户端等十几种载体，有 29 种社属报刊、31 家网站、111 个微博机构账号、110 个微信公众账号及 20 个手机客户端。[②]

（二）沟通功能的强化：从垄断到交互

作为群体性、社会性的生命，人与人之间有着心灵交换、比较和相互评价的愿望。约翰·彼得斯说，我们渴望交流，这说明我们痛感社会关系的萧条荒芜。[③] 刘海龙认为，“重要的不是我们能否精确地反映世界，而是我们是否通过交流达成关于外部世界

---

① 胡泳.所到之处皆媒介：5G 对媒体产业的影响分析[J].新闻记者，2020(7)：59-69.

② 张志安，汤敏.专业媒体的格局变迁与业态重塑[J].新闻与写作，2018(5)：62-67.

③ 彼得斯.传播的观念史：对空言说[M].邓建国，译.上海：上海译文出版社，2017：201.

的共识”[1]。

融媒体时代，媒介将传播者和受众联系在一起，受众接受新闻信息的同时又与新闻报道中的人和事发生关联，再以媒体为中介，通过受众的反馈、参与，最终实现传者与受者之间的心灵交换、比较和相互评价等心理互动。无论是传播者通过信息传递引导舆论，还是受众接受或拒绝被引导，都是人们在精神上相互交流、相互比较、相互评价的形式。可以说，人们通过接受新闻，获得了更为辽阔的心灵生存空间。[2]

然而传统媒体话语的霸权性以及与受众互动的不充分性，并不能总是促成人与人之间的充分沟通和互动，进而推动协商和共识。

哈伯斯塔姆在《媒介与权势：谁掌管美国》中说：随着媒体的发展，媒体取代了人际交流。取消了集体讨论，每一个个体都是单独面对报纸和电视，并独自对报纸和电视的信息和建议作出反应。更糟糕的是，如莫斯科维奇所揭示，“对报纸上的评论、电视屏幕上的形象或收音机里的声音表示赞成、讥笑、否定、纠正或回应都是不可能的。所有这一切都意味着，现在我们只能被动地受它们控制，屈从于媒体权威”[3]。

随着传播技术的发展，新媒体在相当程度上打破了传统媒体话语权的垄断，自媒体将人与人之间的互动和沟通变得更为直接和充分。新媒体不同于传统媒体的重要特性之一是其交互性。根据马丁·李斯特的观点，交互性是新媒体在意识形态特征上的一个关键附加值。传统媒体提供被动消费，而新媒体则提供交互性。一般来说，这个词代表一种更为强大的媒介文本的用户参与意识、一种与知识来源更为独立的关系、个体化的媒介使用以及更多的用户选择。[4]

2020年，人民网两会报道形态再次创新，云客厅、云访谈成为两会5G融媒创新的新战场。《两会云客厅》栏目搭建虚拟演播厅，服务两会传播，推出直播节目。《两会云客厅》突破线下采访的制约，由主持人、嘉宾、代表委员、观众四大角色组成。会前，主持人与嘉宾均可通过网页端进入直播间，进行多地零延迟的连麦交流，观众需登录人民网、人民视频客户端观看直播。栏目通过新型互动交流模式直通会场内外。同时，在专题设计上，人民网两会专题创新实现了交互可视化和立体可视化，首次尝试在两会专题封面中利用3D绘图协议（WebGL）实现了两会主题与会徽3D场景展示及两会热点关键词数据视觉化，实现了用户在三维场景中的点击互动。

---

① 刘海龙.大众传播理论：范式与流派[M].北京：中国人民大学出版社，2008：66.

② 欧阳霞.机器无法替代人新闻写作的心理依据[J].青年记者，2017(25)：54-55.

③ 哈伯斯塔姆.媒介与权势：谁掌管美国(上卷)[M].尹向泽，译.北京：国际文化出版公司，2006：6.

④ 李斯特，等.新媒体批判导论：第2版[M].吴炜华，付晓光，译.上海：复旦大学出版社，2016：25.

胡泳认为:“如果说网络观念市场能够吸纳更多观点,颠覆少数人的话语霸权,提供难以收买的意见平台,那么就可以说,其在结构上相对由大众媒体所主导的观念市场更具有优越性。”①

媒介技术突破时空局限,同时也突破了人与人之间性别、职业、阶层、年龄等障碍,将公共议题、社会问题以新媒体、自媒体为载体,带入大众传媒时代难以做到的全民讨论。网络自媒体在一定程度上消解了专业媒体在议程设置、真相挖掘与舆论引导方面的垄断,“网络成为社会意见汇聚、协商、发酵的场所,传统媒体‘为民请命’的角色在很大程度上被互联网取代”。②

网络的多元化、去中心化、全球化,为人与人互动、交流进而达成共识,以至于推动协商民主,打开了政治想象的空间。然而网络是否真正让权力更平等、话语更多元、政治更民主?技术是否能真正推动社会发展?网络与政治的关系比我们想象的更为复杂。比如我们认为网络必然会扩大人际空间和思想空间,但实际情况或许相反,因为网络也会使思维方式、思想方法和价值观相同的人更便捷更迅速地聚集,排斥多元,加剧偏见。

抱持同一偏好者进入同一阵营,宣称己方占有真相、真理,代表政治、道德正确,他者不过是无知大众或顽固的敌人,造成所谓舆论极化、为对抗而对抗、关系圈层封闭、意见回声室效应等后果。人们似乎更关心一方如何战胜另一方,而非在讨论中如何扩充事实、知识的整体图景,亦非平等、真诚交换意见。③

结语

在传统媒体时代,“新闻”有较为明确的内涵和外延,事实必须通过价值标准的衡量,才能确定其能否经传播环节而成为新闻。然而随着新媒体时代的到来,新闻传播平台、新闻生产方式、受众角色都发生着深刻的变化,使传统的新闻内涵、新闻功能都在发生变迁进而被重构。

新闻不仅反映现实,还影响人们的认知和行为。在媒体融合时代,媒体对新闻的理解和操作,会影响新闻呈现的结果,继而潜移默化地影响人们对真实世界的理解,并影响其社会行为、群体心理。媒介新技术推动新闻生产和传播的发展,也推动人与人

① 胡泳.互联网与“观念市场”[J].国际新闻界,2015,37(3):6-20.

② 张志安,汤敏.专业媒体的格局变迁与业态重塑[J].新闻与写作,2018(5):62-67.

③ 胡百精.公共协商与偏好转换:作为国家和社会治理实验的公共传播[J].新闻与传播研究,2020,27(04):21-38,126.

的互动和交流，但其过程的复杂和多变，并没有我们所能观察到的那么简单，我们并不能真正把握其发展规律和发展走向。新媒体的先进性显而易见，技术对人的异化也令人担忧，媒体融合对新闻的重构随时发生……时代潮流滚滚向前，无暇等待人们驻足理解。当社会继续向前发展，很多令人困惑的问题又会被抛在历史的长河，不需要人们去解决。我们可能只是在人类发展的某个阶段困惑于某些问题，过了这一阶段这些问题就不再是问题，这更多的不是由人解决的而是由时间解决的。

尼克·库尔德利说：新媒体语境“正在改变我们‘何为新闻’的感觉”，而这是“一场根本的变革”，“堪比 16 世纪和 17 世纪‘新闻’一词的诞生”[①]。

〔欧阳霞，中国海洋大学文学与新闻传播学院教授〕

〔特约编辑：崔林〕

① 库尔德利.媒介、社会与世界：社会理论与数字媒介实践[M].何道宽，译.上海：复旦大学出社，2014：20.

文化传承·叙事创新·技术开拓:中国纪录片学术脉络分析(2015—2019)*

Cultural Inheritance, Narrative Innovation and Technological Development: An Analysis of the Academic Context and Evolvement of Chinese Documentaries (2015—2019)

◎ 樊淑琴

Fan Shuqin

摘要:媒介融合背景下,近年来中国纪录片蓬勃发展,学界对纪录片的研究也更为丰富和多元。本文通过对纪录片学术论文的关键热词、研究对象,以及高被引论文进行梳理来探求学术研究的总体特征。梳理发现,这些学术研究的关键热词是文化、叙事、影像、传播、新媒体,围绕这些热词的相关议题成为研究热区;研究对象主要以纪录片生产制作、纪录片媒介技术、纪录片传播方式等议题为主。对高被引论文的梳理亦能发现以上特征。

关键词:纪录片;学术研究;研究关键词;热点主题

Abstract: Based on background of media convergence, the booming development of Chinese documentary in recent years has promoted the enrichment and diversification of academic research on documentary, an investigation of the overall characteristics of those academic studies was made through reviewing the Key buzzwords, research objects, and highly－cited papers of Documentary academic papers, from which it was found that the key buzzwords including Culture, narration, image, communication and digital media, and the relevant central academic issue focusing on documentary production, media technology and communication patterns; The above characteristics can also be found in the the research of highly-cited papers.

Keywords: documentary, academic research, key words, hot topic

---

* 本文系湖北文理学院2020学科开放基金项目成果(项目编号:XK2020016)、2021年度校级研究生质量工程项目成果。

一、研究缘起

当下，在国家政策扶持及媒体融合进程的推动下，中国纪录片产业得到前所未有的蓬勃发展，借助移动互联网的强大势能，中国纪录片在政策、技术、市场三驾马车的驱动下，呈现出新常态的发展模型和多极驱动的产业生态。① 一大批不同类型的高品质纪录片在各个平台热播，中国纪录片已经进入公众时代，进一步融入公众生活，成为国家文化建设和文化产业的重要组成部分。与此同时，学界对纪录片的研究热度也不断升温。

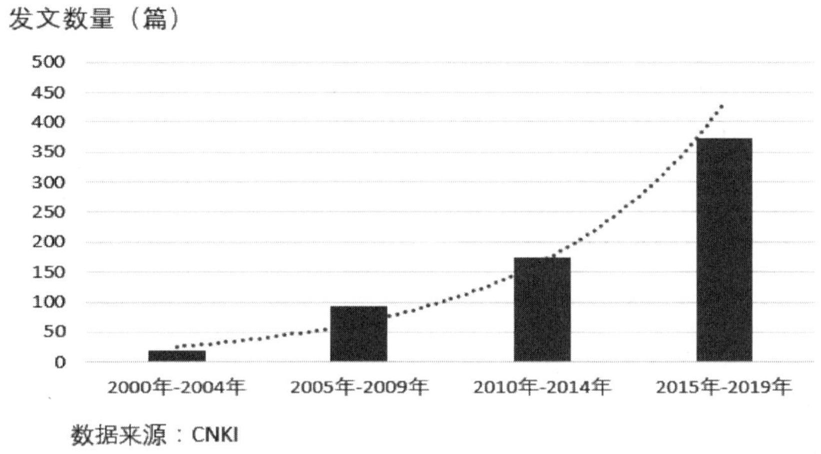

图 1　近 20 年纪录片研究论文刊发数量变化趋势图

如果说纪录片是为时代立传，那么学者们对纪录片的研究，从某种意义上来说也是在为纪录片立传。为了更加全面、精准、直观地了解学界对纪录片的研究情况，笔者以“纪录片”为关键词搜索中国知网（CNKI），对近 20 年纪录片研究论文刊发情况进行了统计（统计范围：SCI 来源期刊、核心期刊、CSSCI），并且以 5 年分期的方式描绘出发文数量的增长趋势。数据显示：2000—2004 年为 20 篇，2005—2009 年为 94 篇，2010—2014 年为 174 篇，2015—2019 年为 374 篇，呈现出持续上升趋势，尤其是最后一个 5 年的发文数量比前三个 5 年的总和还要多。从现有研究成果来看，目前的学界研究尚未对 2015—2019 年 5 年间中国纪录片的研究情况进行梳理和总结。为此，本研究选取 2015—2019 年间学术期刊刊登的纪录片研究论文为考察对象，探寻近年来

① 韩飞，何苏六．新旧动能转换视野下的中国纪录片产业发展[J]．当代电影，2019(9)：5.

中国纪录片学术研究领域中的热点议题,以期指出现有研究的不足,并探究未来研究的趋势,为学界未来的研究提供启发和方向。

二、研究设计

本研究将纪录片研究与计算传播学方法进行科学结合,通过 Python 语言编程,对学术文献的关键词进行提取。该方法在新闻传播领域研究中被广泛使用。运用 Python 语言编程系统对学术文献样本进行读取;然后使用 jieba 库的 cut 函数进行分词,同时将做好的自定义类的词如"媒体融合""新媒体语境"等添加到 jieba 分词工具;最后,输出词频数据统计结果。在此基础上,本研究还结合文本分析方法,进行定性梳理和分析。

本研究的数据来源是 CNKI 数据库①,以"纪录片"作为关键词,检索时间 2015 年 1 月到 2019 年 12 月,考虑到将所有研究纪录片的论文作为研究样本,数量庞大,因此选择 SCI 来源期刊、核心期刊、CSSCI 这三大具有较高水平的期刊中刊载的学术文献作为样本来源,检索结果共计 374 篇。

除了上述数据处理之外,本研究还对这些学术文献进行编码,梳理了这些文献的研究对象,以求更客观地了解纪录片领域的学术研究动态。按研究对象编码分类,可分为 5 种不同的类型,即:内容生产研究、媒介技术研究、传播方式研究、纪录片本体研究与其他。论文的被引频次可以表征此篇论文的被认同价值,即论文被引用的频次越高,表示其学术价值也越高。因此,本研究还统计了研究文本中被引用次数高的论文,并进行针对性的分析,旨在了解学者们更多关注纪录片的哪些方面。

三、主要研究发现

(一)研究主题:文化、影像、传播、叙事、新媒体成为热词

本研究分别统计了样本的全文和标题的词频,观察前 15 个最常出现的关键词,并将二者结合起来分析。

---

① 资料来源:http://www.cnki.net/。

表1　论文全文词频数据统计表

文本词频	分词	词频	频率
1	中国	5138	1.13%
2	文化	3591	0.79%
3	电影	2888	0.64%
4	历史	2441	0.54%
5	拍摄	2067	0.46%
6	观众	2056	0.45%
7	影像	2025	0.45%
8	传播	1834	0.41%
9	叙事	1784	0.39%
10	故事	1762	0.39%
11	发展	1748	0.39%
12	创作	1616	0.36%
13	记录	1544	0.34%
14	真实	1540	0.34%
15	影片	1489	0.33%

表2　论文标题词频数据统计表

标题词频	分词	词频	频率
1	中国	77	2.99%
2	研究	41	1.59%
3	影像	31	1.2%
4	传播	31	1.2%
5	发展	28	1.09%
6	文化	25	0.97%
7	叙事	22	0.86%
8	创作	22	0.86%
9	创新	22	0.86%
10	时代	21	0.82%
11	建构	18	0.70%
12	电影	18	0.70%
13	探析	15	0.58%
14	策略	14	0.54%
15	新媒体	10	0.39%

综合来看,词频靠前的重点关键词分别是:文化、影像、传播、叙事、创作、创新、建构、新媒体等。与这些关键热词相关的议题既有前一阶段延续下来的研究热点,也有这一阶段出现的学术新热点。其中与文化、影像、传播、叙事、新媒体五个词相关的议题是学者们的研究热区,且议题之间并不是互相独立的,而是有着密切的勾连。这些词涉及了纪录片的功能属性,以及纪录片生产制作宣发的各个维度,不仅体现了国家对纪录片研究方向的引导,也体现了学界对有学术价值的研究选题的开掘。

1.文化:传承与挖掘

媒介内容对中国文化进行传承与传播、表达与挖掘,纪录片无疑是最佳形式。如何对中国文化进行深刻诠释,进一步挖掘文化精神,彰显文化自信,是中国纪录片承载的重要历史使命和公共文化责任。近五年来,大量以传统文化为题材的优秀纪录片作品通过电影、电视、互联网新媒体平台呈现在人们面前,展现中华民族的文化精髓,展示中国形象和传递中国声音。学界将研究放置于“文化中国形象建构与呈现”“文化传承精神的挖掘”“传统文化的当代表达”“文化遗产媒介化生存”等重要议题范畴之中,并结合不同理论视角与各类典型案例,从理论层面和创作层面都给予了广泛深入的探讨。

如《当卢浮宫遇见紫禁城——跨文化视野下的文化中国形象呈现》①,从形象诗学的视角探讨纪录片在构建“文化中国”形象时的艺术手法、审美规律以及媒介呈现等具有实践性的问题。《“文化中国”的跨文化叙事与形象建构——以 BBC 中华文化题材纪录片为例》②则对“文化中国”媒介形象进行解构,探讨在跨文化传播的语境下纪录片进行国家叙事的话语策略,及其对“文化中国”形象建构的启示。

纪录片是记忆保存的延伸,是文化精神传承的载体。《文化空间再造——新媒体非物质文化遗产纪录片的媒介传播与文化传承》③,从“文化空间 ”理论视角出发,以非遗纪录片为对象,分析新媒体语境下非遗文化空间的再造以及非遗媒介化生存的拓展之道。同时提出通过媒介空间开拓出非遗保护的“第三空间”,使之在赛博空间中以另一形式焕发生机。再如,《历史文化纪录片的当代表达简论》④,着眼于创作层面,探讨中国纪录片的当代表达要打通古今,连接中外,用符合时代观众要求的艺术表达方式来展示中国文化之美,从而唤醒民族记忆,传承中华文化基因。《视觉修辞的文化符码

① 徐放鸣,陈洁.当卢浮宫遇见紫禁城:跨文化视野下的文化中国形象呈现[J].艺术百家,2017(5).
② 陈薇,常梦轩.“文化中国”的跨文化叙事与形象建构:以 BBC 中华文化题材纪录片为例[J].电视研究,2019(3).
③ 李鹏飞.文化空间再造:新媒体非物质文化遗产纪录片的媒介传播与文化传承[J].文化艺术研究,2018(12).
④ 安秋.历史文化纪录片的当代表达简论[J]. 中国广播电视学刊,2017(5).

和图像意指》[1]，则从视觉修辞视角分析纪录片中蕴含的集体记忆、民族情感和国家认同的文化符码和多重意指，它们是如何在图像信息中铺陈和编排，实现文化传承和政治传播的目的。

《新时期中国纪录片互融共通的文化特征》[2]，关注到新时期传统的主流文化纪录片、精英文化纪录片和大众文化纪录片在文化价值观上的同向追求、叙述语态上的同时共振等互融共通的特征。正如《新常态：2015 年中国纪录片的发展模型》一文中所言，学界研究在持续关注中国纪录片创作的"转向"：从宏观视野走向中观、微观层面；从传统历史文化转向传统与当代并举——"种种迹象表明，将中国题材放置于全球文化格局中考量，在文化共通性基础上展示其独特性，这是中国文化走出去乃至世界化的重要一步"[3]。

《纪录片：地方与地方性再阐释》[4]则将视角拉回地方，提出：在当下纪录片日益走向国际化、市场化的时候，回溯地方并以地方性为基础展开纪录片的发展是另一种空间的拓展，使纪录片的价值和意义得以全面彰显。地方性既是理解地方文化符指最便捷的通道，也是思考纪录片根性意识的出发点。这与《地域题材纪录片的文化图谱与价值追求》[5]提到的"说地方事、见文化史"，立体呈现地方文明影像志有着某种程度上的呼应。后者还着重分析了地域题材人文纪录片在创作中贯通传统文化、历史遗存与当下受众精神情感的方式，以及如何从民族文化根部发掘传承精神的力量，以凝聚社会力量，增强文化自信。

2.影像：重塑与构建

纪录片具有真实客观、极富感染力的传播特性，其影像带来的纪实力量是其他节目类型不能比拟的。在多屏时代，影像的数量呈指数级增长，围绕影像语言、影像叙事、影像表达，学界对纪实影像与其承载内容的关系，以及如何重塑纪实影像等议题进行了思考和探究。相关议题包括纪实影像创作的理论与实践、新媒体时代影像特征、影像与国家形象等方面。

2015 年一度被称为"互联网＋"模式元年。在此背景下，"互联网＋"的"＋"同样加到了纪录片相关的研究议题上。"互联网＋纪实影像"时代，视听内容跨媒介传播，学界

① 陈薇，何庆.视觉修辞的文化符码和图像意指[J].电视研究，2019(8).

② 张成军.新时期中国纪录片互融共通的文化特征[J]. 电视研究，2018(6).

③ 何苏六，刘刻.新常态：2015 年中国纪录片的发展模型[J].中国广播电视学刊，2016(3).

④ 刘广宇.纪录片：地方与地方性再阐释[J]. 民族艺术，2017(4).

⑤ 顾亚奇.地域题材纪录片的文化图谱与价值追求[J].现代传播，2015(5).

研究关注到纪录片的影像表现形式出现混杂融合状态,重塑了纪录片影像文本的接受方式。如《以"屏"为名:泛屏话语下对纪录片影像文本的辨与思》①探讨了纪录片在数字媒介环境下的可能发展方向,新技术的运用为艺术表达提供了强有力的新形式,以及给纪实影像原来的形态带来的冲击。而《"互联网 +"语境下纪录片的话语重构和影像赋权》②,肯定了技术革新提供给主体更多影像表达的权力,产生促进社会良性向好发展的力量,同时也提出要反思众声喧哗的年代,恪守纪录影像本应具备的品相尤为重要。

值得注意的是,"影像中国"这一表达格式也在学界的研究议题中频繁出现。正如前文所述,学界对"文化中国"这一媒介形象如何在纪录片中呈现进行了深入研究,而"影像中国"相关研究也同样聚焦纪录片中国家形象的影像构建议题。如《记录与看见:另一种影像中国的方式》③、《新时期纪实影像对中华文化的创新输出》④,探讨了近年来中国纪录片"影像中国"的方式及其特点,并且提出中国纪录片在政治、经济、文化等各个领域共同建构起的中国形象具有复杂性、多元性的特征。虽然对中国形象的记录与价值传达,并未展现其全部,但是它们从不同的侧面建构起了中国形象。《纪录片〈美丽中国〉与国家形象的影像构建》⑤,以合拍纪录片《美丽中国》为例,分析作为影视艺术的纪录片,如何运用戏剧美学和技术美学呈现文化符号,构建中国形象。

3.叙事:视角与语态

故事(叙事)是构成纪录片的四大要素之一,是纪录片的生命之源。叙事是一种人类理解和表达意义的框架,而纪录片的叙事则是运用视听文本来呈现的,不同类型的纪录片以其独有的视听文本来呈现叙事。在梳理中发现,叙事策略、叙事技巧、叙事视角的多元和叙事语态的转换,成为与"叙事"相关的研究议题重点关注的。

纪录片作为一种记录时间、空间变化的媒介传播载体,在一定时间跨度或特殊语境下的叙事嬗变,也是较多学者探讨的议题。如《现实邂逅叙事:新时期以来中国纪录片叙事分析(1978—2018)》⑥、《时代性互文互动:改革开放 40 年与中国纪录片的发展谱系》⑦等论文,分别从理论和现实角度出发,分析新时期以来近 40 年中国纪录片在叙事上的一些集体特征和变化。

---

① 张烨.以"屏"为名:泛屏话语下对纪录片影像文本的辨与思[J]. 电视研究,2018(5).
② 李智."互联网 +"语境下纪录片的话语重构和影像赋权[J].当代电影,2016(10).
③ 陈晓云.记录与看见:另一种影像中国的方式[J].当代电影,2017(7).
④ 薛蓓.新时期纪实影像对中华文化的创新输出[J].出版广角,2019(2).
⑤ 陈洁,徐放鸣.纪录片《美丽中国》与国家形象的影像构建[J]. 四川戏剧,2015(11).
⑥ 孙红云. 现实邂逅叙事:新时期以来中国纪录片叙事分析(1978—2018)[J].当代电影,2018(9).
⑦ 何苏六,韩飞.时代性互文互动:改革开放 40 年与中国纪录片的发展谱系[J].现代传播,2018(12).

纪录片是国家宣传体系的重要组成部分，因此学界研究往往将纪录片“叙事”与“中国故事”密切关联。如《“讲好中国故事”：纪录片的“中国叙事”探究》①、《文化人类学视野下纪录片讲好中国故事的策略研究》②、《“讲好中国故事”与“一带一路”题材纪录片叙事探析》③等论文，就如何讲好中国故事、传播好中国声音，对中国纪录片的叙事题材、视角、模式等方面做了全面分析。

通过对相关文章梳理，可以看出中国纪录片在叙事方面的创新和变化。在叙事题材上从历史转向当下，在叙事角度上由宏观叙事转向微观、平视、多元语态和小切口。在讲述中国故事时，叙事主体由第三人称向第一人称转变，在坚持本土核心文化的基础上，结合国际元素，树立亲民的创作理念，考虑不同文化不同地区人民的审美区别和观众需求，有针对性地进行纪录片的创作，拉近纪录片和观众的距离。

2019 年被称为中国互动影视创作的元年，针对纪录片在新媒体环境与技术背景下的叙事变化，研究者们保持了高度敏锐和积极跟进。如《未来影像里的“新秩序”建构——VR 技术的新型叙事方式探索》④、《中国 VR 纪录片内容生产的现状与发展方向》⑤等论文，分析了线性叙事与立体叙事之间的差异，以及 VR 技术的运用对传统纪录片叙事带来的挑战和机遇。《人工智能时代科技题材纪录片的叙事艺术——以央视纪录片〈创新中国〉为例》⑥，分析了科技题材纪录片去故事化的叙事策略，从叙事文本的角度，探讨了在人工智能时代纪录片如何利用新型的科技手段来实现叙事上的创新。

4.传播：跨屏与融合

传播渠道的融合和传播方式的创新，在学界研究中有较多的体现。随着政府的推动和媒介领域的融合发展，纪录片的宣传和传播渠道越来越多，构成了电视台与互联网媒介平台联合播出、线上与线下影院互动传播的立体式模式。这类议题多放置于新媒体环境和跨文化传播的视野下，探讨如何增强传播力。

在对相关文献进行梳理时明显观察到，不论是针对体制内纪录片还是网生纪录片的典型案例研究，学界在围绕“传播”进行探讨时，提及最多的就是“融媒体思维”“互联网思维”“跨媒介思维”“融合传播”等词汇，凸显了媒体融合背景下，纪录片从创意到生产，再到宣发都要具备渠道融合思维，要把握全媒体立体传播的传播模式转型和创新。

---

① 刘晶，陈世华.“讲好中国故事”：纪录片的“中国叙事”探究[J].现代传播，2017(3).

② 赵鑫，李磊.文化人类学视野下纪录片讲好中国故事的策略研究[J].电视研究，2016(10).

③ 李文英.“讲好中国故事”与“一带一路”题材纪录片叙事探析[J].电视研究，2018(4).

④ 丁艳华.未来影像里的“新秩序”建构：VR 技术的新型叙事方式探索[J].中国电视研究，2018(10).

⑤ 丰瑞. 中国 VR 纪录片内容生产的现状与发展方向[J].当代电影，2019(9).

⑥ 彭桂兵.人工智能时代科技题材纪录片的叙事艺术：以央视纪录片《创新中国》为例[J].中国电视，2018(12).

也有学者提及，近年来传播生态从大众传播到分众传播到圈层传播的变化，也给纪录片传播创新带来新的思考。如《新媒体的生产传播创新与发展路向——以纪实短视频为例》①，分析了新媒体时代短视频发展的纪实化倾向及其内容生产和传播的创新。《互联网环境下纪录片的创作与传播》②，从创作层面，探讨纪录片的跨媒介运作，融会贯通各媒体平台，让其文本呈现出网络化、可进入、体验式的特征，为纪录片未来的发展提供了新路向。《跨文化视域下"一带一路"纪录片的理念创新和发展路径》③，着眼跨文化传播角度，从全球视野探寻"一带一路"纪录片在传播理念、传播内容、传播平台等不同层面的问题，探讨相应的方法与措施。

5.新媒体：开拓与升级

自2015年来，随着互联网和新媒体技术的发展，中国纪录片健步走进"网生时代"。新媒体的发展，改变了媒介生态环境，融合了各种传播类型和边界，更为纪录片产业链的建构和完善提供了新动力。新媒体思维影响着纪录片的产制播与宣传发行各环节，中国纪录片不断开拓和升级。在梳理统计中不难发现，"新媒体"一词在纪录片的相关研究中频繁出现，学界持续关注新媒体技术驱动下，纪录片产业链的升级和产业模式的重构。

如《媒体融合时代中国纪录片产业链建构新动力》④，探讨新媒体带来的新型营销推广方式为纪录片产业链建构提供了强大的拉动力，降低了营销成本，延伸了产业链，为纪录片产业创造了新的增长点。《新媒体背景下纪录片的发展创新研究》⑤，关注到互联网思维对纪录片制片过程的改变，并且提出在社交媒体传播的新机制建构下，交互性的新产品类型、开放性的新协作模式、参与性的用户增值维度，并借此形成的多场景、多主体、多目标的立体化传播新态势，为纪录片的发展带来了新的文化潜能。

如《从控制到交互——关于纪录片新媒体化的思考》⑥，分析了传统媒体和新媒体在传播观念上的差异——控制与交互的差异，并指出"从控制到线性结构""从交互到非线性结构"的重建纪录片生产模式和内容模式的路径。《新媒体的生产传播创新与发展路向——以纪实短视频为例》⑦，探讨了基于移动互联网的纪实短视频平台的特点并研判

---

① 韩飞，何苏六.新媒体的生产传播创新与发展路向：以纪实短视频为例[J].出版广角，2017(23).
② 姜常鹏，李培达.互联网环境下纪录片的创作与传播[J].中国文艺评论，2019(7).
③ 李智.跨文化视域下"一带一路"纪录片的理念创新和发展路径[J].当代电影.2017(7).
④ 张红军.媒体融合时代中国纪录片产业链建构新动力[J].中国出版.2015(24).
⑤ 孙莉.新媒体背景下纪录片的发展创新研究[J].现代传播，2018(4).
⑥ 董浩珉.从控制到交互：关于纪录片新媒体化的思考[J].中国广播电视学刊，2015(7).
⑦ 韩飞，何苏六.新媒体的生产传播创新与发展路向：以纪实短视频为例[J].出版广角，2017(12).

了纪实短视频的发展走向，提出纪实短视频会成为媒体融合时代泛纪实内容生态下的新一极。《新媒体时代的纪录片：从“触雷”到“分享”与“互动”》①，从一起涉及隐私公众化的独立纪录片个案出发，结合让·鲁什的分享人类学理论视角，探讨在新媒体时代，尤其是互动纪录影像开始出现之后，纪录片的素材及成片能否与被摄对象分享，以及如何尽可能减少或避免纪录片隐私公众化带来的伤害。

通过梳理可以看出，在互联网环境下，新媒体不仅是一种技术驱动力量，也是整个纪录片行业的基础配置；新媒体不仅改变了纪录片的产制播模式，也促进了公众时代的纪录片用户关系再建构，催生出新时代的网络文化生态。对纪录片行业来说，新媒体既是强大的机遇，也让该行业面临着诸多挑战。

(二)研究对象分析：内容生产、传播方式与媒介技术

在对研究样本进行梳理统计时，可以观察到，内容生产研究是目前中国纪录片学术研究探讨最多的领域，占样本总量的 50%。梳理中还发现，对纪录片内容生产的研究，学者们惯常以案例分析为主。同时观察到，学界对个案进行分析时，大多分析叙事方法和技巧。由此看来，纪录片如何讲好故事一直以来都是热议话题。除了内容生产研究，学者较多关注的模块是媒介技术、传播方式，共计占比为 36%。通过分析研究者们关注的研究热区，不难发现，在新的媒介生产环境下，中国纪录片如何讲好一个故事、如何利用新的媒介技术做好传播是当下纪录片发展的重点问题，也是学界研究的重要话题。上文对研究主题的梳理分析也印证了这一点。

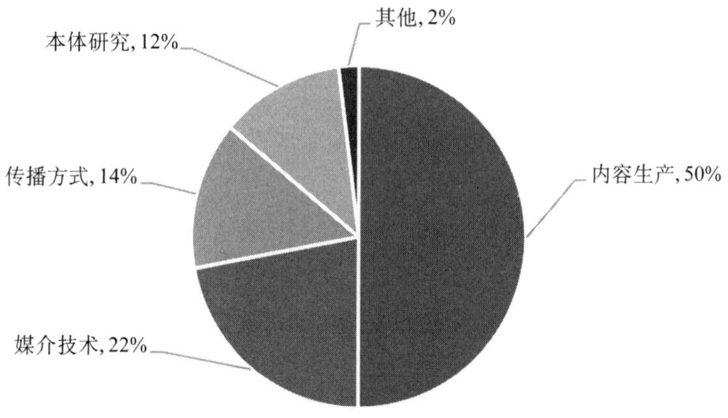

图 2　论文的研究对象分类统计图

① 黎小峰.新媒体时代的纪录片：从“触雷”到“分享”与“互动”[J].北京电影学院学报，2015(6).

(三)高被引论文分析:产业发展、传播方式、叙事研究和媒介技术

论文被引频次是指自论文发表或公开发布以来被其他论文引用的次数。高被引论文是指在某个学科领域被引用频次相对较高、被引用的周期相对较长的学术论文。期刊上的论文被引的频次越多,表示其在后续的研究中起到的参考作用越大,其学术价值越高。通过对样本论文进行被引用次数排序,得到被引用次数在14次以上的论文18篇。

表3 高被引论文统计表

被引用次数	论文标题
44	2015年中国纪录片发展研究报告
39	新媒体时代非物质文化遗产纪录片的传播研究
39	2016年中国纪录片发展研究报告
39	2014年中国纪录片发展研究报告
26	新时期我国纪录片创作由“宏大叙事”到“平民视角”的嬗变——从纪录片《我在故宫修文物》谈起
26	纪录片故事性构建方式及传播效果
23	论无人机航拍与纪录片的影像创意及美学探索
21	中国纪录片的国家形象建构与跨文化传播——“一带一路”视域下的再思考
18	数字时代纪录片形态及美学嬗变分析
17	互联网媒介视阈下的纪录片业态变化
16	新媒体的生产传播创新与发展路向:以纪实短视频为例
15	纪录片故事化手法尺度研究——以《舌尖上的中国》(第二季)为例
14	新媒体时代纪录片形态的创新发展
14	现实邂逅叙事　新时期以来中国纪录片叙事分析(1978—2018)
14	乡愁情怀的多诉求视听语言表达——以国家重点工程百集大型纪录片《记住乡愁》中对赫哲族的表现为例
14	2017年中国纪录片发展研究报告

对这18篇高被引论文进行分析发现，其研究议题主要涉及中国纪录片的产业发展、传播方式、叙事特征和新媒体技术这四个方面。涉及中国纪录片产业发展的论文有6篇，累计被引148次，其中发表年份最早和引用次数最高的是2015年张同道的《2015年中国纪录片发展研究报告》(44次)；涉及传播方式的论文有5篇，累计被引119次；涉及叙事研究的论文有5篇，累计被引118次；涉及新媒体技术的论文4篇，累计被引101次。

通过梳理统计的结果来看，中国纪录片产业发展区域是2015—2019年高被引论文研究的热点，其被引用的累计频次也最高。与此同时，叙事特征、传播方式、新媒体技术紧跟其后被高被引论文关注。

结论

通过梳理和分析发现，文化传承、影像构建、叙事多元、传播创新、新媒体技术助推纪录片行业全面变革是2015—2019年中国纪录片学术研究领域的热点主题。中国纪录片的生产制作是学界持续关注的研究领域；新媒体环境下中国纪录片受媒介技术的影响以及在传播渠道上的探索和创新发展，是中国纪录片研究新的学术关注点，这些议题越来越受到学界重视。

值得一提的是，学界除了运用具体的数字来直观展现中国纪录片产业生产格局的扩大以外，还从受众规模、传播格局、新媒体平台、纪录片品牌、国际合作等角度来阐述中国纪录片产业的飞速发展和带给社会的影响，这使近几年中国纪录片的产业发展特征更加清晰。中国纪录片新常态的发展模型和日益开放的生产创作格局，以及传统媒体、互联网和院线互补互动式的全媒体传播格局也在纪录片学术研究中得到了充分体现。

基于此，学界对中国纪录片的未来发展趋势做出了预测：首先，在媒介融合的大背景下，中国纪录片将创新传播方式和运营思路，开展跨形态、跨行业合作，将新媒体作为纪录片发展的首要力量，从不同的渠道、平台进行纪录片的发展传播；其次，依托新媒体策略，开展分众定制模式，稳定核心用户，利用需求带动传播；再次，中国纪录片也将积极拓展国际传播内容，着力构建起一个丰富、立体、多样的时代侧影，充分发挥"国家相册"的功能。如今的中国纪录片行业正处于"最好的时代"，必将引发学界研究者们更加广泛、深入的研究。

与此同时，通过梳理和分析也发现了研究的不足之处，比如，存在理论指导相对偏少、研究内容较为集中、观点重复度高、研究方法较为单一、跨学科研究尚显不足等问题。因此，有必要拓宽和加强理论研究、扩大研究范围、细化研究主题、更加凸显媒介融合背景下的中国纪录片发展实践。以上问题仍需学界继续深入探讨和研究。

〔樊淑琴，湖北文理学院文学与传媒学院副教授〕

〔特约编辑：叶明睿〕

视听传播

中国电影国际传播市场规模影响因素分析：基于 Netflix 流媒体的实证研究*

Factors Affecting Chinese Movie International Communication Market: An Empirical Study Based on Netflix

◎ 卜彦芳　李初晴

Bu Yanfang　Li Chuqing

摘要：新兴流媒体平台正在成为助力中国电影国际传播的一个重要推动器。其中，跨国流媒体巨头 Netflix 的迅猛发展为中国作品的海外传播开辟了新渠道，并扮演着愈加重要的角色。本文以新世纪以来截至 2020 年 9 月 Netflix 播出的 216 部中国电影为研究对象，对其上映年份、制片地区、评分及评分人数、类型等样本特征进行分析，构建影响中国电影国际传播市场规模的回归模型。通过实证研究发现，是否包含动作、音乐或传记类型，以及传播国家数量、窗口期、国内票房、电影分级等因素进入了回归模型。

关键词：中国电影；国际传播；市场规模；Netflix；影响因素

Abstract: The emerging streaming media platform is becoming an important driver for the international communication of Chinese movies. Among them, the streaming media giant Netflix has opened up new ways for overseas communication of Chinese works. Based on the 216 Chinese movies that have been broadcast on Netflix from the new century to September 2020, this paper analyzes the sample characteristics including release time, production area, score, and genre etc, then constructs a regression model that affects the scale of Chinese movie's communication market on the Netflix. Through empirical research, the paper found that whether it contains action, music or biographical genre, and the number of communication countries, window period, domestic

* 本文是 2018 年国家社科基金艺术学项目“形态 · 基因 · 模式：网生内容发展动力及趋势研究”（项目编号：18BC038）阶段性成果。

box office, and rating have entered the regression model.

Keywords: Chinese movie, international communication, market scale, Netflix, affecting factors

过去 30 年间,流媒体技术和带宽码率等传输介质不断进步,大型影视公司、网络平台不断涌现,这使电影作品有了更为广泛及便捷的传播渠道,进一步加速了我国影视作品的版权在全球范围内的采买和销售,同时也加速了作品的播出。在这一过程中,国际流媒体平台日渐崛起,并在国际传播中发挥更加重要的作用。其中,Netflix 依靠海量的用户数据、强大的算法能力和数据分析能力,不断成长为国际流媒体平台的巨头。据 Netflix2020 年 Q4 财报显示,目前其国际传播版图已覆盖了除中国和叙利亚之外的全球 200 多个国家,全球用户数量稳居行业第一。与此同时,Netflix 在购买影视版权、国际分发上拥有了更大话语权,也成为研究我国影视作品互联网传播效果的重要渠道。本文将对在 Netflix 流媒体平台上播出的 216 部中国电影进行研究,探讨影片能够触达的国际市场规模的影响因素。

一、文献综述与研究假设

由于每个国家的消费水平、用户规模不同,市场规模也呈现显著差异。研究将以每部电影能够触达的市场规模为因变量,追寻其影响因素,并提出以下假设:

(一)票房收入与传播市场规模的关系

在以往的实证分析中,王鑫鑫等认为票房收入的高低会影响一部电影的出口贸易额及出口地区,国内的票房收入越高,出口贸易额越大①。对于电影作品在流媒体平台的国际传播而言,其票房收入的高低也影响着一部作品的传播规模。因此,作出以下三个假设:

H1:是否有全球票房与传播市场规模有相关性。

H2:全球票房收入的高低与传播市场规模有相关性。

H3:国内票房收入的高低与传播市场规模有相关性。

---

① 王鑫鑫,段元萍.中国电影贸易出口现状及影响因素分析[J].中国商贸,2014(20):169-170,204.

(二)作品评分及评分人数与传播市场规模的关系

王锦慧等在测量YouTube视频网站对中国电影的传播效果时发现,一部作品的评分因素会对该作品在YouTube上获得的传播数据有正向影响①。除评分外,本文新增评分人数这一因素,该因素在某种程度上代表了一部作品的受关注度。海外评分越高,则其传播的市场规模越大;海外评分人数越多,则其被传播的市场规模就越大。因此,作出以下两个假设:

H4:作品海外评分与传播市场规模有正相关性。

H5:作品海外评分人数与传播市场规模有正相关性。

(三)平台原创/自制作品与传播市场规模的关系

近几年,不论是国内还是海外,由于流媒体技术的不断发展,视频网站的市场规模与商业话语权不断扩大,正在介入更多作品的生产与出品环节。彭秀珍指出,平台自制作品能够拓展其盈利渠道,与此同时平台也会给予作品更多扶持和曝光②。是否为平台原创/自制作品这一因素,在过往研究中较为少见,但考虑到Netflix流媒体平台自身的战略定位和业务模型,研究认为将该因素纳入量化分析框架有一定现实意义。因此,作出以下假设:

H6:平台原创/自制作品与传播市场规模有相关性。

(四)制片地区与传播市场规模的关系

本研究涉及多个制片地区的作品,比如中国大陆、中国香港、中国台湾等地区独立或合作制片的作品以及中外合拍片。该因素将考察Netflix是否对不同地区生产的作品设置不同的传播权重。需要说明的是,中国大陆市场未授权Netflix在其地域播放,但在台湾、香港等地区可以看到Netflix的作品。因此,作出以下假设:

H7:不同制片地区的作品与其传播市场规模有相关性。

(五)窗口期与传播市场规模的关系

在较为成熟的西方市场中,窗口期有着严格的时间规则。尹鸿等指出,互联网和

---

① 王锦慧,李珍晖,赵亚男.中国电影在海外流媒体传播的影响因素分析:以2015—2017年在YouTube上播放的中国电影为例[M]//中国新闻传播研究2018(上).北京:中国传媒大学出版社,2018:85-103.

② 彭秀珍.国内在线视频平台盈利模式研究[D].广州:暨南大学,2020.

新媒体的出现使传统的电影发行窗口理论受到挑战，因此“合适”成为衡量窗口规则的标准[①]。如何制定窗口期策略成为未来电影行业需要关注的问题。一般而言，窗口期时间越长，其所能影响的传播范围则越窄；反之，则越广。因此，作出以下假设：

H8：窗口期时长与该作品的传播市场规模有负相关性。

(六)作品分级与传播市场规模的关系

一直以来，我国电影公映领域实行许可制度，并未引入分级制[②]。然而，在西方影视工业体系内，一部电影或剧集作品的分级决定了它所面对的观众市场，甚至影响到其营销和宣发策略。Netflix 平台作为北美地区崛起的巨头，也拥有较为完备的分级体系。因此，作出以下假设：

H9：作品分级与其传播市场规模有相关性。

(七)作品类型与传播市场规模的关系

在以往研究中，有学者发现剧情片这一类型会产生更多贸易出口额；而音乐、浪漫等类型则不会进入模型[③]。一部作品的类型是衡量该作品题材及内容的重要依据，不同国家或地区的观众对作品类型的偏好也会产生差异。为了适应不同国家的市场口味，流媒体平台会参考每部作品的类型进行不同的地域推荐。因此，作出以下假设：

H10：作品的类型与其传播市场规模有相关性。

(八)播出国家数量与传播市场规模的关系

对传统院线来说，有研究指出各国银幕数对电影的票房规模有影响，且为正向影响[④]。在流媒体传播中，一般认为播出国家的数量与其传播到的市场规模有直接和密切的关联。但对于全球市场而言，由于各国用户规模存在显著差异，即便作品播出的国家数量多，也并不必然代表其所面对的用户市场更为广阔。因此，作出以下假设：

H11：播出国家数量与传播市场规模有相关性。

---

① 尹鸿，许孝媛.电影发行“窗口模式”的重构及影院的“优先地位”[J].当代电影，2020(9)：4-12.

② 颜秋萍.我国电影监管制度探析[J].经济师，2021(3)：50-51.

③ 王元亮.中国电影出口影响因素研究[D].海口：海南大学，2019.

④ 王锦慧，杨勇.影响中国电影北美市场的票房因素研究：以在北美上映的 242 部中国电影为例[J].当代电影，2020(11)：97-103.

(九)是否以中国文化和历史故事等作为主线与传播市场规模的关系

作为文化大国,中国具有独特和悠久的传统文化与历史,与邻国日本、韩国等国之间享有共同的文化渊源。但若想在国际传播中追求最广阔的全球市场,则需要在讲好中国故事和文化精神阐释中做到平衡。有研究指出,电影面对的“文化折扣”在不同国家都有表现,如《英雄》等历史题材片的“文化折扣”度包含更多①。本文认为,若以中国传统文化或历史故事为叙述主线,如神话故事、志怪传说等作为内容、题材,则可能面临较大的“文化折扣”,被大范围传播的可能性较小。因此,作出以下假设:

H12:作品是否以中国文化和历史故事作为主线与传播市场规模有相关性。

二、变量选取与样本选择

(一)变量选取与数据来源

1.自变量

(1)全球票房(global box office)与国内票房(domestic box office)

该变量用于衡量票房对一部电影的国际传播市场规模的影响。由于部分电影年代较为久远,缺失全球票房数据。因此增加是否有全球票房的虚拟变量,用“1”值(有全球票房)及“0”值(无全球票房)表示;并在有全球票房收入的样本中,进一步测算全球票房收入的高低是否与传播规模的大小存在相关性。该变量将分别用 Xgbo1 及 Xgbo2 表示。同时,样本中所有的国内票房数据完整,因此直接以国内票房收入作为变量,该变量以 Xdbo 来表示。全球票房统计来源为 Box Office Mojo 票房统计网站,国内票房统计自猫眼票房专业版。

(2)IMDb 评分及评分人数

IMDb 评分及评分人数将分别从影片海外口碑和影片海外关注度两个方面,论证其是否与传播市场规模有相关性关系。IMDb 网站作为北美甚至全球最大规模的影视评分网站,其评价具有权威性。每部作品的评分人数也能够在一定程度上反映出该电影在海外的影响力及关注度。上述变量用 XIMDb 及 Xinumber 来表示,IMDb 评分及评分人数数据整理自 IMDb 评分网站。

---

① 闫沐.“文化折扣”成因的经济模型分析[D].长沙:中南大学,2010.

(3)Netflix 原创作品

Netflix 原创(Netflix original)是 Netflix 公司表明该作品在自己平台上进行全球线上首播的标志。除此之外，由于近几年 Netflix 不断参与作品的出品环节，因此，一些 Netflix 原创作品代表 Netflix 的自制剧、自制电影等。本研究将此因素同时放入因变量中，分析一部作品是否会因为是 Netflix 原创作品而被传播至更广泛地区。该变量为虚拟变量，将用 Xoriginal 来表示，以“1”值（为 Netflix 原创作品）及“0”值（非 Netflix 原创作品）指代其含义。

(4)制片国家及地区

制片国家及地区可以分为仅中国内地、仅中国香港、仅中国台湾、三地合拍作品(如中国香港/中国大陆，中国台湾/中国大陆等)及中外合拍作品 4 类。该变量为无序多分类变量，分别用“1”值、“2”值、“3”值、“4”值表示中国内地制片作品、中国香港制片作品、中国台湾制片作品、三地合拍作品及中外合拍作品，数值大小均不含有程度意义。该变量将用 Xarea 来表示，数据整理自豆瓣、时光网等网站。

(5)窗口期时长

窗口期时长这一变量对一部作品而言，指的是从国内影院上映至海外 Netflix 平台播出的时间距离，以天数为单位。窗口期既与该影片的上映年份有关，也与 Netflix 与版权方合作的时间有关，反映了 Netflix 在收购不同电影上的窗口战略。该变量将用 Xwindow 来表示，为测量变量。数据整理自 unogs 网站及时光网。

(6)作品分级

作品分级指 Netflix 为电影标注的作品分级，指针对电影内容为不同年龄层受众引导观看的年龄段。电影作品分级阶段分为 G(全年龄皆可)、7+(建议 7 岁以上人群观看)、13+(建议 13 岁以上人群观看)、16+(建议 16 岁以上人群观看)、18+(限成年人观看)，同样，本研究将其分别赋值为“1”“2”“3”“4”“5”。该变量为有序分类变量，赋值越高，即对受众条件限制越多，以 Xrate 来表示该变量，数据整理自 unogs 网站。

(7)类型

全部样本中共包含 19 个类型，分别为动作、冒险、传记、喜剧、犯罪、纪录、剧情、奇幻、家庭、恐怖、历史、音乐、神秘、爱情、运动、科幻、战争、动画、惊悚。每部作品含有 1 个及以上类型。该变量为虚拟变量，用“1”值(含该类型)及“0”值(不含该类型)来表示，因此分别以 Xac、Xad、Xbi、Xco、Xcr、Xdo、Xdr、Xfan、Xfam、Xho、Xhi、Xmu、Xmy、Xro、Xsp、Xsf、Xwa、Xan、Xth 来指代，数据整理自 IMDb 网站。

(8)播出国家数量

本研究将统计播出国家数量，即每部电影在Netflix上被传播到的国家数量为多少。Netflix目前可以在200多个国家及地区播出，但由于相关数据平台所能监测的数据限制，本研究共能获取到42个国家的播出信息，其中包含美国、英国、加拿大、墨西哥、巴西、韩国、日本等，42个国家的市场份额占Netflix全球市场的84.03%①，因此，可以认为这42个国家是Netflix非常重要的播出市场。播出国家数量为测量变量，用Xcountry来表示，数据整理自unogs网站和finder网站。

(9)以中国传统文化和历史故事为主题

筛选并标记以中国传统文化和历史故事为主题的电影及剧集作品，比如以“哪吒”“封神榜”“山海经”等相关的历史、文化题材为主题的作品。该变量为虚拟变量，以“1”值代表“是”，“0”值代表“不是”，并用Xtheme来表示。

2. 因变量：传播市场规模

为探究中国电影通过Netflix能够达到的国际传播市场规模，需要在掌握传播到多少个国家的基础上，分析其实现的用户观看流量。本文选取第三方数据网站SimilarWeb的流量数据。在Netflix能够触达的国家，每个国家的用户在Netflix上的观看流量与Netflix的全球流量之间会形成一个流量比值，该比值能够反映不同国家及地区的传播市场规模差异。通过加总每一部电影作品能够到达国家的流量比值，得到其通过Netflix能够实现的最大传播市场规模。该变量反映了在已知的范围内Netflix播放的中国电影能够触及到的最大限度的市场规模，即每部作品的最大市场传播范围。该变量为测量变量，用Ymarket来表示，数据整理自SimilarWeb数据网站。

(二)样本选择

经过整理统计，截至2020年9月底，Netflix平台上播出的中国电影数量共323部，包含中国内地、中国香港、中国台湾地区制片的所有作品。其中1/3是20世纪上映的老式怀旧片，考虑到新世纪以来上映的电影样本更具现实意义，本文以新世纪以来国内上映的216部电影为研究对象作实证分析。

① 数据整理统计自www.similar web.com。

(三)样本的总体状况描述

2010年之后国内上映的中国电影在Netflix平台上有较多数量的播放,2010—2019年共有177部,远超2000—2009年上映的电影数量39部(如图1所示)。需要说明的是,由于受到新冠疫情影响,2020年电影作品产量及上映量均有大幅缩减。按正常规律预测,2020年Netflix收购的中国电影数量及样本整体数量都将高于现有数据,但截至统计日期只有1部。

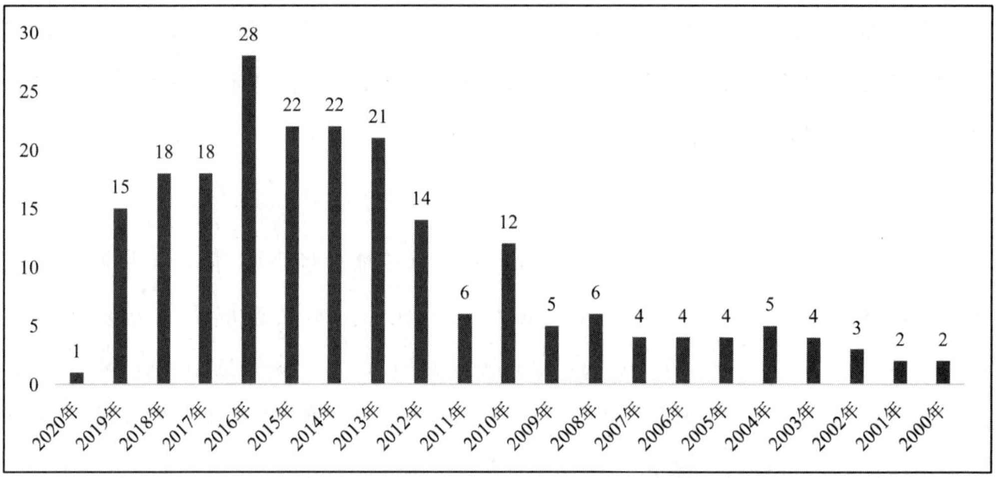

图1　Netflix播出的216部中国电影上映年份分布(单位:部)

在电影类型方面,包含剧情类型和动作类型的影片数量名列前位,分别为100部和96部;其次为喜剧类型片62部,此外还有不少包含犯罪类型、冒险类型、爱情类型等的影片(如图2所示)。需要说明的是,每部电影的类型不唯一,一部作品基本包含2—3个类型元素。其中,在2010年以后,Netflix收购的电影大多以剧情片、犯罪片、喜剧片及爱情片为主。混杂着不同类型的商业片成为Netflix近些年选择购买中国电影的重要标准。由此可见,作为商业平台,Netflix依然会重视以快节奏、强情节等为主的商业片市场,尽可能迎合大众市场的观影口味。此外,Netflix也给予"文化折扣"较大的喜剧片与爱情片更多关注度。

在电影评分方面,以5年为一时段进行划分,自2000年至2020年电影评分呈现下跌态势(如图3所示)。其中2020年仅有1部电影,不具备更多参考性,在此不予讨论。然而结合电影数量来看,Netflix购买/出品的近10年的中国影片数量却呈上升态势,这也从侧面说明口碑高低并不是Netflix购买更多数量中国电影的决定因素。

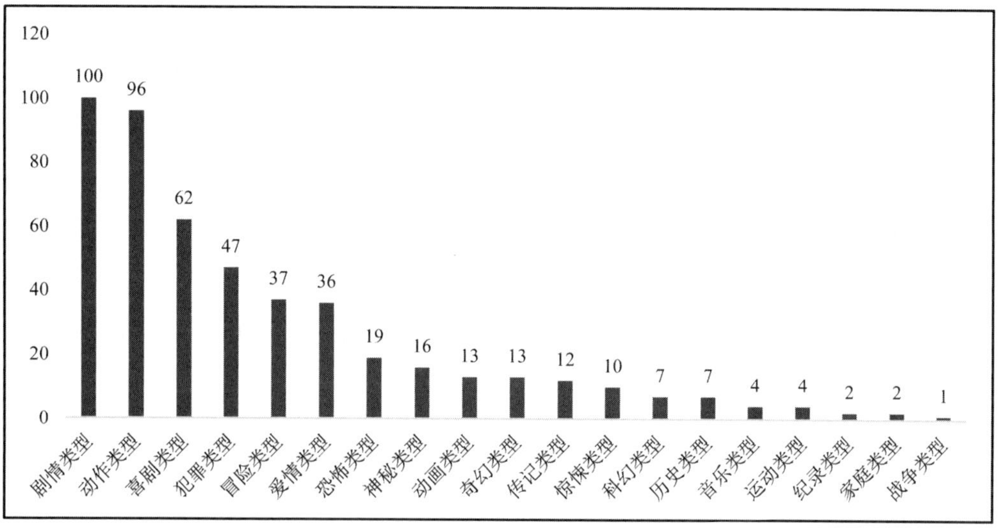

图 2　2000—2020 年 Netflix 播放的 216 部中国电影类型分布

在电影关注度方面，和电影评分走势一样，其回落程度更为剧烈。自 2000—2020 年的 5 个阶段中，每部电影的平均打分人数呈下落态势。2020 年的情况同样不作重点分析，2000—2004 年的打分人数大大超过了 2015—2019 年上映影片的打分人数，为后者的 5 倍之多。这也进一步说明虽然每年上映的电影数量在上升，但每部电影在国外市场受到的关注度和口碑却在下滑。

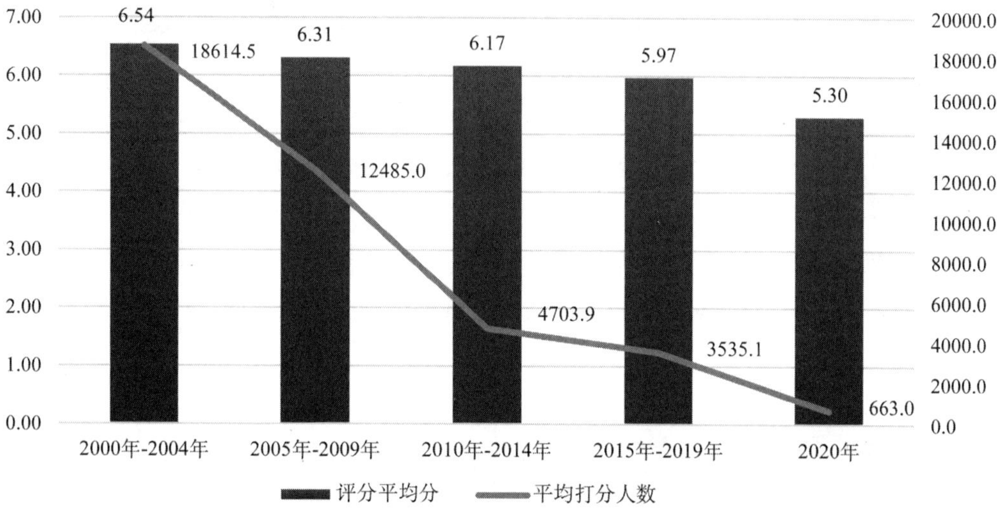

图 3　2000—2020 年 Netflix 上 216 部中国电影评分及平均打分人数分布

此外，根据 Netflix 播出的 216 部中国影片传播的洲际分布（以可获得数据的 42 个国家为基础，如图 4 所示）可以看到，面向欧洲 19 个国家的总传播次数最多，达到 1000 次以上，虽然平均到每个国家的传播次数较少，但从整体输出效果来看，可以认为 Netflix 的确为新近影片打开了更多通往欧洲的入口。同时也可以发现，南美洲 3 个国家每个国家能够看到的中国电影最多，平均次数高达 104 次，大洋洲国家（仅澳大利亚）也以 87 次的成绩高居第二。亚洲和北美洲的每个国家能看到的电影次数大致相同。这的确展现出了和传统院线渠道在国际传播上的不同之处——并非仅将重点放在亚洲市场，而是真正向世界各地传播中国影片，在整体效果上欧洲国家被配比了更多权重。

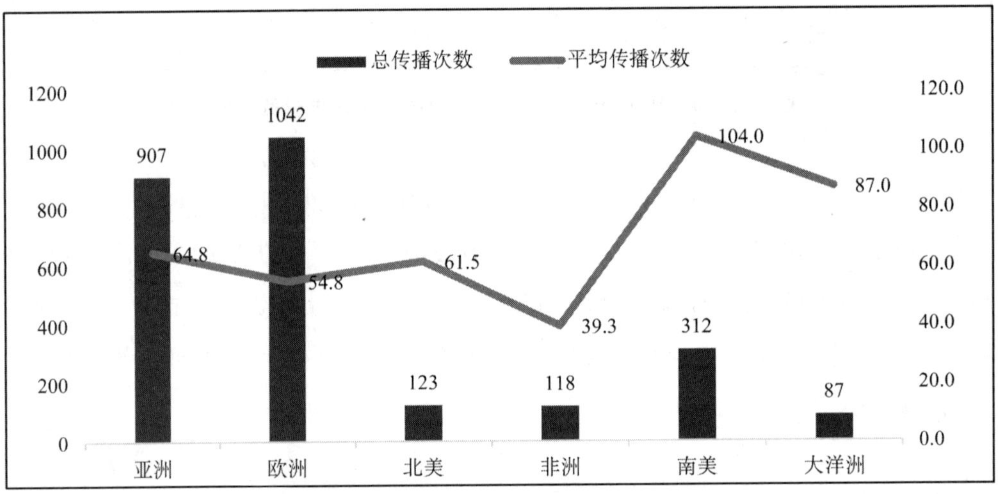

图 4　2000—2020 年 Netflix 上 216 部中国电影总传播次数及平均传播次数

三、中国电影国际传播市场与选取变量的相关性分析

在对样本特征进行基本梳理后，本文将进一步对变量间的相关性进行分析。由于变量类型不同，所以分别对不同自变量与因变量进行独立样本 T 检验、单因素方差分析和相关性分析。

（一）独立样本 T 检验

通过对电影样本的统计，在独立样本 T 检验中，6 个自变量与传播市场规模存在相关性，分别为是否有全球票房、是否为原创作品、是否含冒险类型、是否含纪录类型、是否含历史类型及是否以中国传统文化和历史故事为主题(如表1所示)。比较样本所对应的传播市场规模均值发现,有全球票房作品的均值为58.6,无全球票房作品的均值为97.3;标注为Netflix原创(即Netflix主控出品或购买其全球线上播出权)作品的均值为161,非原创作品均值为57;含有冒险类型的电影作品均值为41.1,不含冒险类型作品均值为65.4;含纪录类型的作品均值为21.6,不含纪录类型作品均值为61.3;含历史类型的电影均值为16.9,不含历史类型的电影作品均值为62.7;以中国传统文化和历史故事为主题的电影均值为40.2,不以中国传统文化和历史故事为主题的电影均值为67.1。

因此,无全球票房,是Netflix原创作品,不含冒险、纪录和历史类型以及不以中国传统文化和历史故事为主题的作品会在更广阔的全球市场中进行传播。

表1 传播规模维度电影作品独立样本T检验

变量名称	P	变量名称	P
是否有全球票房(Xgbo1)	0.009***	是否含家庭类型(Xfam)	0.884
是否为原创作品(Xoriginal)	0.000***	是否含历史类型(Xhi)	0.001***
是否含动作类型(Xac)	0.816	是否含恐怖类型(Xho)	0.868
是否含冒险类型(Xad)	0.004***	是否含惊悚类型(Xth)	0.609
是否含传记类型(Xbi)	0.453	是否含音乐类型(Xmu)	0.071*
是否含喜剧类型(Xco)	0.921	是否含神秘类型(Xmy)	0.989
是否含犯罪类型(Xcr)	0.485	是否含爱情类型(Xro)	0.342
是否含纪录类型(Xdo)	0.000***	是否含科幻类型(Xsf)	0.273
是否含剧情类型(Xdr)	0.517	是否含战争类型(Xwa)	/
是否含动画类型(Xan)	0.312	是否含运动类型(Xsp)	0.258
是否含奇幻类型(Xfan)	0.509	是否以中国传统文化和历史故事为主题(Xtheme)	0.003***

注:*** 表示在99%水平的置信区间上,有统计学意义;** 表示在95%水平的置信区间上,有统计学意义;* 表示在90%水平的置信区间上,有统计学意义。

(二)单因素方差分析

单因素方差分析的结果发现,作品分级、制片地区均没有显示出显著性,表明作品分级、制片地区与传播市场规模间无相关关系。作品分级与制片地区通过方差齐性检验,但显著性均大于0.05,分别为0.221和0.287。因此可以说,单因素方差分析结果不显著,认为没有均值差异,即作品分级、制片地区与传播市场规模间没有显示相关性。

(三)相关性分析

运用皮尔森(Pearson)相关性分析,对作品的传播市场规模进行分析,结果如表2所示。在变量与传播市场规模的相关性统计中,窗口期、全球电影票房、播出国家数量这三个因素与传播市场规模间有相关性。其中,窗口期时长与传播市场规模呈负相关性,即窗口期越长,传播市场规模越小;在有全球票房的电影中,全球票房更高的电影与传播市场规模呈较弱的负相关性,即票房越低,其传播市场规模便越大;播出国家数量与传播的市场规模间呈现正相关性,即该作品播出的国家数量越多,则该电影传播市场规模便越大。

表2 传播规模维度电影作品相关性分析

变量名称	传播市场规模	
	Ymarket	
	Coef.	P
IMDb 评分(XIMDb)	0.121	0.076
评分人数(Xin)	-0.024	0.727
窗口期(Xwindow)	-0.161 * *	0.018
国内电影票房(Xdbo)	0.043	0.533
全球电影票房(Xgb2)	-0.150 * *	0.028
播出国家数量(Xcountry)	0.915 * * *	0.000

注:*** 表示在99%水平的置信区间上,有统计学意义;** 表示在95%水平的置信区间上,有统计学意义;* 表示在90%水平的置信区间上,有统计学意义。

四、中国电影国际传播市场与选取变量的多元回归分析

(一)多元回归模型建构

通过以上分析,可以初步获得电影作品传播的市场规模与哪些因素有相关性的结论。但无论是独立样本T检验、单因素方差分析还是相关性分析都仅能解释其相互影响的关系,无法得出进一步的因果关系。因此,将通过进一步构建多元回归模型,来

判断和验证上述提出的假设。将是否有全球票房，是否为 Netflix 原创作品，是否以中国传统文化和历史故事等为主题，是否含动作类型、冒险类型、喜剧类型等 19 个电影类型，电影分级，制片地区，IMDb 评分，评分人数，窗口期，播出国家数量，国内票房收入作为自变量，将传播市场规模作为因变量，放入模型中进行运算。在回归方式上，研究将采取多层逐步回归的方法，对模型进行拟合和计算，并得出最佳的模型结构。

在回归运算前，根据多元线性回归模型统计学原理，将模型公式定为：

$y=a\cdot x1+b\cdot x2+c\cdot x3+d\cdot x4+e\cdot x5+\cdots+f\cdot xn+g$（其中，a、b、c、d、e、f 为变量的系数，g 为误差项）

经过分析，共有 7 个变量进入到回归模型中，分别为播出国家数量、是否包含动作类型、窗口期、是否包含音乐类型、是否包含传记类型、国内票房和作品分级。模型系数及显著性结果见表 3。

表 3　中国电影传播市场规模回归模型

变量名称	传播市场规模 Ymarket	
	Coef.	P
播出国家数量(Xcountry)	4.522***	0.000
是否包含动作类型(Xac)	7.878***	0.009
窗口期(Xwindow)	-3.685**	0.027
是否包含音乐类型(Xmu)	33.362***	0.006
是否包含传记类型(Xbi)	16.573***	0.008
国内票房收入(Xdbo)	0.0000607***	0.009
作品分级(Xrate)	3.704**	0.028
_cons	-8.451	0.18
R^2	0.871	
adjust R^2	0.867	

注：*** 表示在 99%水平的置信区间上，有统计学意义；** 表示在 95%水平的置信区间上，有统计学意义；* 表示在 90%水平的置信区间上，有统计学意义。

通过回归分析以及后续检验得出：(1) R^2 值为 0.871，调整后 R^2 为 0.867，因变量传播市场规模用这些变量解释的程度尚可，模型拟合度较好；(2)模型通过 F 检验，显著性为 0.000，概率值远小于 0.01，说明自变量与因变量间存在线性关系，模型总体存在；(3)标准化残差直方图和标准化残差图基本呈正态分布和线性分布，通过残差检验;(4)自变量“播出国家数量”“是否包含动作类型”“窗口期”“是否包含音乐类型”“是否包含传记类型”“国内票房收入”“作品分级”的 P 值小于 0.05,说明这 7 个自变量在显著性水平为 $\alpha=0.05$ 时显著,其余变量均不显著;5 对模型进行共线性检验,显示 5 个自变量及常数值对应的 VIF 值均全部小于 10,说明模型没有多重共线性问题,模型构建良好。

由此,可以得到中国电影在 Netflix 上传播市场规模的回归模型:

Ymarket=4.552 * Xcountry + 0.787 * Xac+(−3.685) * Xwindow + 33.362 * Xmu + 16.573 * Xbi + 0.0000607 * Xdbo + 3.704 * Xrate +(−8.451)

(二)模型结果分析

通过中国电影在 Netflix 上传播市场规模的模型结果,能够得知影响一部电影作品在流媒体上传播市场规模的因素。

1. 播出国家数量的影响

播出国家数量对一部电影所传播的市场规模有正向影响,这一结论同样在相关性分析中得到验证,即播出国家数量越多,传播市场规模越大,具体分布情况如表 4 所示。可以看出,将能够传播到的最多国家数(42 国)分为 3 个区间,132 部电影分布在尾部区间(1—13 国)内,即 61%的电影传播到了少数国家;59 部电影分布在中部区间(14—27 国)内,即 27%的电影传播到了中等数量的国家;仅 12%的电影传播到了最多的国家。同时发现,在尾部区间内分布的国家数量极不均匀,呈两级分化特征,其中大多被传播到亚洲地区及南美洲地区,如墨西哥(11.24%)、巴西(24.81%)等,而它们在 Netflix 中占据的市场规模也较大,这也就导致了播出国家数量越多,传播市场规模越大的情况;在中部区间内分布的国家数量较为均匀,这类电影大多被传播到欧洲、中亚等国,其中印度(7.31%)、英国(9.56%)等地区的市场规模位于前列;而头部区间内由于传播国家数量最多,分布最为均匀。从上述分析可以看出,实际上,大部分电影被传播到了同一批国家,如南美、东亚地区,同时也有近 1/3 的电影被传播到“文化折扣”更大的欧洲地区。这进一步说明,中国电影在 Netflix 上的传播具有一定的地域倾向性,这也为我国电影在制作和发行环节提供了针对性的方向。

表 4 传播国家数量各区间的电影数量及代表性国家和地区

传播国家数量区间	电影数量(部)	代表性国家及地区
1—13 国	132	各国分布数量极不均匀，尤以香港、韩国、墨西哥、阿根廷、新加坡、巴西、菲律宾最多。
14—27 国	59	各国分布数量更为均匀，但以俄罗斯、以色列、罗马尼亚、英国、印度、捷克最多。
28 国以上	25	各国数量分布基本均匀，其中西班牙播出的电影数量领先幅度较大。

2. 电影类型的影响

影片类型也会影响该片是否会传播到更大的全球市场中。从模型结果可知，含动作类型、含音乐类型、含传记类型对传播市场占比具有正向影响。目前，Netflix 平台上一些新近的动作电影类型多样丰富，既包含传统功夫片，也包含讲述探案、悬疑、格斗、奇幻等现代题材的新型动作片。在动作电影之外，Netflix 更重视音乐、传记等不为主流商业电影类型偏爱的作品。含音乐元素的电影《五月天人生无限公司》《闪光少女》等均在数十个市场规模较大的国家(地区)播出。在传记类型的电影中，能看到更多类型融合的影片，如“传记＋体育”“传记＋历史”等。相比之下，这些题材不会被太多线下渠道和商业市场认可。在 Netflix 平台上，面对的是全球观众，可以给这些垂直类型的小成本、小众类型电影以更多探索的可能。

3. 窗口期的影响

影片发行的窗口期也会影响到其传播市场规模。从回归模型中可以看到，窗口期越长的电影，能够传播的市场规模也越小。随着全球文化市场的转型升级，观众对观看“刚出炉”的新近影片的需求越发强烈。尤其是对流媒体平台来说，抓住新近热门影片，无疑是抓住了更多年轻人的市场。因此，窗口期时长越来越成为决定一部电影传播市场规模的关键因素。可以肯定的是，新旧媒体渠道正越来越从上下游的协作关系，走向竞争与合作并存的关系。一场争夺热门影片的“时间赛”已经打响，这也就导致一旦电影在 Netflix 平台与院线同步上映，会引发院线方抵制的情况。

4. 分级因素的影响

再次，一部电影作品的分级也会影响到其传播市场规模。表 5 是不同分级的电影传播市场规模的比例表。可以看出，该比值呈现出正态分布的特点，13＋对应的用户市场最大，16＋分级的电影紧随其后，7＋、18＋的分级作品对应的用户市场规模逐渐减少；G级作品对应的最少。其中，占比最大的13＋作品，主要为除动画片和涉及血腥、暴力、软色情等限制级作品外的影片，因此包含类型分布较广。

表5 电影分级与传播市场规模比例统计表

电影分级	传播市场规模比例(%)
G	34.12
7＋	55.76
13＋	64.84
16＋	62.46
18＋	52.20

5. 国内票房的影响

一部电影的国内票房收入也会影响其传播市场规模，且会对传播市场规模起到正向影响作用。近几年上映的国内票房高的中国电影更易受到 Netflix 的青睐，并会在更大的国际市场播出。例如，在我国票房和口碑都大热的影片《流浪地球》《后来的我们》《动物世界》等都被发行至更多数量和更广阔的国际市场中。这表明，Netflix 在评估播出范围方面，会参考中国市场上的商业反应。虽然 Netflix 收购了不少多类型、集中于中尾部的小成本影片，但仍然会对票房高的热门影片给予更多的播出权重。

五、结论与建议

根据上述模型得出的结论，目前影响中国电影在 Netflix 流媒体平台上传播市场规模的因素主要为传播国家数量、电影类型、电影分级、窗口期、国内票房收入。将此结论应用于实践问题分析，本文提出以下建议。

(一)融合统一作品的共性和本土性特征

首先，在电影制作方面，注重提取影片类型与题材的共性特征，争取全球市场中的最大公约数。从上文分析可知，流媒体平台更偏爱含动作、传记、音乐类型的电影，创造更多体验性强、共鸣性高、文化融合度及包容度广泛的细分领域优质作品，将成为在内容创作上需要践行的标准。

其次，在电影宣发方面，应该选取有针对性的目标市场，制定差异化的宣发策略。此前，Netflix 曾就其首部品牌创意短片 *One Story Away*，在不同国家的市场上制定不同的营销策略，比如在印度市场上发布一系列制作团队的采访视频，而在英国和巴西市场则以一个红色视频进度条作为视觉链接再通过社交媒体进行互动。因此，根据不同国家对中国文化的亲近性和差异性表现，也可以制定多样化的宣发策略，比如以歌舞元素为主的预告片、片花和剪辑更适合印度市场，而悬疑、动作、全明星阵容的元素更适合欧洲和北美市场等①。

（二）加强精准化定位和精细化管理

一是要加强精准化定位，尽可能贴近主流市场。目前，我国还没有搭建起初步的电影分级标准，但对出品公司、制作平台而言，仍可根据不同影片的题材类型、意识形态、价值导向等预先进行划分。从实证模型可知，针对 13＋及 16＋用户群观看的电影会被分发至更广的市场。影片方在双方交易前，也可基于不同年龄段的观影市场进行提前预判和分级管理，全面获取和知悉流媒体平台的分级管理标准。

二是要注重分层体系的搭建，进行精细化运营。从相关性分析和回归模型结论可知，评分因素与影片是否能传播到更大市场规模并无相关关系；然而，国内的高票房电影却可以被传播到更大市场中去。基于此，可以搭建针对高票房与高口碑电影的分层体系。为已在国内取得高票房的热门影片举办专项推介会，突出宣传和推荐影片中的亮点和共鸣点；对一些高口碑的冷门佳片如部分文艺片、纪录片等，则可专攻更具目标性的地区市场，如欧洲市场、中亚市场等。在影片被收购前，版权方可与流媒体平台方（购买方）进行单部作品的推介和商议。

（三）把握短期与长期间的动态平衡

一方面，在窗口期管理上，影片方可以调节不同窗口期时间，适当缩短到流媒体平台的下沉时长。不可否认的是，影院放映仍然是观影的主流方式，然而随着全球疫情的影响和技术的未来变革，用户也会随之调整观影方式。在流媒体平台收看更具灵活性和调整性，这也要求影片方不断加强窗口期时长的动态管理，尤其是在国际传播方面，需要根据影院票房和影片口碑及时调整窗口期战略，平衡把握。

另一方面，在影视作品在流媒体平台上的深度捆绑销售或长期合作机制方面还有进一步挖掘的空间，尤其是基于不同影视公司擅长的特定题材、特定市场，进行多层次、多类型、多样态的合作共赢体系的搭建。在建立稳定的内容合作关系后，将有更多

① "One Story Away" campaign celebrates the power of storytelling[EB/OL].(2002-04-15)[2021-08-22]. https://about.netflix.com/en/news/one-story-away-campaign.

机会向产业链和多样化的利润分配方式上延伸。

(四)增强海外传播的话语权与主动性

从目前的情况来看,屡禁不绝的盗版问题正在成为挑战正版作品窗口下沉期的重要威胁。在未来,应逐步完善影视版权采买及在流媒体渠道上进行全球发行的相关法规,这也是我国影视作品在“走出去”进程中必须加强的一个重要方面。这方面可以借鉴国外机构的相关做法,比如澳大利亚强制要求互联网服务提供商拦截提供非法访问内容的海外网站;为了保护动漫行业的有序和健康发展,日本政府一方面清理了大批涉事的非法盗版网站,另一方面重开网站,播放新作品在内的正版漫画作品,借此进一步扩大其面对的海外市场。

中国影视作品要想通过流媒体平台进行全球传播,还需要加强自身流媒体平台的建设。对于意欲“出海”的中国影视作品而言,即使通过 Netflix、Amazon、Hulu 等平台传播,却仍然是被动的。由于文化防线依然存在,若想真正通过流媒体平台实现我国影视作品更大范围的文化输出,还需要搭建我国自有的国际流媒体平台。如在未来能够打造出比肩甚至超越目前几家流媒体巨头的跨国视频平台,那么对于我国影视作品“走出去”的现实意义无疑是巨大而深远的。目前,爱奇艺、腾讯视频等头部流媒体平台已经开展平台“出海”战略,未来发展空间有待发掘①。

总之,中国电影的国际传播进程虽受到全球疫情和意识形态方面的阻力,但也可以看到,借助国际流媒体平台的崛起和发展,我国影片在线上渠道的国际传播已经焕发出新的生命力。尽管如此,中国电影基于流媒体平台的国际传播,还需要业界和学界投射更多关注,方能真正抓住新机遇,扬起中国影片线上“出海”之旅的风帆。

〔卜彦芳,中国传媒大学经济与管理学院教授、博士生导师;李初晴,中国传媒大学广播电视专业硕士研究生〕

〔特约编辑:顾洁〕

① 中国内容“出海”驶入“快车道”,长、短视频平台争夺 30 亿存量用户市场[EB/OL].(2021-05-18)[2021-08-22].https://www.163.com/dy/article/GAA4O1Q20512B07B.html.

融合与去蔽:自然生态类纪录片的美学研究*

——以纪录片《青海,我们的国家公园》为例

Synthesis and Aletheia: Aesthetic Research on Natural Ecological Documentary

—Taking the Documentary *Qinghai*, *Our National Park* As the Case

◎韩　莹

Han Ying

摘要:与以往的自然类纪录片不同,三集纪录片《青海,我们的国家公园》在呈现壮美灵动的自然景观的同时,更加强调人对自然的尊重和人与自然和谐共生的美学诉求。这部纪录片将科学与美学融合,将时间与空间重构,本文应用现象学理论,从新的维度分析自然生态类纪录片的美学表达,对研究主旋律纪录片的类型化创作有一定的启示价值。

关键词:自然生态;视域融合;现象学美学

Abstract: Different from previous nature documentaries, the three-episode documentary *Qinghai*, *Our National Park* does not only stop at the level of unfolding the magnificent and dynamic natural landscapes, but extend to emphasizing on the humans' respect for nature and the aesthetic appeal of harmonious coexistence between humans and nature. This documentary combines science and aesthetics, and reconstructs time and space. This article applies phenomenological theory to analyze the aesthetic expression of natural ecological documentaries from a new perspective, which has enlightenment value for the study of the typological production of the Theme Documentary.

Keywords: natural ecology, horizontaler-schmelzung, phenomenological aesthetics

* 本文为2018年国家社科基金艺术学项目"形态·基因·模式:网生内容发展动力及趋势研究"(项目编号:18BC038)的阶段性成果。

三集纪录片《青海,我们的国家公园》由国家广电总局指导,青海广播电视局牵头承制,在央视纪录片频道、多家上星卫视以及网络平台同时播出。纪录片以电影化的制作,多主体的视角,诗意化的表达,真实地再现了三江源国家公园、祁连山国家公园中草海、冰河、峡谷中的自然生态之美、原真生命之美。本片在绘制天、地、人和谐画卷的同时,带给观众沉甸甸的文明哲思——该如何保护生态环境、共谋人类发展。

目前的自然生态类纪录片大致分为两类,一类是展示纯粹的自然环境,除人之外的动物、植物等生命物种以及生态样貌;另一类是反思在人类发展过程中对自然的干预、破坏等。纪录片《青海,我们的国家公园》以习近平总书记倡导的"坚持人与自然和谐共生"为宗旨,以构建生态文明为创作理念,在自然生态类纪录片的类型创作和美学表达中进行了新的探索和尝试。

一、视域融合——多主体视角的生态空间重构

"国家公园"这个概念伴随着生态文明建设进入我国公众视野不到 10 年时间,以纪录片的艺术形式进行探讨更是第一次。如何把受众不熟悉的话题和领域呈现展示出来?本文借用迦达默尔的视域融合理论,应用"先入之见"弥合已知与未知的空间。"我们的文化和传统的历史性和流动性、我们个人生活的差异性,决定着我们成为彼此相异的个性化的存在物。因此,我们的一切理解和解释活动都只能在'先入之见'中展开。'先入之见'不仅不是理解和解释活动的障碍,相反,它是理解和解释活动展开的必要条件 。"①

多视角的"先入之见"是对文本理解的重构。纪录片《青海,我们的国家公园》每一集都选择 4—5 位与国家公园有着密切联系的受访人,他们身份不同、职业不同,与国家公园构建的关系也不同。

第一层融合是在每集中,几位身份背景不同的受访人以自身的经验视角构建了阐释主题的文本。比如,野生动物专家刘炎林从野生动物谱系与地理命名关系的视角,向我们展示出野牛沟、哈熊沟、那纵(岩羊的城堡)、色弄(雪豹沟),这些历史上不同种类的动物聚居样态。在现实时空中,你会"与从远古走来的精灵不期而遇"。"荒漠猫性情孤僻,还保留着没被驯化的古老基因"。红外线无人摄像机"偶遇"这些生活在岩缝、洞穴里,拥有保护色、极难被找到的荒漠猫一家。无人摄像机第一次记录了这组荒漠猫家庭影像,刘炎林以第一人称视角评述这组珍贵的影像:"洞口的尸骨可能是荒漠

① 彭启福."视域融合度":迦达默尔的"视域融合"论批判[J].学术月刊,2007(8):52.

猫妈妈喂食宝宝遗落的食物残渣,它们的嬉戏打闹看起来很萌,实际上预示着未来这些猫宝宝会成为高超的捕猎能手。”科学、专业、生动、完整的影像资料,突破了制作团队和观众的“先见”视域,产生出新的疆域,为纪录片影像文本的构建提供新的视角。

以第一集为例,多重身份视角的文本重构如表1。

表1 《青海,我们的国家公园》第一集多重身份视角的文本重构

序号	人物	身份	关注视域	文本重构
1	葛玉修	山地摄影师	斑头雁、黑颈鹤等珍稀鸟类	在国家公园中与鸟的约会、陪伴、守候
2	刘炎林	野生动物专家	远古走来的荒漠猫等	生物谱系的现实照见
3	钟鑫	植物分类学者	冰川、草甸中的植物	勃勃生机的多样性植物如同向导,让人洞见壮美灵动的自然
4	公保	环保志愿者	退牧还草、生态控鼠	鹰、藏狐、鼠兔打造动植物与人类的完美生态拼图
5	布达	新牧人(从外地读大学后归来)	游牧草场放牧牦牛,与狼、豹和谐共处;新牧人的生活方式	草场喂养牦牛,骑着摩托驰骋草原,家乡的山川是新牧人的精神回归

第二层融合是被摄者视角与纪录片创作者视角的融合。例如,在纪录片开篇,观众从山地摄影师葛玉修手持照相机的剪影中洞见季节交替时的飞鸟、岩羊。葛玉修专注国家公园鸟类拍摄已有25年,职业摄影师的视角专业而富有情感,他能理解鸟儿每一次拍打翅膀的用意,也能从鸟鸣中分清鸟的种类。纪录片创作者在呈现山间、浅滩的自然景观时,也在拍摄葛玉修。摄影师凝视自然,观众也在凝视他,这种自我反射的拍摄方式呈现了“观看”与“被看”,将摄影师葛玉修置于自然的关系中,消解了观众对斑头雁、黑颈鹤等珍稀鸟类的陌生感。观众对可见世界的知觉理解,是建立在摄影师先行存在的凝视中,这种凝视除了视觉呈现的共享性,更有情感的共通,它超越了浅层次的对陌生鸟类的猎奇,而是从影像空间拓展到美学空间,最终呈现给观众的是摄影师和纪录片创作者共同经验的融合。

第三层融合是播出的纪录片文本与观众视域的融合。该纪录片在网络平台播出时,弹幕为诗意的自然景观单向度的传播开辟了新的社交场景。例如,在纪录片中,植物分类学者钟鑫,用自己的专业背景向观众解释,在高原上,为了适应低温生存,垫状的点地梅会像苔藓一样伏地生长。一组两极镜头的蒙太奇组接航拍云巅山谷和行进中钟鑫张开双臂的特写,下一个镜头是模拟钟鑫第一人称视角扑向草场的运动镜头。随着钟鑫发出由衷惊叹的同期声,年保玉则国家公园最壮观的“花地毯”呈现在我们眼前。这些草花如同在跟严寒赛跑,在最短的时间里完成生命的全周期——长叶、开花、结果、散种,“只有在高原上才能够看到生命在很短的时间里盛放的样子”。此时,观众的弹幕飘出:“看着热泪盈眶是怎么回事?”在以往观看唯美的自然纪录片时,观众内心涌动的情感是个人的、闭合的。而弹幕丰富了纪录片文本传播的社交语境,弹幕语言激发了观者的情感,此时纪录片的文本传播变成了群体的、开放的。弹幕中的语境构成了创作者未曾表达的视角。例如,红外线摄像机记录了荒漠猫屹立在洞口观望的画面,此时弹幕呼应:“它看起来很有范儿。”昆虫学者复原掀开的石块,让昆虫重新躲藏起来,此时弹幕模拟昆虫视角飘出:“你压到我啦。”这些语体各异、话风不同的弹幕背后是拥有不同身份、不同生活经验的观众的即兴参与和点评。亚里士多德提出“口语是内心经验的符号,文字是口语的符号”。观众的“先入之见”使他们对纪录片文本的理解视域各异,同时,也因为共同观看的纪录片文本又“突破‘先入之见’的疆域,与文本所提供的视域形成融合,产生出新的视域。”[①]因此,弹幕是观众对纪录片的理解、解释甚至是对文本的再创作,互联网平台中观众的表达和纪录片的表达形成对话并融合出文本空间的新语境。

二、去蔽存真——构建共时性的沉浸式体验

纪录片的本质属性是“真”,借用海德格尔关于现象学的阐释,即是“面向事情本身”,“让存在——即让存在者整体存在——是解蔽着又遮蔽着的,其中发生着这样一回事情:遮蔽显示为首先被遮蔽者。绽出的此之在保存着最初的和最广大的非解蔽状态,即根本性的非真理”。[②] 纪录片的“真”是对存在世界的探索过程,存在世界包含解蔽着的和遮蔽着的,纪录片不仅要呈现解蔽的世界,而且要去蔽那些被遮蔽的世界,这部分被遮蔽的世界是此在的绝大部分,纪录片就是带领观众去体验、感知此在的根本性本质。国家公园给大多数观众的印象是风光旖旎、景致壮美,而这部纪录片除了呈现未被遮蔽的国家公园的“极致的美”,还带领观众去探索天、地、人、物和谐共生的自由以及此在文明的可持续发展。

首先,这部纪录片对“真”的追求是通过生态美学的共时性传达来实现的。共时性是纪录片真实感的构建方法,是将概念事件化、将结果过程化,观众从纪录片里获得的是真实的原生状态。

---

① 彭启福.“视域融合度”:迦达默尔的“视域融合”论批判[J].学术月刊,2007(8):53.

② 海德格尔.海德格尔存在哲学[M].孙周兴,等译.北京:九州出版社,2004:100.

共时性需要让观众亲历见证事件的发生、发展和变化，这种变化不是编剧安排和人为干预的，而是事物的元真样貌。“无伪装的在场或无遮蔽的现身，要求我们给予物一个自由的区域，简言之，就是让物自由，泰然任之，由于我们让物自由，物自己会呈现自己。”①

减少人为干预，与自然和谐共生的理念渗透到《青海，我们的国家公园》每一个场景段落中。纪录片有一段是展示环保志愿者公保生态控鼠的事情，片中没有概念的刻意输出和讲解，而是用行动和事件来诠释。

传统观念中，高原鼠兔是吞噬草场的罪魁祸首，但是在环保志愿者公保看来，鼠兔没有错，反而还会通过钻洞松软草根。此时的画面是斑驳裸露的草场，灵动可爱的鼠兔在自由穿梭。公保的画外音说：“真正的问题是草地上只剩下了鼠兔，它的天敌都没了。”一句话点明了生态链的缺失才是鼠兔泛滥的真正原因。旷日持久的人鼠之战对控鼠没有多大改观，而“藏狐专门吃高原鼠兔，高原鼠兔是老天爷赐给它的食物”。建立完整、正常的生态链才是控鼠新路径。

在这个段落里，行动和事件的核心是如何让鼠兔天敌——藏狐回归。环保志愿者用修建布达拉宫的松软土坯为藏狐造“湖景房”，纪录片用超低角度仰拍画面和高角度航拍画面的蒙太奇组接，呈现了志愿者们建造洞穴的细节和全景。新居是否会等来藏狐们的举家搬迁还是未知数。通过远程无人摄像机，公保注视着洞穴的动静。开始时狗獾钻了进去；在一段时间的等待后终于有一对狐狸夫妻从洞里钻出来，调皮地伸伸懒腰，四处张望，然后猛地一下扑到无人摄像机前。晃动的镜头记录了这一切。

这段一气呵成的事件，让“故事自行推展”，长焦镜头记录藏狐在高速移动中捕鼠的画面是虚焦的，藏狐扑向无人摄像机的画面是晃动的，恰恰是这些不够“精致”的画面，让观众看到的不是虚构的“演出”，而是共时性的完整的现实感知。

纪录片《青海，我们的国家公园》对真实的呈现不是主题先行，而是蕴含在真实的时空情境中。纪录片以科学的态度探索自然奥秘，以科学的认知解决长久以来悬而未决的问题，与自然的和谐相处不再是空洞的说教，而是通过行动和事件来诠释。这一点与现象学叙事理论不谋而合：“面向事情本身”“重要的不再是使想象的事物成为现实，而是让存在的事物最大限度地展现自身的含义，这些事物基本就是自我讲述”②。这个呈现的过程是共时性的生命感知，也是观众从视觉、听觉、心理各方面进行的沉浸式体验。

---

① 郭勇健.现象学美学史[M].北京：社会科学文献出版社，2018：250.

② CASETTI F. Theories of cinema，1945—1990[M].Austin：University of Texas Press，1999：30.

其次，空间场景打造沉浸式的生态语境。

航拍画面、全景画面是目前自然生态类纪录片的标配，它们向我们展示如画的风光和绚烂的生命。从空间叙事的角度来看，纪录片《青海，我们的国家公园》中航拍画面、全景画面展示出的“画框内的空间”不仅呈现出青海国家公园的地貌特征、自然景观，而且也巧妙地指涉出“在场”的空间。

纪录片第二集《冰河》的开篇，在三组航拍画面与低角度全景画面中，观众领略到“冰雪覆盖、苍茫、粗犷”的辽远空间，画幅中有一个极小的人影在行走，三组全景画面都匹配了低角度行走、在山石中打滑、大跨步跨越山石的画面。两极画面下一个镜头中的主人公梁爽是一名专业登山领队，第一次尝试在三江源国家公园的昆仑山脉东段最高峰玉珠峰登顶。

航拍以及低角度的全景画面构建了国家公园的景观，这种有距离感、有视觉冲击的场景展示了地理空间的样貌，让观众感受到行走在广袤冰川中的人是那样渺小。不论是中国传统哲学中的“道法自然”，还是西方列斐伏尔提出的“空间与存在”，都在探讨人与空间的关系，空间作为先在优于人的存在。

沉浸式的“在场”，不是空洞的空间场景，而是灵动地展示人与空间的关系。这种灵动不仅作用于人的视觉，而且体现在场景空间中的声音叙事上。比如，登顶路上梁爽的登山抓插入雪地的“咯吱”声、山谷中凛冽呼啸的风声、人缓慢行进时伴随的沉重喘息声，这些电影化的声音处理为我们营造出的情境是：经验丰富的登山领队，在美丽而危险的玉珠峰面前依然要听从大自然的安排，强化自然是优于人的先在。

纪录片中的音响、音效、同期声不仅作用于人的听觉，而且通过人的日常习惯和经验产生相应的形象，声音的造型功能把我们从现场感知到的声音符号还原为与之相匹配的意象。这种符号化的声音形象贯穿在纪录片的每一集。比如，鸟儿鸣叫和拍打翅膀的声音，溪水流过冰川的声音，放牧人的甩鞭声，牦牛的“哞哞”叫声，人和牦牛在草地行走的脚步声，甚至连高原鼠兔在洞口悠然地梳理皮毛的声音，都被记录和还原出来。这些声音不仅塑造了有特色的地域空间，也会随着我们的知觉体验，长时间地保留在我们的大脑中。

另一方面，“在场”的沉浸体验呈现在观念的碰撞和即时的行动中。纪录片的现场记录、现场感受是构建真实的重要元素。在事件发生的空间场景中，人物的感官在那一刻的经验、感知是唯一的，不可替代的。在现场，很可能激发出与固有的、世俗的、约定的相迥异的观念和体验。就如同梁爽登山时，纪录片用第一人称视角的画面呈现，用第一人称的声音说：“感受冰雪的状态，是松软还是坚硬，才能判断能不能走、往哪走、怎么走，必须心怀敬畏去接受它（自然）的指引”“越走越感觉自我在缩小，感官在放大，你会慢慢地觉得你的呼吸不是自己的，是雪山的，这时你会丢掉那些渺小的欲望和意念，会与雪山无限地存在在一起。”不经历极致体验很难生发出极致感受，这种感受由空间情境唤醒传递。不管登山之前做了多少功课和方案，登山过程中变化的气候和空间环境，主客统一的境遇体验才是最真实的，视觉、听觉、知觉的沉浸式表达才是对“真”的无限趋近。

三、诗意栖居——人与自然的美学意象

“诗意地栖居”出自19世纪德国诗人荷尔德林（Holderlin）的一首诗：“人充满劳绩，但还诗意地栖居在这片大地上。”在海德格尔看来“人充满劳绩”，此在世界里人为物的存在所负累，“技术统治之对象事物愈来愈快、愈来愈无所顾忌、愈来愈完满地推行于全球，取代了昔日可见的世事约定俗成的一切。”①“诗意地栖居”需要“采取尺度”，“因为人是通过贯通‘在大地上’与‘在天空下’而栖居。”物质世界里的快速生产与肆意占有，此在有悖于自然，远离了生命的本质和澄明。

纪录片《青海，我们的国家公园》用风格化的视听语言呈现自然的壮美灵动。这里的自然既包含未经人类改造的独特的、富饶的山川风物，也包含虽然有人类干预但还原了自然本真的风景或生命体。纪录片呈现了“此在与世界”的关系，暗合了海德格尔“诗意地栖居”的美学内涵。“如何才能实现‘诗意地栖居’呢？其中非常重要的一点就是爱护自然，拯救大地。”②

牧人与牦牛千百年来的生活早已成为青海国家公园生态系统的重要组成部分。三集纪录片精心选择了老、中、青三代牧人——扎西、卓玛加、布达，他们逐水草而居的田园牧歌生活是诗意的。阅历丰富的年长牧人扎西接受牦牛的引领来到水草丰美的夏季牧场，他们信赖牦牛，依靠牦牛，全身是宝的牦牛如同家人一般陪伴着他们。中年牧人卓玛加带着两个儿子一起放牧，他用特有的方式教授孩子们如何真诚而和谐地与自然中的生命相处。牧人卓玛加的另一重身份是国家公园的生态监测员，他会把感知到的自然力量也传承给后代。新牧人布达在城市里读过大学，因为眷恋这份简单纯净，毕业后又回到家乡的高原牧场。他在牧场上自制篮球架，与牧童们打上一场特殊的篮球赛，此时，牦牛和鼠兔就是他们的观众；他会骑上心爱的摩托驰骋在草原上，风

---

① 海德格尔.海德格尔存在哲学[M].北京：九州出版社，2004：187.

② 曾繁仁.生态美学导论[M].北京：商务印书馆，2010：318.

从耳边呼啸而过,那是孩童时代在父亲的马背上感受到的纯净而简单的快乐。

在牧人们的眼中,“一切劳作和活动、建造和照料,都是‘文化’。而文化始终只是并且就是好栖居的结果。这种栖居确实是诗意的”①。这份诗意的栖居让牧人布达“从喧嚣都市回到荒野牧场,那是一种精神的回归”。

“拯救大地远非利用大地,摆脱对大地的征服和控制,使人类美好地生存在大地之上,世界之中。”②纪录片《青海,我们的国家公园》的美学意象不仅来自屏幕上具象的影像表意,生态美学的隐喻表达才是更加伟大而深刻的。

“所谓审美深度,体现的是人与生活世界的亲密关系,这种深度是人的存在意义的情感性呈现与揭示。”比如,在第二集《冰河》中,可可西里无人区藏羚羊救助站里,11头失去妈妈的小藏羚羊与它们的新任“羊爸爸”之间有一段温暖动人的故事。起初,“羊爸爸”多杰像喂养孩子一样每天定点给小藏羚羊喂奶,帮助小羊度过了生命中最艰难的时刻。尤其是最弱小的羊宝宝,多杰怕它受欺负,就把它带在身边照料,“羊爸爸”怜爱地亲吻着羊宝宝,并称它为“小羊多杰”。“羊爸爸”既盼望它们快快长大,又不愿这群可爱的小家伙那么快地离开。随着时间的推移,小羊渐渐断奶,可以独立吃草喝水,长出了犄角。这些小家伙的成年之旅开始了,“羊爸爸”多杰要野化训练它们,让小藏羚羊早日脱离人的照顾,踏上回家的路。在离别的那天,“小羊多杰”站在敞开的围栏门口,踟蹰着,徘徊着,深情地望着“羊爸爸”,久久不愿离开。“羊爸爸”忍着泪水,向相反方向离去,“小羊多杰”也缓缓离去,消失在藏羚羊群中。“小羊多杰”回归羊群,回到属于它自己的地方。

“羊爸爸”与小藏羚羊的相逢和离别是动态的、美好的。小羊也许不会记得它的“羊爸爸”,但是“羊爸爸”一定会记得他的“小羊多杰”。人不是自然的控制者、主宰者,而是生存在自然生态系统中的一部分。我们对这些存在生命体的意义感知是“无限的、非在场的”,人与自然的关系不是无度地占有和夺取,把动植物留在不属于它的时空是自私的,让生命体回归到它们本真的样子才是“诗意的”。

在“工具理性主导”、高速运转的工业文明社会中,人与自然的关系有时会失去原有的平衡,在某种程度上“人与包括自然万物的世界本真的‘在家’关系被扭曲”,物化的世界,高楼林立,那里有我们的居所,但我们更需要心灵家园。

在第三集《峡谷》中,夏季的澜沧江水位上涨,礁石矗立,险滩密布。对于漂流爱好者来说,夏季是漂流的最好时节。扎西然丁是一位经验丰富的漂流船长,他知道,“野

---

① 海德格尔.荷尔德林诗的阐释[M].孙周兴,译.北京:商务印书馆,2000:107.

② 曾繁仁.生态美学导论[M].北京:商务印书馆,2010:318.

外的河流，夏天时节脾气就上来了，在河流里，你说了不算，河说了算”。扎西然丁选择相信河流，把自己交给它。“河流的平静就是你的平静，河流的野性就是你的野性。”漂流是人以最低的角度与河流、峡谷融为一体，此时漂流者不会打扰到山，不会打扰到动物，因为你和它们一样是自然的一部分。漂流前，扎西然丁静坐在峡谷中，听水声、风声、鸟声，“想要抛开现实的烦恼不是一件容易的事”，但峡谷山川提供了一个空间，空间场景不仅包含视觉、听觉，还包含这里的味道、触觉、知觉，以及这里的情感寄托和思绪回忆。漂流船随着水流起伏，漂流队员唱着山歌嬉戏打闹，人们暂时搁下心事，享受这最纯粹的快乐，这种此在是真实而持久的。此时，荒野河流带给人内心的宁静与快乐，它们是人类永恒的精神家园。

结语

纪录片《青海，我们的国家公园》让我们看到、感知到祁连山、三江源国家公园的草海、冰河、峡谷中丰富多彩的万物生灵。在这最富野性的生命空间中，人类面对生命的原真，回到生命的本源。纪录片让我们站在生态文明的高度思考人与自然的关系，大自然孕育滋养了包括人在内的所有生命个体。人类文明仅仅是自然中极其微小的一部分，只有敬畏自然、热爱自然，才能与自然融为一体。“天地自然生态是人类生存之本”，人在自然“诗意的家园”中找寻到此在的回归与解放，我们的心灵和精神才能回到本真与澄明。

〔韩莹，中国传媒大学戏剧影视学院副教授〕

〔特约编辑：叶明睿〕

迪士尼真人动画电影的IP运营、改编策略与跨文化传播反思

Reflection on IP Operation, Adaptation Strategy and Trans-cultural Communication of Disney Live-Action Films

◎姚 睿 孙文霞

Yao Rui Sun Wenxia

摘要:本文审视了迪士尼真人动画电影的IP运营与改编策略,提出真人动画电影是近年来美国迪士尼公司扩大娱乐版图、获得票房收益与延长产业链的重要电影实践。迪士尼的真人动画电影以翻拍和续写作为改编策略,通过注入迪士尼标识元素与主流价值强化对公共文本话语权的垄断。由于文化传播与接收语境的差异,迪斯尼真人动画电影常面临票房与口碑的两极分化,未来需继续探索跨媒介改编与跨文化传播的最大公约数。中国目前正处于跨媒介叙事实践的探索期,借鉴迪士尼真人动画电影的经验对中国电影IP运营与翻拍改编具有重要意义。

关键词:迪士尼;真人动画电影;IP;叙事;跨文化传播

Abstract: This paper examines the IP operation and the adaptation strategy of Disney's live-action films, and points out that live-action films are important cultural practice for Disney to expand its entertainment territory, gain box office income and extend its industrial chain in recent years. Disney's live-action films take remake and sequel as adaptation strategies and strengthen the monopoly on the discourse of public text by injecting iconic elements and mainstream values of Disney. Due to the differences in cultural communication and receiving contexts, Disney's live-action films often face the opposite polarization of box office and public praise. In the future, it is necessary to continue exploring the greatest common divisor between trans-media adaptation and trans-cultural communication. At present, China is in the exploratory period of trans-media narrative practice. It is of great significance to learn from the experience of Disney's live-action films for the IP operation and adaptations of Chinese films.

Keywords: Disney, live-action films, IP, narrative, trans-culture communication

2010年,改编自同名动画的真人版电影《爱丽丝梦游仙境》(*Alice in Wonderland*,2010)在全球获得了令人瞩目的艺术/商业成就①,动画改编真人电影成为迪士尼扩大娱乐版图的重要法宝和制胜武器。在此之后,迪士尼迅速颁布了24部动画改编真人电影的计划②,旨在重新激活迪士尼的经典动画形象,巩固并拓展迪士尼文化帝国的疆域。与此同时,这些真人改编电影也因文化差异导致传播折扣,并因文化挪用、改编策略涉及的文化霸权等问题受到评论界与受众的批评。本文以迪士尼动画改编真人电影(以下简称"迪士尼真人动画电影")为研究对象,探讨迪士尼真人动画电影IP运营的发展轨迹与产业优势;围绕故事原型、迪士尼动画原作和真人电影三者不同的媒介特征,解析迪士尼真人动画电影的IP运营与叙事改编策略,反思跨文化传播实践遭遇的受众接收问题,以期对中国电影IP的运营及改编创作带来启发。

一、迪士尼真人动画电影的IP运营与产业优势

迪士尼早在20世纪90年代就开启了基于原作动画IP的真人电影翻拍。1996年,迪士尼将动画电影《101斑点狗》(*One Hundred and One Dalmatians*,1961)翻拍为真人电影《101斑点狗》(*101 Dalmatians*,1996),将动画描摹的"幻想现实"搬入真人存在的现实舞台。由于该片的票房获得巨人成功,迪士尼于2000年推出真人电影续集《102斑点狗》(*102 Dalmatians*,2000),续写了反派角色库伊拉出狱之后与斑点狗的再次对抗。尽管在此之后包括迪士尼在内的美国制片公司陆续推出动画改编电影,但并未形成足够规模和产业模式。2010年,迪士尼推出同名动画改编的真人电影《爱丽丝梦游仙境》,3D渲染技术与暗黑童话风格让影片在全球一举斩获十亿美元票房,这让好莱坞各大制片公司开始瞄准真人动画电影的市场。随后,好莱坞各大公司迅速推出了《白雪公主与猎人》(*Snow White and the Huntsman*,2012)、《白雪公主之魔镜魔镜》(*Mirror Mirror*,2012)、《沉睡魔咒》(*Maleficent*,2014)等多部电影,在全球获得了极大关注,形成了真人动画电影的稳定输出。

从表1中可以看出,在所有出品真人动画电影的公司中,迪士尼无论是影片数量

---

① 该影片在全球斩获十亿票房,并获得第83届奥斯卡金像奖最佳服装设计奖和最佳艺术指导奖。

② 截至2021年6月15日,迪士尼已经推出18部真人动画电影。

还是票房收益都独占鳌头,在2014年之后几乎独霸市场。

表1 好莱坞主要真人动画电影全球票房数据(截至2021年5月31日)[①]

年份	电影名称	出品公司	全球票房(美元)	海外票房(美元)
1996	101斑点狗	迪士尼	320,689,294	184,500,000
2000	102斑点狗	迪士尼	183,611,771	116,654,745
2002	奇幻森林历险记	华纳兄弟	154,642	无
2010	爱丽丝梦游仙境	迪士尼	1,025,468,216	691,277,106
2011	小红帽	华纳兄弟	90,260,376	52,598,214
2012	白雪公主与猎人	环球影业	396,592,829	241,260,448
2012	白雪公主之魔镜魔镜	相对论传媒公司	183,018,522	118,083,355
2013	魔境仙踪	迪士尼	493,311,825	258,400,000
2013	韩塞尔与格雷特:女巫猎人	派拉蒙	226,349,749	170,646,274
2014	沉睡魔咒	迪士尼	758,411,779	517,001,401
2015	灰姑娘	迪士尼	542,358,331	341,206,978
2016	彼得的龙	迪士尼	143,695,338	67,462,187
2016	爱丽丝镜中奇遇记	迪士尼	299,820,798	222,779,417
2016	奇幻森林	迪士尼	966,554,929	602,553,806
2017	美女与野兽	迪士尼	1,264,434,525	759,953,360
2018	胡桃夹子与四个王国	迪士尼	173,961,069	119,102,218
2018	克里斯托弗·罗宾	迪士尼	197,744,377	98,529,335
2019	小飞象	迪士尼	353,284,621	238,518,314
2019	阿拉丁	迪士尼	1,050,693,953	695,134,737
2019	狮子王	迪士尼	1,670,719,887	1,127,081,844
2019	沉睡魔咒:邪恶女主人	迪士尼	491,730,089	377,800,484
2020	花木兰	迪士尼	无	66,800,000

如果说真人动画电影的改编动因是追逐市场利润与延长产业链,那么数字技术的日益发展则为真人动画电影的改编实践提供了先决条件。以摄影机拍摄制作的真人电影和绘图形成的动画电影具有不同的视听修辞、审美体验与受众群体。如果说电影是“现实的渐近线”,在客观摄制的物质现实中生产意义;那么动画就是“幻想的渐近线”,在主观绘制的幻想疆域模仿现实并传情达意。迪士尼经典动画多为歌舞片类型,

① 数据来源:https://www.boxofficemojo.com。

将充满童话色彩的奇异/魔幻疆域以手绘动画的方式留存在胶片上。无论是《美女与野兽》(*Beauty and the Beast*,1991)城堡中飞舞的家具,还是《狮子王》(*The Lion King*,1994)中的万花筒鸟瞰镜头都曾达到当时手绘动画的技术巅峰,营造出真人电影无法企及的审美意境。在这个阶段,由于真人电影受到技术掣肘,动画改编真人电影的实践还无法成型。随着2009年《阿凡达》风靡全球,数码技术开始全方位介入电影制作,科幻、魔幻与奇幻等更加依赖技术的影片类型如日中天,让以奇异/魔幻为标识的迪士尼动画具有了改编真人版的可能。在数码技术的成熟下,大量真人动画电影如雨后春笋般出现,同时促使技术领域取得新突破。真人动画电影依靠改编原作降低投资风险,为迎合观众日新月异的消费/审美需求提供有效保障,也获得了试练最新电影技术的机会。真人翻拍电影《奇幻森林》不仅让原作动画中主人公毛克利(真人演员)与狼(数字成像)的互动逼真可信,还展现出人的双手穿过动物毛发的逼真效果。[①]最终,该片获得奥斯卡最佳视觉效果奖。

迪士尼的发展路径与历任CEO的战略规划息息相关。罗伯特·艾格在2005年至2020年就任迪士尼CEO期间,精准地执行着他应聘CEO时就曾规划并允诺的战略计划:1.打造高质量的品牌内容;2.拥抱科技,利用科技打造高质量产品,更精准地触及消费者;3.打造真正意义上的全球企业。[②] 在他任期的15年内,迪士尼收购了皮克斯、漫威和卢卡斯影业,在全球开辟了多家迪士尼主题乐园,使迪士尼占据了全球绝大多数最有影响力的IP版权,并在媒介融合时代适时推出Disney+内容平台,与HBO、Max、Netflix等流媒体巨鳄分庭抗争。

真人动画电影是全媒体与全球化时代巩固拓展迪士尼文化疆域的有力举措。首先,从成本和经济层面考虑,不断推出真人动画电影是迪士尼实现商业效益最大化的顶层设计。一方面,迪士尼具有丰富的动画资源库,大量的原作动画情节与人物形象为制作真人版电影提供了取之不竭的叙事素材,改编并不需要额外支付版权购置费。另一方面,作为跨媒介改编实践,真人动画电影能够依靠“文化熟悉”聚拢原作受众群体,唤起潜在受众的消费欲望。这些真人动画电影沿用经典动画形象,通过实拍和CG动画相结合的方式,以符合真实世界的视听语言为观众带来抵达幻想的视听奇观;与此同时,这些真人翻拍片邀请了知名明星扮演影片角色或参与配音,最大限度地

---

① BENSON N. All hail Disney: establishing corporate authorship through industrial intertextuality[J]. Quarterly review of film and video,2020,37(1):25-47.

② 艾格,洛弗尔.一生的旅程:迪士尼CEO自述批量打造超级IP的经营哲学[M].靳婷婷,译.上海:文汇出版社,2020:143.

满足观众的“接受定向”和“期待视野”,成为老少咸宜的合家欢影片。截至目前,迪士尼真人动画电影已在全球获得80多亿的总票房收益。

其次,迪士尼真人动画电影能够将观众的注意力引向迪士尼产业的其他领域,为旗下的衍生品培养忠实的受众资源。电影在全世界风靡之后就会带动周边产品的价值。对于迪士尼来说,电影票房收入只占迪士尼盈利总额的一小部分,绝大部分收益都来源于迪士尼开发建造的迪士尼主题公园、食品玩具、衣服鞋帽等衍生品收入。随着真人动画电影的推出,迪士尼衍生产业链无疑得到了开发,包括电影原声带、网上付费服务、服装、图书、玩具、游戏、相关授权的衍生产品开发,同时迪士尼乐园进一步占据用户注意力。这种集团化协调运营结构为迪士尼创作出丰富的利润中心,有效缓解电影业的高风险。以真人电影《美女与野兽》为例,随着影片的热映,迪士尼和多个品牌方合作,推出合作款周边产品。如迪士尼与施华洛世奇合作推出女主角服装的水晶玫瑰摆件与水晶笔,和欧莱雅合作推出限量彩妆系列。① 同时,迪士尼还通过设计制作《美女与野兽》人物形象玩偶、录制主题音乐发烧光碟、售卖相关人物服饰、开放迪士尼主题乐园等形式赢利。迪士尼一方面通过真人动画电影开发衍生品、延长产业链,一方面又为旗下衍生品培养大量的忠实受众,这种IP运营方式造就了迪士尼在内容生产与文化传播上的突破,协助迪士尼加速了全球化战略进程。

二、迪士尼真人动画电影的改编策略:翻拍与续写

目前迪士尼真人动画电影主要采用两种改编方式,第一种是忠于迪士尼原作动画,高度还原人物和情节的翻拍片;另一种是保留主要人物和情节,在原作动画文本基础上进行续写的续集电影。无论是翻拍还是续写,都是迪士尼意图通过唤起观众记忆,巩固公共文本的作者权力,构建故事世界并输出美国核心文化价值观念的有效途径。

(一)“忠于原作”的翻拍——公共文本的权力巩固

迪士尼真人动画电影的“忠于原作”指忠于迪士尼出品的动画原作,而非该影片的故事原型。事实上,迪士尼标志性的动画故事均非原创,而是出自不同国家、民族与地域的世界公共文本。这些公共文本多是西方观众家喻户晓的童话故事,如《灰姑娘》(*Cinderella*,1959)、《睡美人》(*Sleeping Beauty*,1959)、《阿拉丁》(*Aladdin*,1992)

① 参见:https://www.toutiao.com/i6399788967251673602/。

等。迪士尼早年间将这些热度不高的公共文本收入麾下，通过好莱坞类型叙事改造烙印上迪士尼的独特印记，使其成为表征美国主流价值的文化产品。这种文化挪用与文化输出使迪士尼名扬四海，也造就了迪士尼动画比故事原型更出名的现象。

迪士尼原作动画多采用歌舞片的类型资源，通过歌舞仪式建构银幕幻梦，并在结尾实现乌托邦允诺，传达真善美等正向价值。在动画改编真人电影中，迪士尼延续着这种经典叙事模式，真人翻拍版基本沿用了原作动画的结构框架，某些场景甚至逐个镜头复制，以期从内容和形式上再现原作动画精髓，回馈原作在世界范围内庞大的支持群体。与此同时，真人翻拍版在保留原作的框架基础上，对部分内容进行符合时代的技术改造与文化转译，以时下最新颖的技术手段为影片赋能，从而与迪士尼的一系列经典文本形成对话关系。《花木兰》(*Mulan*，2020)在保留“替父从军”这个基本故事框架的同时，在角色、故事情节上都做了“加法”。通过将文本《木兰辞》中的“对镜贴花黄”和“双兔傍地走”两个情节分别进行前置和后置，不仅将《木兰辞》中的修辞转化为情节、人物与视觉意象，而且通过花木兰加冕等仪式情境将中国传说中替父征战的女英雄转化为共享迪士尼价值观的“迪士尼公主”，与迪士尼数据库中的一系列公主形象形成互文关联。

在视觉形象层面，真人翻拍版沿袭着迪士尼经典动画的二元对立人物塑造模式，女主角总是光彩夺目、英姿飒爽；男主角英俊潇洒，光明磊落；坏人则面貌丑陋，内心可憎。真人翻拍版通过真人演员在妆容和服装的匹配协力下还原动画影像。如真人版《灰姑娘》选取了女演员莉莉·詹姆斯(Lily James)扮演女主角辛德瑞拉，金发蓝眸与甜美笑容都与动画中的辛德瑞拉相契合。在反派人物的构建上，《阿拉丁》中的贾方、《狮子王》(*The Lion King*，2019)中的刀疤、《灰姑娘》中的后母和姐姐依旧担当着阻挠者的角色，压迫主角以推动故事发展。主人公与坏人的斗争和扬善罚恶的故事结局复现了原作动画蕴含的主流价值观念，进一步强化了好莱坞保守主义的道德设置。

真人翻拍版“忠实原作”的另一重功能和价值在于通过对原作的复刻唤起受众对原作的记忆，巩固迪士尼对该公共文本的话语权力。围绕公共文本的改编常伴有话语权力的争夺和博弈。迪士尼与华纳兄弟公司围绕鲁德亚德·吉卜林(Rudyard Kipling)1894年创作的小说《丛林之书》(*The Jungle Book*)进行的翻拍比拼即是话语争夺的典型范例。由于故事源自公共文本，因此任何公司都可以进行翻拍改编而不构成侵权。2012年，华纳兄弟宣布将对《丛林之书》进行真人改编，意欲刷新迪士尼1967年动画版《丛林之书》的文化记忆。迪士尼为捍卫自己对《丛林之书》的掌控权，于2013年宣布也将采用真人翻拍的方式投身文本大战。迪士尼制片总裁肖恩·贝利

(Sean Baily)谈到,当他们得知华纳将沿着吉卜林的小说原作进行改编时,迪士尼决定将利用迪士尼原作动画《丛林之书》(1967)的知名度来巩固对故事文本的掌控权,在贴近动画原作的基础上有选择性地挖掘全新要素。① 最终由迪士尼推出的真人翻拍版《奇幻森林》(*The Jungle Book*,2016)在全球狂揽9亿美元票房,在电影评论界也有口皆碑。② 而华纳兄弟迫于压力一再推迟影片上映日期,最终将发行权卖给在线影片租赁提供商Netflix,翻拍影片《毛克利:丛林传说》(*Mowgli:Legend of the Jungle*,2018)差评如潮。通过翻拍改编《丛林之书》的文本大战,迪士尼巩固了对公共文本《丛林之书》的故事垄断,进一步提升了以怀旧元素复刻真人翻拍片的信心。

(二)颠覆经典的续写:跨媒介故事世界的拓维

颠覆经典的续写是迪士尼真人动画电影的另一种改编策略。如果说上文提到的真人翻拍版意欲在不同媒介中复刻同一个故事,那么续集电影则是围绕原作故事进行拓展与续写,强调在关联原作基础上实现的附加与推演,从而形成"跨媒介的故事世界建构"(Transmedia Worldbuilding)。

对原作动画进行真人版续写是迪士尼为故事疆域拓维的有效手段。亨利·詹金斯认为"跨媒介叙事最理想的形式,就是每一种媒介出色地各司其职,各尽其责",并预言特许协定的经营方式(Franchise)将被横跨各媒体领域的"共同创造"所替代。③ 近些年,迪士尼通过延伸原作反派角色的前史故事形成了真人版续集电影,代表作有《沉睡魔咒》和《黑白魔女库伊拉》(*Cruella*,2021)等。这些影片将原作中的反派人物设定为主角,以颠覆经典的方式续写原作。《沉睡魔咒》以原作动画《睡美人》中的女巫玛琳菲森为主角,完整地重构了她的性格逻辑,塑造出她惨遭背叛与备受创伤的苦难前史,提升了观众对该人物的共情体验。影片同时展现了她被感化后的成长弧光、从仇恨中衍生的爱与最终自我救赎散发的母性光辉。与此相反,原作中的国王斯特凡在续集中被塑造为贪婪自私、人神共愤的恶人反派,颠覆了原作动画中的正面形象。早在《黑白魔女库伊拉》之前,迪士尼就在动画《101斑点狗》的基础上推出了续集《102斑点狗》,取得了不俗的票房成绩。2021年出品的《黑白魔女库伊拉》更是另辟蹊径,跳出原作动画中库伊拉和斑点狗对抗的叙事框架,直接演绎了黑白魔女库伊拉的个人成长故

---

① Taylor."Welcome to remake kingdom"[N/OL]. Vulture,2016-06-10[2021-08-21]. https://variety.com/2016/film/box-office/jungle-book-box-office-900-million-1201793343/.

② McNary."'Jungle Book' roars to $900 million at worldwide box office"[N/OL]. Variety,2017-3-17[2021-08-21].https://www.vulture.com/2017/03/beauty-and-the-beast-disneys-remake-machine.html.

③ 詹金斯.融合文化:新媒体与旧媒体的冲突地带[M].杜永明,译.北京:商务印书馆,2012:157-175.

事。这种对原作动画的续写填补了原作动画中次要角色的空白，为这些被遮蔽的角色赋予新鲜且迷人的灵魂，通过网状叙事结构扩大故事世界的版图。

续集作品通过人物复现、故事互渗与场景再现等方式与动画原文本缠绕，打造出续集与原作之间的交织网状结构。这种颠覆性的改编迎合了观众对改编多样化的审美诉求。由于这些反派主角的吸引力，YouTube 团队还在 2019 年发布《迪士尼后妈茶话会》，刻画反派女性角色联盟[①]，意图唤起观众对颠覆原作动画改编的期待。同时，续集作品通过变换人物视角等方式对原作动画进行拓维，并通过开辟新的人物形象与故事脉络形成围绕原文本的互文数据库。这些新颖的人物形象成为迪士尼全新的文化资产库，同时，迪士尼依靠自己的创造性，进一步将改编作品指认为原创作品，强化了迪士尼对公共文本的垄断权力。

(三)文化议题的当代改写

无论是迪士尼动画对童话故事原型的改编，还是近年来翻拍的真人动画电影，都在内容和形式之外融入并渗透了时下主流价值与文化理念，从而实现与受众主体的对话。

迪士尼动画的童话原型存在多个差异性版本，这些版本的差异性叙事间隙为改编提供了切入点。诞生于 1697 年的《小红帽》故事就存在多个大相径庭的故事版本。《百变小红帽》就追溯了《小红帽》故事的起源和版本差异，展现了一个曾经血腥、色情的民间传说如何演变为不同版本的纯洁童话的过程。[②] 1937 年，迪士尼的动画《白雪公主和七个小矮人》(*Snow White and the Seven Dwarfs*，1937)以 1.8 亿的票房打破了当时的票房纪录，让迪士尼品尝到了以积极保守的价值观改写公共文本的成功学配方带来的甜头。自此，迪士尼开始在每部作品中注入符合受众期待的主流价值与时代精神，最大限度地满足受众的预期与情感体验。

作为媒介的动画和电影里潜藏着重要的时代讯息，2010 年之后，迪士尼在真人动画电影的改编中对涉及性别与种族的文化议题进行叙事改写，以获得与时代精神的共振。受“Me too”等美国女性平权运动的影响，迪士尼在真人动画电影中强化了对女性主体意识的塑造，无论是正面人物还是反派人物，均打破了原作动画二元对立的简单形象。这种性别政治表现在对情节与人物的内容建构中，如《爱丽丝梦游仙境》与《阿拉丁》中通过片头女主角的逃婚与结局被加冕为女苏丹等情节改写了原作中的性别权

---

① 参见：https://www.youtube.com/watch? v=_aPKNyLZpgA.

② 奥兰斯汀.百变小红帽：一则童话三百年的演变[M].杨淑智，译.北京：生活・读书・新知三联书店，2006.

力——女性不再是等待救助与被爱的弱势方,而是拥有主动选择与实现自我价值的主体力量。《沉睡魔咒》等片甚至对男性拯救女性的“真爱之吻”产生质疑并进行修正,迎合银幕外女性平权运动的政治正确。此外,这种性别政治也体现在真人翻拍版对女主角饰演者的选择上。明星研究学者保·麦克唐纳认为:“通过宣传某个表演者的名字,就划分出了不同影片的界限,奠定了影片的类别和特征……影片的个性借此通过演员彰显,演员成为人们认知影片的重要标识。”[①]《美女与野兽》和《沉睡魔咒》邀请女演员艾玛·沃特森和安吉丽娜·朱莉饰演女主角。观众在观看电影时会代入沃特森和朱莉曾扮演的其他独立女性形象,并与现实中两人的坚强勇敢与独立自主形成互文关联,使影片携带女性主义印记。

其次,迪士尼采用更加宽广的包容性与政治正确处理银幕内外的种族议题。在《沉睡魔咒》中,来自不同种族的玛琳菲森和爱洛相互欣赏、相互救赎:玛琳菲森以“真爱之吻”吻醒爱洛,并在爱洛的帮助下打败国王,最后实现两个王国的统一。抛开脱离原作动画的争议,影片跨越了群体优越性与种族差异性,表达了平等共存的平权理念。在《狮子王》的动画原作中,主体形象的造型与声音表意体系也与当时美国社会的价值体系与种族表征如出一辙:代表正义的辛巴父子浑身毛发赤金、耀眼夺目;而代表反派的刀疤狮王则毛发黝黑、面目狰狞。这从视觉上表征了白人与有色人种的善恶价值判断。这种视觉/听觉政治还延伸为辛巴与伙伴丁满和彭彭均由白人演员献声,反派人物刀疤、鬣狗均由黑人演员配音。《狮子王》的真人翻拍版诞生于对种族议题更为敏感的 2019 年。在《为奴十二年》《月光男孩》《黑豹》纷纷获得奥斯卡金像奖之际,《狮子王》中所有重要的正面角色均采用黑人演员献声,修正了原作暗含的种族主义气氛,显现出银幕政治正确。可见,现实中的种族平权运动是迪士尼真人动画电影改编的重要考量。这种调和手段是迪士尼逃避“文化挪用”指责、获得观众认同的有效叙事策略。即便这种调和只是浅尝辄止的表层设计,却为实现更广泛意义的文化输出进行了意识形态的保驾护航。

三、迪士尼真人动画电影的跨文化传播反思

从 2010 年《爱丽丝梦游仙境》开始,迪士尼推出的真人动画电影在全球斩获了可观的票房收益。与此同时,这些影片在不同地区的口碑呈现出明显的两极化倾向。尤其对《花木兰》等逆向文化输出的电影作品,在中国与西方国家获得了大相径庭的差异

① 麦克唐纳.重新认识明星现象[J].李二仕,译.世界电影,2001(4):44-66.

评价。

如表2,通过中国影迷网站豆瓣网、时光网和外国影迷网站烂番茄和IMDB的评分对比可以看到,尽管《爱丽丝梦游仙境》《爱丽丝镜中奇遇记》和《沉睡魔咒》在美国取得较高票房,但观众对这三部影片的评分却远低于中国。根据接受美学中的"期待视野",因审美期许和接受宽容度的不同,观众往往会对电影作品产生差异性较大的口碑与评分。《爱丽丝梦游仙境》与《睡美人》是美国家喻户晓的故事,由于对原作熟悉程度较高,西方观众更能从中分辨出微妙的文化差异并对影片提出较高要求。一部分美国观众认为《沉睡魔咒》颠覆并割裂了童年记忆和怀旧情绪,坦言主演安吉丽娜·朱莉才是吸引自己前去观影的主要动因。① 这几部作品的优异票房与口碑遇冷印证了西方观众的怀旧审美需求与对迪士尼复刻原作动画的执着。而对中国观众而言,这三部影片中的角色设定、奇妙魔幻的造型和场景设计呈现出"陌生化"的认知体验,反而更容易获得观众的认同。

表2　迪士尼真人动画电影评分网站统计数据

时间	电影名称	豆瓣	时光网	烂番茄网	IMDB
2010	爱丽丝梦游仙境	7.3	7.7	5.1	6.4
2014	沉睡魔咒	7.3	7.1	5.4	7.0
2015	灰姑娘	6.9	8.0	8.3	6.9
2016	爱丽丝镜中奇遇记	7.0	7.3	2.9	6.2
2016	奇幻森林	7.8	7.7	9.4	7.4
2017	美女与野兽	7.2	7.7	7.1	7.1
2019	小飞象	6.6	7.3	4.6	6.3
2019	阿拉丁	7.5	7.1	5.7	6.9
2019	狮子王	7.3	7.7	5.2	6.9
2020	花木兰	5.0	5.7	7.2	5.7
2021	黑白魔女库伊拉	6.9	6.9	7.4	7.4

与此同时,《花木兰》等逆向输出至中国的电影呈现出明显的东西方接受差异。《花木兰》受到西方观众追捧,在中国却是差评如潮。在Metacritic等影评网站,西方影评人主要基于三点对其予以好评:(1)与迪士尼的其他真人改编电影相比,《花木兰》

① LANE.Tales Retold: "Maleficent" and "A Million Ways to Die in the West"[N/OL].New Yorker,2014-06-09[2021-08-21].https://www.newyorker.com/magazine/2014/06/09/tales-retold.

对原作动画的大胆改编带来了新鲜感;(2)该片的武打动作精彩,战争场面壮观,史诗气质十足,营造出视觉盛宴;(3)新增的女巫角色(巩俐扮演)和花木兰的互动丰富了故事内涵。① 不同于西方观众,中国观众认为无论是1998年的动画还是2020年的真人翻拍版都是典型的西方视域下的东方现象,渗透着浓厚的西方主义色彩。在剧作层面,中国观众认为真人翻拍影片甚至把原作动画合理的故事逻辑改编得面目全非。原作动画改编自中国的叙事诗《木兰辞》。迪士尼在“替父从军”的故事基础上赋予木兰“迪士尼公主”的美式内涵——刘亦菲饰演的花木兰天生神力,缺少成长弧线,也就缺乏了受众的共情体验。在视听造型层面,影片将唐朝的背景、福建的土楼建筑,与演员李连杰的同款造型傅满洲、皇帝和媒婆等人的脸谱化形象杂糅在一起,被质疑为讨好欧美观众的自我矮化。

事实上,影片内容参考了大量文化典籍与中国电影。影片中“气”的源头可追溯至小说家还珠楼主及香港电影对武侠世界的浪漫想象。而在空间建构上,虚假的地理学与杂糅的“地图术”一直是好莱坞电影的常用手段。由于动画和真人版电影的媒介差异,动画中架空的虚拟背景与地域环境必须在真人版中找到现实替代。但由于银幕空间的假定性,电影视觉表征往往不依赖于真实的地理环境,很大程度依赖于跨文化传播中以往的、约定俗成的能指样式。这种空间能指的陈词滥调虽然已经成为现代电影的视觉灾难,却能在跨文化传播中行之有效地调动观众的形象记忆,减少文化隔阂,迅速形成对影片文化背景的理解力。真人动画电影《阿拉丁》也在场景与服装等方面出现过此类编码“谬误”,但并不影响整体观影体验。

真人翻拍版《花木兰》为了增强现实感,不仅取消了原作动画中的歌舞展演与备受欢迎的木须龙角色,还在“忠、勇、真、孝”等中国传统价值与迪士尼主流文化之间找到了平衡点。《花木兰》故事的史实基础已无从考证。因此,倘若抛弃“是否正宗”的文化合法性,便能看到迪士尼在为《花木兰》建构逻辑自洽、消除跨文化鸿沟、打造符合东方审美与史实依据的改编实践中付出的积极努力。为了吸引中国观众,减少“文化挪用”的负面评价,迪士尼还聘请刘亦菲、巩俐、李连杰等中国明星扮演主演角色。可见,拨开文化正宗性的迷雾,就能看到迪士尼强大的文化适应力与改造力。尽管如此,同一影片在不同地区的口碑反差必将阻碍该类电影的后续发展。迪斯尼真人动画电影目前仍处于票房与口碑之间的博弈阶段。如何形成跨媒介改编与跨文化传播的最大公约数,实现逆向文化输出的口碑丰收,巩固国际市场的话语权,还需要在未来的创作中进一步探索。

---

① 参见:https://movie.douban.com/review/12868018/。

四、迪士尼真人动画电影对中国IP运营的启示

好莱坞高管马丁·戴尔指出,“电影工业的真正价值不在于影片本身能产生多少利润,而在于它为企业与其他领域合作能提供多少机会。这些领域包括电视产品、主题公园、日用消费品、原声带CD、书籍、电脑游戏和互动娱乐。”[①]跨媒介翻拍改编是现阶段迪士尼拓展故事世界,实现全球化娱乐战略的重要路径。通过对真人动画电影的IP运营与翻拍改编,迪士尼延长了经典IP的产业链,巩固了对公共文本的掌控力与话语权力。

迪士尼真人动画电影的未来发展也面临着挑战。在意识到真人动画电影是与迪士尼抢占公共文本IP的契机之后,其他各大公司纷纷开启公共文本的真人电影拍摄。围绕公共文本改编的话语权纷争不可避免。与此同时,改编与翻拍也从侧面反映出迪士尼在内容创新方面遭遇的瓶颈。事实上,近年来好莱坞普遍遭遇内容创新的乏力已是不争的事实。基于规避风险的考虑,好莱坞频频从《攻壳机动队》《铳梦》等日本动漫经典中寻找素材,通过跨媒介改编与续集/系列电影来突破故事创意的瓶颈。此外,Disney+也同样面临Netflix、HBO Max、亚马逊Prime、Hulu等平台生成内容对用户注意力资源抢占的问题。

与迪士尼相比,中国拥有丰富的公共文本,但目前很少创造出具有标识性和全球辐射力的文化产品。中国香港导演马楚成曾在2009年拍摄了根据《木兰辞》改编的电影《花木兰》,却远未取得迪士尼动画《花木兰》与真人翻拍版的国际影响力。

中国应当借鉴迪士尼真人动画电影取得的成功经验,挖掘传统文化资源中具有改编潜力的叙事素材,通过IP的系列化运营策略实现对经典文本的掌控与保护。历史上,《西游记》与《三国演义》曾被日韩等国多次改编。这些改编作品利用原作文本的故事间隙融入日韩文化,或多或少曲解了原作精髓,掩盖了《西游记》与《三国演义》原作的感召力。对此,中国应当积极改编代表中国文化的经典公共文本,打造符合受众审美需求的原创品牌IP。近年来,改编自《西游记》的《大圣归来》和改编自《白蛇传》的《白蛇:缘起》等动画作品复兴了中国经典的传奇故事,改编自《封神演义》的《哪吒之魔童降世》与《姜子牙》也开启了“封神宇宙”的故事世界,初步打造出具有感召力的国漫IP形象。改编自漫画的真人电影《滚蛋吧!肿瘤君》与《快把我哥带走》也开辟了国内

---

① WOLF M J. The entertainment economy :how mega-media forces are transforming our lives[M].London:Penguin,1999:228.

漫改的先河。这些带有系列标识的作品需要在持续发展中,依靠与用户共同建立的累积陪伴感和协同叙事,通过下一步的续集改编继续拓展故事世界的版图。

对于中国电影的IP转化来讲,应当在改编作品中不断注入民族特征、时代精神与普世情感,以满足受众期待与情感认同。2019年暑期档《哪吒之魔童降世》是中国经典文本改编的成功典范。影片重构经典,将故事文本"削骨还父"演化成"一命换一命",塑造出大爱无声的传统父亲形象;同时,影片还刻画出被"黑化"的哪吒的宿命与救赎,并将宿命论转化为人定胜天的叙事主题,获得50亿的票房收益与极佳的口碑。通过对迪士尼IP全球化运营的成功经验的总结可以看出,是否忠于历史/现实或故事原型并不是改编的首要目标,重要的是能够形成自洽的逻辑,并在此基础上形成可通约的跨文化理念,唯有如此才能以"软实力"形成全球化传播。未来中国电影IP的改编实践与产业发展应精准把握"媒介间性"与受众审美代沟,在打造本土IP系列化品牌的基础上,进一步探索跨文化传播路径。对此,迪士尼真人动画电影提供了有益的启示。

〔姚睿,广州大学新闻与传播学院教授,广东省青年珠江学者,硕士生导师;孙文霞,广州大学新闻与传播学院硕士研究生〕

〔特约编辑:叶明睿〕

“身体”与“空间”的影像书写：基于纪录片《脸庞，村庄》的个案研究*

The Cine-writing of “Body” and “Space”: A Case Study of *Visages, Villages*

◎ 戴 楠
Dai Nan

摘要：法国哲学家梅洛·庞蒂以“身体”和“空间”作为研究的起点，将现象学带入了新的理论时空。阿涅斯·瓦尔达生前的纪录片作品《脸庞，村庄》以“身体”和“空间”作为主题，在二者之间呈现了一种值得探讨的互文关系。本文以知觉现象学为研究路径，通过对《脸庞，村庄》的分析，回应人文社会学科研究中的“身体”转向与“空间”转向问题。

关键词：身体；空间；影像书写

Abstract: French philosopher Maurice Merleau-Ponty took “body” and “space” as the starting point of his research, and brought phenomenology into a new theoretical era, and French French director Agnès Varda′s documentary film *Visages, villages* took “body” and “space” as the theme, which presents a kind of inter-textual relationship and worth of discussion. This paper takes Phenomenology of Perception as the research path to analysis the film and respond to the issue of “body” and “space” in the research of Humanities and social sciences.

Keywords: body, space, cine-writing

* 本文系上海政法学院青年科研基金项目“纪实影像中的上海：基于城市传播的视角”（项目编号：2019XQN20）、中国-上海合作组织国际司法交流合作培训基地研究基金项目“‘一带一路’背景下中国海外华文媒体与国家形象建构研究——以上合组织成员国为例”（项目编号：18SHJD031）的阶段性成果。

一、研究缘起

新媒介技术为我们带来的不仅是视听创作的革新,也是整个人文学科研究的转向,“由技术所激发的身体参与(可穿戴设备的日新月异、虚拟现实场景中的人机互动以及无所不在的交互界面等)非但没有因其对离身观念的强调而消退,反而在形式意义上获得了某种程度的重要性”,也是从这个意义上来说,“具身性为关照新传媒技术实践提供了难得的逻辑切入点”①。

《脸庞,村庄》(*Visages, Villages*)是被称作“新浪潮之母”的阿涅斯·瓦尔达在88岁高龄时与年轻的艺术家JR共同创作的一部纪录片作品,作品问世后获得了多个国际电影节的奖项,并被誉为当年度“最可爱、最有趣的纪录片”。同时,这部纪录片也延续了瓦尔达一贯的主体性参与式的创作风格。法国哲学家梅洛·庞蒂以“身体”和“空间”作为研究的起点,将现象学带入了新的理论时空。《脸庞,村庄》这部影片恰恰以“身体”和“空间”作为主题,在二者之间呈现了一种值得探讨的互文关系。本文通过对纪录片《脸庞,村庄》的分析,探讨作为视听媒介的纪录片作品,如何用影像书写这种独特的方式呈现和回应人文学科中的“身体”转向与“空间”转向问题。

二、《脸庞,村庄》中的“身体”呈现

梅洛·庞蒂的知觉空间,是以身体为中心点的投射,“对一个生命体来说,有一个身体就意味着被牵连进了一个确定的环境,就意味着把自己等同于某些筹划,并持续致力于这些筹划”②,因此他将知觉主体定位为身体本身。

瓦尔达的创作尤其强调人的主体性,在其作品中,梅洛·庞蒂意义上的“身体”有着更加重要的位置,这种身体的呈现不仅成为作品重要的表现对象之一,也几乎主导了其影像的整体风格。

(一)《脸庞,村庄》中的他者形象

在《脸庞,村庄》中,“脸庞”的呈现以瓦尔达和共同执导者JR的行为艺术作为介入,他们一路寻找拍摄对象,为他们做出巨幅海报。被挑选的“脸庞”有群像,也有个

---

① 刘海龙,束开荣.具身性与传播研究的身体观念:知觉现象学与认知科学的视角[J].兰州大学学报:社会科学版,2019(2):38.

② MERLEAU-PONTY M. Phenomenology of perception[M].London&New York:Routledge Press,2012:84.

案，选择看似随意，里面却有着作为艺术家的瓦尔达的关照。

在北部矿区，作品将矿工的形象以人物画长卷的方式张贴在几乎不再有人居住的矿工宿舍墙外，真实还原了当时矿工的劳动面貌与精神状态。在当地助手弗雷德里克的父亲（也是一名曾经的矿工）家中，影像呈现的焦点落在了墙上一张矿工洗澡的照片上，伴随着作为“见者证”的弗雷德里克对幼时帮父亲擦背回忆的讲述，“他身上有很多淤伤，那都是溅起的煤造成的”，镜头缓慢上摇，呈现了回到家中的矿工坐在椅子上，卸下工作帽，半裸上身，在妻子的帮助下擦背的姿态和场景。一个人的身体，就是他与世界打交道的手段和组织，正如梅氏所言，“身体是知觉定位在其中的场。”[①]作品在此处对人物身体的关注，也正是创作者对普通人的生存状态与生活意义的关照。

现象学主张“回到事实本身”，从自己最亲近的人和最熟悉的事件开始。在南部的博尼约村，咖啡馆女招待的巨幅照片被张贴在小镇墙上，成为村子里“最有名的人”。对于这一效果，咖啡馆老板诧异又惊喜，女招待坦言“有点不知所措”，而她的两个孩子则童真地表示开心，与照片合影，还给照片里的妈妈挠痒痒。在这一影像实践中，瓦尔达将日常的人与事进行影像重现，然后将其还原到现实之中并记录下来，这一他者形象的呈现方式跳脱出了日常性与公式化的运作，产生了独特的“陌生化”效果。

（二）女性身体呈现的意义

女性主义，是瓦尔达作品里不可回避的视角。瓦尔达在作品中呈现出了对女性的生存状况、生命体验和情感诉求的关照。

在勒阿弗尔港口这个“全是男人”的地方，瓦尔达反思的是女性的缺失。“女人们在哪里？”带着这个问题视角，瓦尔达找到了三个码头工人的妻子，采访并拍摄了她们。其中一段有意思的对话是，当瓦尔达问及她们对码头工人这一职业的看法时，其中一位妻子回答：“我总是站在克里斯托夫的身后，在他身后支持他。”瓦尔达反问：“为什么您说是在他身后而不是身边？”在这里，瓦尔达敏锐地关注到了身体所处的空间位置关系，尽管在这里只是一种表述上的而非实体空间里的关系呈现，但它却代表了一种视角、一种立场。

三位女性出场时均穿着黑色衣服，站在港口的集装箱前。她们的大幅肖像被张贴在了港口集装箱组成的巨墙上，像“三座雕像，三尊图腾，进入这个属于男人的世界”。之后，升降机又将换了白色衣服的她们升至贴有她们照片的集装箱墙的格子中间，让

① 张大春.感性的诗学：梅洛·庞蒂与法国哲学主流[M].北京：人民出版社，2005：167.

她们在自己画像的心房位置摆出鸟儿飞翔的姿势,这样的拍摄设计,跳出了常规的表现模式,也体现了一种女性视角的关照。

(三)作为主体性参与的自身身体

在瓦尔达的纪录片创作中,没有绝对的摄与被摄、观与被观的二元对立,反而总是能看到她自身的融入,在她看来,“摄影机后面的那个作者,应该创造一种和观众的接触”“使观众能够多少了解我一点,成为我的朋友。”①瓦尔达自身的介入与参与,使她同时身兼了拍摄者和被摄者的双重身份,成为其作品的叙事者。

福柯在谈到摄影机是否有可能成为演员身体的主宰时说到,有时身体的发现与开发是由摄影机完成的,“然后,身体一下子被拆解,成为一道风景。”②瓦尔达的作品也发挥了摄影机对身体的开发作用。在瓦尔达晚年的作品中,对其自身日渐衰老的身体的思考也越发明显。在《脸庞,村庄》中,有一段瓦尔达治疗眼睛的影像呈现,眼科医生为她的眼睛打针,特写让这一画面极具视觉冲击力。同时,瓦尔达的主体性参与也包含了她的思想情感参与,例如在影片中,有多处她对影像史的回顾与论述,在这里她就很自然地与JR讨论起了《一条安达鲁狗》中的经典画面。在作品的结尾处,JR拍摄了瓦尔达的眼睛和脚的大特写,并将其张贴在火车上,“你的脚和你的眼睛在讲述着一个故事,这列火车将替你去许多你已无法到达的地方。”当这样的特写照片以一节油罐车车厢的大小呈现时,是非常具有震撼效果的。

在瓦尔达的影像表达中,我们会看到这种参与式记录的叙事手法贯穿在整个创作之中,而这种瓦尔达式的“在场”的建构与表达,也是很多学者对其创作特征进行研究的一个重要考察点。

(四)以“身体”为媒介

梅洛·庞蒂提出了具身的主体性概念。“身体”被放置于主体性得以显现的中心位置,并且在时间的流逝中延展,在他看来,“身体就是在世界中存在的媒介”③。从这个意义上来说,不管是这部影片里对“脸庞”(身体)的呈现,还是瓦尔达一贯的参与式拍摄方式,都呈现了她以“身体”为媒介的创作理念。

在梅洛·庞蒂看来,身体图式是进入空间和获得空间认识的方式,身体的空间性

---

① 张献民.对话瓦尔达[J].书城,2005(5):41.

② 马尼利耶,扎班扬.福柯看电影[M].谢强,译.上海:华东师范大学出版社,2017:20.

③ Maurice Merleau-Ponty.Phenomenology of Perception[M].London&New York:Routledge Press,2012:84.

是一种处境的空间性，身体不断更改、修正处境，乃至配置自我的空间处境，从而生成新的习惯和空间深度①。在影片中，瓦尔达和JR在卢浮宫重新演绎了戈达尔的《法外之徒》中的桥段，JR推着坐在轮椅上的瓦尔达在画廊中穿梭飞奔，处境空间与身体空间表现出一种独有的张力。

三、《脸庞，村庄》中的空间构形

本雅明认为，观影有如旅行，在影像的"抛得远远的废墟瓦砾中平静而不无冒险地旅行"；维利里奥则指出，之所以观影如同旅行，是因为二者都是建立在高速运动基础上的知觉重构。② 观影的视觉体验与高速旅行所带来的体验是相通的，在观影者眼前，图像也是透过屏幕，源源不断地快速输送给观者，一个全新的空间得以在观影者眼前展开。窥视的欲望，以及旅行的愿望，同时经由影像得以满足，观影者从而成为一个"窥视—旅游者"(Voyeur-Traveler)。

瓦尔达曾经在访谈中谈及《脸庞，村庄》的主题，她称之为"一场法国的旅行，从一个村庄到另一个村庄，每个地方和被拍摄的人组接起来很自然地成为叙事章节。"③有意思的是，对于观影者而言，瓦尔达和JR的旅行，带给他们的正是一场空间的知觉重构。

(一)生活空间的构形

"构形"有两个层面的意思，一是在明显的文本层次，它指文学与电影中的城市形象；二是在更深的思想层次，是指以文本书写城市的过程中运用的认知、感觉、观念工具。④ 瓦尔达在创作中，一直致力于在角色与其所处空间之间建立关系，通过对显性的生存空间的呈现，来表现人的生存状态。"我相信人是被地点造就的，不仅是他们生长的地方，也包括他们所爱的地点，我相信环境居于我们之中，引导我们……通过理解人，你能更好地理解地点；通过理解地点，你能更好地理解人。"⑤

瓦尔达从来没有掩饰她对乡村的喜爱，所以在《脸庞，村庄》中，瓦尔达和合作者

---

① 张浩.空间性与身体性：论海德格尔与梅洛·庞蒂空间之思的现象学差异[J].河南师范大学学报(哲学社会科学版)，2008(1)：18-22.

② 郑兴."速度义肢""消失的美学"和"知觉后勤学"：保罗·维利里奥的电影论述[J].文艺理论研究，2017(5)：203.

③ 史馨.电影书写："新浪潮之母"阿涅斯·瓦尔达访谈[J].电影艺术，2018(6)：74.

④ 张英进.中国现代文学与电影中的城市：空间、时间与性别构形[M].南京：江苏人民出版社，2007：5.

⑤ SMITH A. Agnes varda.[M].Manchester：Manchester University Press，1998：60.

JR开着车前往了多个法国村庄。借用“构形”这个概念,我们得以观察到《脸庞,村庄》中所呈现的空间。镜头跟随瓦尔达和JR的小货车,一路北上,在对北部矿区进行呈现时,影片以一个在车内拍摄的移动镜头带领观众进入都是砖房的街道。影片聚焦在最后一位住在矿工宿舍里的妇人让尼娜身上,源于“对房屋的依恋”,她迟迟不肯搬离已经荒废的矿区,独自一人住在这里。瓦尔达和JR把她的脸庞印在房屋上,向她的顽强致敬。段落的最后一个镜头,同样是在汽车中拍摄的移动镜头,随着汽车的离开,镜头掠过张贴着矿工照片的砖房,掠过站在家门口读信的让尼娜,缓缓离去,直指人心。《脸庞,村庄》所呈现的,既是真实存在的物理空间,更是瓦尔达内心深处的情感空间。

在影片对空间的转换安排中,还有一个有意思的意象,即流动的交通工具。《脸庞,村庄》也被称作“公路纪录片”,影片的拍摄从JR用改装的小货车载着瓦尔达前往法国乡村漫游开始,这辆小货车,也就成为搭建叙事线的一个重要实体。它不仅承担着运输功能,而且也是一个艺术装置,到了每一个村庄后,这辆小货车变身摄影棚,从货车里拍摄、打印出巨幅照片,再张贴在现场,从而构建了本片的最主要内容:拍摄村庄里的人,并记录下来。瓦尔达对货车是情有独钟的,在全片展示不多的“在路上”段落中,她特意留了足够的篇章来展示路上的大货车。货车构建起城市与城市之间的实物流通,也构建起工业现代社会与自然乡村之间的连接。因此,在看似无主题的意识流作品中,我们看到了瓦尔达对人类社会的思考,她将城市化、工业化与农业和乡村,将机械化与自然进行了对比,并揭示出矛盾所在。她也让我们看到《脸庞,村庄》这部作品的现实主义价值,尽管这部作品的影像呈现方式多是欢乐的,但是瓦尔达并没有回避对现实问题的思考,叙事和影像都呈现了一个后现代工业社会逐渐侵入的乡村,在浪漫的瓦尔达式个人表达的基础上,体现了她现实主义的反思。

(二)屏幕影像的“拼贴”

《脸庞,村庄》呈现了一幕幕偶然的相遇,每个地方和每个被拍摄的人,充满偶然性的生活实际状态和场所处境,瓦尔达“在剪辑中找到流畅性”,将之“拼贴”起来,自然地成为叙事章节。瓦尔达热爱“collage”(拼贴的法文原词),在谈及其创作方法时她曾多次提及这种手法,“其实所有的剪辑都是一场‘拼贴’,无论传统剧本形式或更自由的叙事形式”①。

---

① 史馨.电影书写:“新浪潮之母”阿涅斯·瓦尔达访谈[J].电影艺术,2018(6):74.

影片中插入了许多与核心主题并没有紧密关联的零散篇章，例如瓦尔达治疗眼疾的段落、前去看望JR祖母的段落、在布列松墓园悼念的段落、探访戈达尔的段落。这些一次次跳脱出核心叙事的段落，在瓦尔达的剪辑中，和她走访村庄与人群的段落一起，流畅地完成了影片的叙事。这种拼贴式的叙事结构，使影片呈现出一种复调文本的特性，为这部作品增添了独特的瓦尔达式的个人色彩与魅力。

结语：《脸庞，村庄》的立意形式与瓦尔达的“影像书写”

在现象学语境中，“立意形式”指意识中生成意义的方式。对于影像的本体属性，多名现象学学者都有过研究，都德勒兹在《时间——影像》中指出，正是现代电影让我们直观时间之流本身，而这种时间之流不全是人本主义的，还包括了人性之外的他者的时间。从这种意义上来说，电影使概念的超出得以被我们经验，这就是电影的意义生成。摄影则截然相反，罗兰·巴特的《明室》对摄影进行了本质意义上的探讨，从时间性这个根本要点上来说，电影的本质是“生命”，而摄影的本质是“幽灵”。这种从时间向度的阐发角度，也在近期的电影考古学研究中得到印证。“形迹”既是电影的情结，又是电影的原罪。是情结，因为它是电影始终难以割舍，甚至每每总要以种种方式去回归的那个“失而不可复得”的本原；是原罪，因为它又总是电影想要不断去清洗、去挣脱的那个摄影性的前提和烙印。[①] 而在梅洛·庞蒂这里，对摄影是持不信任态度的，在《眼与心》中，他引用了奥古斯特·罗丹的原话，“相片在说谎，因为在现实中时间不会停止”[②]。在他眼中，摄影完全忽视了感性的动态、运动特征，代表了一种孤立主义美学，反而是电影这种新媒介超越了这种孤立主义。在名为“电影与新心理学”的讲座中他说到，电影完全有能力重现运动的真实，这也使它更贴近亲身体验。[③]

《脸庞，村庄》恰恰跳过了这种纠结，将摄影作品装置在空间之中，并以能够重现运动和时间之流的影像来承载。瓦尔达和JR两位创作者，本身也都有着摄影师的身份。在诺曼底的海滩，瓦尔达挑选了她年轻时给另一位摄影师朋友盖拍摄的肖像，“也许我记忆中更多的是那些我拍他的照片，而不是他本人”。瓦尔达和JR将这位英年早逝的年轻人的画像放置在残破的堡垒之上，“盖看起来就像一个在摇篮中的孩子”。第二天一早，当他们又一次来到海滩上时，潮水已经洗刷掉了照片。瓦尔达和JR在

① 姜宇辉.重释时间：影像：一个电影考古学的视角[J].文艺研究，2019(4)：16-25.

② 庞蒂.眼与心[M].杨大春，译.北京：商务印书馆，2007：83.

③ MERLEAU-PONTY M. Sens et non-sens[M].Paris：Gallimard，1948：61-75.

风沙中讨论影像的“转瞬即逝”性。(这个镜头无疑是瓦尔达非常喜欢的,她在生前最后一部作品《阿涅斯论瓦尔达》中,再次引用了这个镜头,并表示当初甚至很想用这个镜头作为影片的结尾。)瓦尔达说:“海总有它的道理,还有风,还有沙。照片消失了,我们也将消失。”这一幕,不由让人想起福柯在讨论“主体已死”时曾言及的,“人终将被抹去,如同大海边沙滩上的一张脸。”①

在瓦尔达生前最后一部作品《阿涅斯论瓦尔达》中,瓦尔达阐释了她的创作理念,并把“影像书写”归类为作品的“整体性”问题。她指出,“影像书写涵盖了影片制作过程中的所有选择,最终通过剪辑室中的剪辑和混音,完成了影像书写”。从《脸庞,村庄》中,我们看到的就是这种个性的、女性的、瓦尔达式的书写,对她而言,影像的创作没有既定的程式,这只是她展现想象力、寻找自我、与世界交流对话的一种形式,她的创作自由,使影像变成一种书写的创作实践。

梅洛·庞蒂曾说过,“创作,从来不是线性的,而是通过萌芽、转弯、偏移与重回中心、曲折前进、混合复杂的历程。”②从影像最初的发明,到今天的新媒体时代,人们对纪录片这种视听媒介的可能性进行了很多探索,它并没有既成的剧作模式,也没有确定的叙事手法,而是更强调作者作为主体性参与其中的情感和思想。作为“新浪潮祖母”的瓦尔达,一生的创作都在实践着这种观念,就如她自己所说,“我不喜欢‘真实电影’这个术语,没有什么是真实的,只是一些真实的瞬间,无法构成真实电影。我认为每个瞬间都是特别的。而真实,什么是真实?每个时刻有10种真实,有10个观点,而且互相矛盾,那正是事情的复杂暧昧性。”③而这也是现象学的立场——从“总体现实”而非理念出发,“还原事物本身”。

〔戴楠,上海政法学院上海纪录片学院广播电视学教研室主任、硕士生导师、讲师〕

〔特约编辑:叶明睿〕

① 福柯.词与物:人文科学的考古学[M].莫伟民,译.上海:上海三联书店,2002:392.

② 埃洛阿.感性的抵抗[M].曲晓蕊,译.福州:福建教育出版社,2016:223-224.

③ 史馨.电影书写:“新浪潮之母”阿涅斯·瓦尔达访谈[J].电影艺术,2018(6):73.

媒介与社会

当代美国新闻界的信任危机、治理举措及局限*

Media Credibility Crisis, Crisis Management and Limitations in Contemporary U.S.

◎ 孟兰娟

Meng Lanjuan

摘要：特朗普总统任期内，美国假新闻话语和新闻党派主义对媒体生态、国家政治乃至国际传播与治理造成持续性破坏。本文分析美国新闻界信任危机的根源，及政府、媒体、平台、受众等各层面重建新闻界声誉的举措。政府的监管和立法主要针对来自境外的政治宣传和虚假账户；主流媒体通过加强事实核查新闻重申准确和公正等新闻业古老的价值标准；数字平台公司通过账户管理和内容审查规避有害内容但同时陷入妨碍自由言论的困境；媒介素养被视为市场监管失灵时的个人主义解决方案却难以实现。现有措施有将主要矛盾“外部化”和“他者化”之嫌，即将新闻界自身的失职归咎于来自社交媒体的假新闻的挑战，将美国的民主政治危机“甩锅”为他国干涉的阴谋论问题。文章还指出，需正视新闻“守门人”制度的失灵，以及公共传播领域的商业化和私有化等这些根本性挑战。

关键词：新闻客观性；假新闻；党派新闻；社交媒体；媒介素养

Abstract: During the Trump administration, media partisanism and the discourse of “fake news” in the United States caused continuous damage to media ecology, national politics, and international communication and governance. This article analyzes the root causes of the crisis of confidence in the American press and the measures taken by governments, media, platforms, audiences, etc., in rebuilding its credibility. Government-level supervision and legislation mainly target political propaganda and fake accounts from abroad; mainstream media resorts to fact-checking news and reiterates the ancient values

* 本文为2019年国家社科基金项目“媒体融合环境下我国青少年网络素养与价值观引导研究”(203/19BXW087)、2020年教育部人文社会科学一般项目“1949—2019年《纽约时报》头版涉华报道的国家形象生成与话语传播机制研究”(20YJA860013)的阶段性成果。

of journalism such as accuracy and fairness; digital platform companies use account management and content review to avoid harmful content but at the same time may hinder free speech; media literacy is regarded as an individualistic solution when market supervision fails and is difficult to achieve. Existing measures are in danger of "externalizing" and "othering" the main problems. Fake news on social media is blamed for the dereliction of the press; and interference of foreign countries are made responsible for problems resulting from the crisis of democracy in the US. It is suggested that it is necessary to face up to the fundamental problems, such as the failure of the news gatekeeping system, and the commercialization and privatization of the public communication sphere.

Keywords: news objectivity, fake news, partisan journalism, social media, media literacy

迈克尔·舒德森说:"(西方)新闻界的职责是帮助培养一个更加见多识广的选民群体……创造一种更好和更充分的民主。"①而当代美国社会,尤其是特朗普当选总统以来的媒体和政治生态,如虚假新闻"稀释"民主,党派媒体加剧社会分裂,"甩锅"言论破坏公共卫生应对等一系列现实表明,美国主流媒体正在失去提供公共服务信息、推动理性社会共识的能力。有学者将这一现象形容为"媒体建制派的失败"②,还有学者将其描述为媒体的"代表性断裂"③,或曰新闻界的危机(journalism crisis)④。

针对这样的情况,美国社会各界通过多样化措施,如网络安全立法、社交平台监管、加强新闻核查等,打击假新闻,提高媒体声誉。然而,主流媒体的"代表性断裂"和社交媒体的假新闻是新闻界信任危机内忧外患的一体两面。将主要注意力放在抵制国外虚假宣传和规制社交媒体上,而缺乏对主流媒体日益加重的商业主义、党派化报道和精英叙事的反思,实则是对更深层次问题的回避。本文分析主流媒体和社交媒体信任双重"陷落"的根源,并在此基础上讨论通过现有举措重建新闻界声誉的局限。在环境和公共卫生等危机深化,西式民主价值观和全球化方式受到质疑,人们迈向人类

① 舒德森.新闻的力量[M].刘艺娉,译.北京:华夏出版社,2011:186.

② 王维佳.媒体建制派的失败:理解西方主流新闻界的信任危机[J].现代传播,2017(5):36-41.

③ 汪辉.代表性断裂与"后政党政治"[J].开放时代,2014(2):70-79.

④ 孔宇,袁谅,曹浩帆."未来新闻"与美国媒体民主化改革[J].新闻记者,2020(4):86-96.

命运共同体时代的过程中，对新闻真实性和民主话语可能性的探究无疑会为全球传播秩序的重构和公共话语空间的建设提供警示和借鉴。

一、新闻真实/真相、“后真相”与假新闻

新闻界在西方也被称为“第四权力”，其权威和合法性（journalistic legitimacy）来源于其对新闻专业主义原则，如客观性、平衡和基于事实的报道等承诺，以及读者对新闻界实现这些专业规范能力的信任。正如 BBC 前新闻总监博登[①]所认为的，公正、准确、专业和证据是优质新闻的最古老价值观。科瓦齐和罗森蒂尔在《新闻的十大基本原则》一书中进一步指出，“新闻工作首先必须做到对真相负责”[②]。

然而，同许多其他形式的知识和真相一样，新闻真相也无法逃脱背后的权力关系，即福柯[③]所说的真理制度和真理的“普遍政治”。尽管西方新闻业一方面宣称要启迪大众、监督政治和服务民主，另一方面，也不得不与内部和外部的各种权力形态相妥协。从上世纪哈贝马斯所述公共领域的“重新封建化”，到 21 世纪扎克伯格《建设全球社区》政治宣言沦为滥用用户数据的独裁主义，人们仿佛看到，阻碍揭示真相的权力无处不在，西方新闻业正面临着真相被彻底解构的一场后现代危机。

“后真相”在牛津字典中的定义是“诉诸情感和个人信念，比陈述客观事实更能影响舆论的情况”。在西方主流媒体的议程属性与普通民众的生活和价值观相“疏离”，对社会事件、民主政治、环境和卫生危机等的报道缺乏解释力和说服力的情况下，各种假新闻、阴谋论在特定意识形态立场的民众中间大为流行。换言之，“后真相”时代的受众不再理性思考现实政治的真相，而是用符合自己既有偏见的，富有主观性、情绪性的立场和价值判断去解释客观真实。这样，在后现代主义的价值世界里，作为主体性的真相这一客观唯一已经消失，取而代之的是流动的、多元的“后真相”“拟像”。

2016 年年底，特朗普凭借社交媒体的政治动员，在主流知识界的一致唱衰中逆流当选美国总统。社会各界均将社交媒体上的虚假新闻视作对新闻真实性和传媒机构合法性的重大威胁，并由此展开了一场针对其定义类别、生成与传播机制，以及治理措施等的大讨论。例如，有学者将假新闻定义为“有意且可证实为假，并可能误导读者的

---

① BOADEN H. BBC radio director Helen Boaden resigns, criticising state of journalism[EB/OL].(2020-05-25)[2021-07-11]. https://www. independent. co. uk/news/media/tv-radio/bbc-radio-director-helen-boaden-to-announce-resignation-at-prix-italia-preview-in-lampedusa-a7337181.html.

② 科瓦齐，罗森蒂尔.新闻的十大基本原则[M].刘海龙，连晓东，译. 北京：北京大学出版社，2011：4.

③ FOUCAULT M. Truth and power[M]//GORDON C. Power/knowledge: selected interviews and other writings .New York: Pantheon，1977：109-133.

新闻文章”[1]。有学者提出判定假新闻的参考标准，认为只有内容上真实性较低、意图上以欺骗为目的的新闻才是真正的假新闻[2]。还有学者特别指出政治话语中“假新闻”一词被滥用的情况。如特朗普总统和部分共和党选民，不顾新闻真假，仅因其内容与自身意识形态立场不一致就攻击其为“假新闻”，以达到回避问题或质疑的目的[3]。

假新闻从本质上遮蔽了事实真相而用“后真相”的谎言、观点或情绪化的表达取而代之，进而对新闻业、政治机构及个体层面的民主话语进行了消解。特朗普将《纽约时报》、CNN 等自由派媒体称作“假新闻媒体”(fake news)的做法加剧了不同意识形态立场的公众的分裂，以及公众对媒体的偏见。但假新闻对新闻的专业性及媒体声誉带来的外部挑战仅为新闻界信任危机的一个方面。对问题的理性认知还需对主流新闻界进行内部审视。

二、信任危机的根源：新闻界的“代表性断裂”

近些年来，美国新闻界的党派分裂和信任危机问题日益凸显。盖洛普调查显示，公众对大众媒体的信任度在 70 年代中期达到 72％的峰值后持续走低，2016 年创历史最低的 32％[4]。Morning Consult 的调查数据显示，特朗普上任 4 年以来美国民众对 9 家主流媒体的信任度总体下跌 9％，且共和党民众信任度评价跌幅最大[5]。新闻界“价值”和“信任”的双重跌落是商业主义、技术主义和政治生态长期失衡和失范的结果。简单地将假新闻形容成一种“特朗普现象”，或将新闻界的失职政治化处理并不会对现状带来多大改变。相反，近年来主流媒体对其言论的追逐与对峙，以及对新冠疫情的应对等，恰恰暴露了美国新闻业在信息沟通民主方面的顽疾及新症。

(一)主流媒体“民主—市场”的倒置

西方大众报刊在 19 世纪 30 年代兴起之初，在不依赖政府或政党财政支持的前提

① ALLCOTT H, GENTZKOW M. Social media and fake news in the 2016 election[J]. Journal of economic perspectives, 2017, 31(2):211-236.

② JR TANDOC E C, ZHENG W. L, LING R. Defining “fake news”[J]. Digital journalism, 2018,6(2) : 137-153.

③ EGELHOFER J L, LECHELER S. Fake news as a two-dimensional phenomenon: a framework and research agenda[J]. Annals of the international communication association, 2019,43(2):97-116.

④ SWIFT A. Americans' trust in mass media sinks to new low[EB/OL].(2020-10-15)[2021-07-11].https://news.gallup.com/poll/195542/americans-trust-mass-media-sinks-new-low.aspx.

⑤ PIACENZA J. News media credibility rating falls to a new low[EB/OL].(2020-10-15)[2021-07-11]. https://morningconsult. com/2020/04/22/media-credibility-cable-news-poll/https://news. gallup. com/poll/195542/americans-trust-mass-media-sinks-new-low.aspx.

下，代表人民行使监督政府、保护公共利益的“看门狗”角色。但在新自由主义的放松管制和全球化背景下，报业不再被当作事业来经营，而是被传媒业主看作支撑产业扩张的“现金奶牛”[①]。《1996 年电信法案》实施 20 年后，90％以上的传媒公司被 6 家企业掌管[②]。随之而来的是报业成本压缩、“新闻沙漠”的出现、调查类报道减少，以及对热点事件的非理性追逐等。美国报业近 10 年来雇员数减少超过一半[③]；新冠疫情以来，已有超过 2.8 万新闻工作者被裁员或减薪[④]。

特朗普是明星政客，尽管主流媒体对他的背景经验、执政理念等方面极尽苛责，但丝毫不影响其一举一动、一言一行都因“流量”效应而被竞相追逐。2016 年大选年的 3 月 20 日到 4 月 20 日，特朗普得到的媒体曝光约为希拉里的两倍；4 年后，特朗普和拜登间的差距变为了 9∶1[⑤]。特朗普得到的不成比例的报道背后是恶性循环的市场逻辑。运营经费削减，媒体丧失独立性，狭隘地追逐精英人物的议程，沦为政府或企业的公关部门，或变相对其不当言论进行放大或宣传。如麦克切斯尼所说，媒体逐渐背离民众变成权力机构本身，成为为超级富豪及其政治盟友发声的代理人[⑥]。

（二）全球化背景下劳工和弱势阶层的失语

美国“锈带”的工人阶级作为全球化过程中的牺牲者和受害者，不仅在美国传统制造业向海外转移的过程中失去了工作机会，也没有享受到信息化、智能化主导的产业升级带来的经济增长红利。精英主义气质的美国主流媒体在这一过程中变成了“不吠叫的看门狗”，使部分白人劳工阶层被特朗普及右翼媒体中的民粹主义话语收编。

事实上，伴随着冷战的结束，资本主义国家的福利政策全面退缩，贫富差距重新扩大，美国媒体对社会不公正问题行使了合理化的结构性叙事，以实现对现有社会秩序的巩固。例如秉承“个人责任论”叙事框架，将穷人定义为违背中产阶级价值观和规范

---

① 赵月枝.“窃听门”与自由主义新闻体制的危机[J].文化纵横，2011(5)：119-123.

② 美国电信法案 20 年：6 家企业控制了美国 90％的主要媒体公司[EB/OL].(2020-06-22)[2021-07-11].http://www.globalview.cn/html/global/info_9489.html.

③ 皮尤研究中心：美国传媒业的十种现实[EB/OL].(2020-05-03)[2021-07-11].https://user.guancha.cn/main/content? id＝306800.

④ TRACY M. News media outlets have been ravaged by the pandemic[EB/OL].(2020-07-03)[2021-07-11].https://www.statesman.com/news/20200410/news-media-outlets-have-been-ravaged-by-pandemic.

⑤ ENTEN H. Biden's invisible campaign is winning[EB/OL].(2020-08-25)[2021-07-11]. https://edition.cnn.com/2020/04/26/politics/joe-biden-polling-media-exposure/index.html.

⑥ 麦克切斯尼.富媒体、穷民主：不确定时代的传播政治[M].谢岳，译.北京：新华出版社，2004：9-12.

的“他者”[①],把接受援助的穷人母亲描述为缺乏道德的“福利皇后”[②]。站在当权者立场,对带有鲜明左翼色彩的“占领华尔街”运动淡化丑化,或从整体上否定其理性和正当性[③]。面对非裔美国人的新冠病毒感染死亡率远大于其所占人口比例的现实,媒体报道多聚焦黑人健康状况差、缺少保险、对医疗机构不信任等因素,而对因历史原因和政府政策导致的医疗、住房、教育、就业歧视等系统性和结构性安排审视不足。尽管2008年金融危机后对不平等现象的报道有所改善[④],但阶级、种族和贫富差距问题仍是主流媒体长期忽视和遮蔽的议题。

(三)政治极化背景下党派新闻的复兴

党派新闻是19世纪美国新闻业的主要形态。政府通过刊登广告、印刷补贴、人员兼职等各种方式增强报纸对党派的忠诚度,实现选举动员和党派宣传的目的。后来大众报刊兴起,报纸需要通过“无党派性”报道吸引更广泛的商业化受众。与此同时,一战后民主市场的价值和内在逻辑遭到强烈质疑,事实与价值相分离的新闻客观性原则逐渐占据主导地位[⑤]。

20世纪50年代美国的国家新闻文化呈现“中间立场”的另一重要原因是中苏冷战使两党在外交和国家政策上达成了某种共识[⑥]。但伴随新自由主义经济政策下国家政治制度和文化的全面“右转”,社会矛盾激化,两党在经济、医保、外交、种族等问题上分歧严重。73%的美国人认为共和党人和民主党人无法就基本事实达成共识[⑦]。商业化运营的媒体在追逐党派议程和争取意识形态分化的受众过程中也不自觉地成为为政党背书的党派媒体。

---

① SIDEL R. The enemy within: a commentary on the demonization of difference[M]. American journal of orthopsychiatry, 1996,66(4):490-495.

② BULLOCK H, WYCHE K, WILLIAMS W. Media images of the poor[J]. Journal of social issues, 2001,57(2):229-246.

③ 李良荣,刘畅.适宜于报道的社会运动:反思西方主流媒体对于“阿拉伯之春”与“占领华尔街”的媒介建构[J].新闻大学,2013(3):13-18;李智,常笑.论美国主流报业的媒介保守主义偏向:基于《纽约时报》与《华尔街日报》对“占领华尔街”运动报道的文本分析[J].国际新闻界,2012(8):43-49.

④ SAVCHUK K. Poor journalism: is media coverage of the poor getting better or worse? [EB/OL].(2020-04-17)[2021-07-11]. https://alumni. berkeley. edu/california-magazine/just-in/2016-04-06/poor-journalism-media-coverage-poor-getting-better-or-worse.

⑤ 舒德森.发掘新闻[M].陈昌凤,常江,译.北京:北京大学出版社,2009:110-145,146-170.

⑥ BAUGHMAN J. L. The fall and rise of partisan journalism[EB/OL].(2020-07-31)[2021-07-11].https://ethics.journalism.wisc.edu/2011/04/20/the-fall-and-rise-of-partisan-journalism/.

⑦ Partisan antipathy: more intense, more personal[EB/OL].(2020-08-22)[2021-07-11].https://www.people-press.org/2019/10/10/partisan-antipathy-more-intense-more-personal/.

福克斯新闻频道因其观点性和偏见性报道，以及对共和党的公开支持一直饱受批评，甚至被称为“特朗普的国家电视台”(State TV)。但事实上，自由主义的主流媒体对民主党的支持也越来越显性化。例如2016大选年的8月1日到9月15日，三大电视网(CBS、ABC、NBC)的晚间新闻对共和党和民主党候选人正面报道的比例分别为10%和16%，而2020年这一数值分别为7%和44%①。在特朗普2016年“意外”当政后，主流媒体用“局外人”“政治小白”，甚至“灾难”这样的词汇对其进行嘲讽。在新冠疫情中，主流媒体又对民主党“明星州长”科莫大吹大擂，而不去关注其带领下的纽约州死亡人数全美第一的事实。在美国出现新冠疫情病例后，主流媒体仍然热衷于报道总统弹劾，在疫情示警、防控等方面的议程严重滞后与偏离，却在疫情扩散后试图在“武汉病毒论”之后加上一条“特朗普失职论”，让它们为美国抗疫失败买单。因此，主流媒体的所作所为更像是撕掉新闻客观性遮羞布后的党同伐异，而并非是对媒体或社会功能性失职的反思。

(四)虚假宣传阴霾下国际公信力的减弱

历史上，美国新闻界为“国家利益”帮助政府掩盖真相甚至撒谎的情况不胜枚举。如一战时有负责正面报道的公共信息委员会，二战后有应对“共产主义威胁”的“国家安全状态”。20世纪60年代有《纽约时报》淡化干涉古巴内政的“猪湾入侵”事件，还有2000年军事专家和媒体合作传播“伊拉克有大规模杀伤性武器”的信息，借此“兜售”战争合法性。② 但伴随2008年金融危机以来新自由主义神话的破产，美式秩序在全球范围遭遇相当程度的挑战。中国环球电视网(CGTN)、今日俄罗斯(RT)等非西方国家媒体机构，以及“赋权”草根阶层的社交媒体的崛起带来信息多元化，让发布虚假信息的美国媒体遭遇公信力危机。

出于特定政治战略目的的考量，美国主流媒体刊发的假新闻往往建立在捕风捉影或未经严格核实的新闻源基础上。例如，当“通俄门”调查结果说明被民主党人和主流媒体热议两年之久的特朗普“通俄”事件缺乏证据后，《纽约时报》又炮制“俄罗斯资

---

① JONES K. MRC study: Biden receiving a fraction of the negative coverage clinton did in 2016[EB/OL].(2020-10-15)[2021-07-11]. https://www.westernjournal.com/mrc-study-biden-receiving-fraction-negative-coverage-clinton-2016/.

② 李良荣，刘畅.适宜于报道的社会运动：反思西方主流媒体对“阿拉伯之春”与“占领华尔街”的媒介建构[J].新闻大学，2013(3)：13-18；李智，常笑.论美国主流报业的媒介保守主义偏向：基于《纽约时报》与《华尔街日报》对“占领华尔街”运动报道的文本分析[J].国际新闻界，2012(8)：43-49.

助塔利班攻击美军”的假新闻,制造美俄两国的紧张关系[1]。《华盛顿邮报》罔顾新冠病毒源自自然界的科学论断,刊登证据模糊的文章,宣扬武汉病毒所泄露新冠病毒的阴谋论[2]。新冠疫情期间,有大量的美国知识界和媒体人士接受了我国媒体的采访,表达在美国媒体中被弱化或被禁言的声音。据 Axios/Ipsos 调查显示,有近半数的美国人对传统媒体的新冠病毒报道基本或完全不信任[3]。伴随美国政府及主流媒体持续将疫情政治化,美国的一些进步杂志,如《大西洋》月刊、《科学》,以及包括英国《卫报》、澳大利亚《悉尼先驱晨报》等在内的国际媒体,坚持科学和公正,对美国破坏全球抗疫的行为提出抗议。这些都说明,建立在单向度传播基础上的美式信息霸权在“后全球化时代”难以为继。

三、信任托付的窘境:社交媒体中的虚假公共空间

Web 2.0 时代的乐观主义叙事认为:在线媒体鼓励政治言论和异见的表达;以自媒体为平台的大众自传播可以引起权力运作方式的变革等。但如今的美国人工智能和大数据大行其道,虚假新闻圈占公共空间,极端言论销蚀理性论辩,这样的互联网生态表明,社交媒体距推动传播和政治民主化的理想渐行渐远。

(一)技术中心主义理念下人的主体性的消解

2008 年美国大选中,奥巴马的竞选团队通过社交媒体与选民直接互动沟通,甚至打造专属社交媒体“我的奥巴马”,开辟了政治信息传播的新模式。但伴随社交媒体的常态化和高度商业化,其大有从民意桥梁的辅助性工具回归 Web 1.0 时代的单向推送的趋势[4]。

首先,潜在选民信息被交由科技公司的技术人员统一化、商业化、大数据化管理,真实多样的选民身份被缩略为账号信息和数字符码,选民观点被简约为投票和捐款意愿,人的主体性和能动性被消解。其次,政治人物的发言多由团队代劳策划和发布,可

---

① 俄罗斯使馆谴责《纽约时报》“假新闻”[EB/OL].(2020-08-22)[2021-07-11].https://world.huanqiu.com/article/3ypub5flOsz.

② ROGIN J. State department cables warned of safety issues at Wuhan lab studying bat coronaviruses[N]. The Washington Post,2020-04-14.

③ GUAGLIONE S. Poll: nearly half of U.S. doesn't trust traditional media to deliver accurate COVID-19 information[EB/OL].(2020-04-25)[2021-07-15].https://www.mediapost.com/publications/article/348767/poll-nearly-half-of-us-doesnt-trust-traditiona.html.

④ 沈辛成.社交媒体常态化与选举政治:2016 年美国大选的两种数字媒体策略[J].美国问题研究,2016(2):78-102.

凭借团队支持和社会影响力引导行政和新闻议程的设置，而绝大多数关注者（followers）只是行使被动的阅读、点赞或转发功能，双向沟通向单向度交流的趋势发展。再次，金钱和程序操控的网络自动聊天机器人（chatbot）虚假账户可行使关注、评论、发帖、对话等功能；人工智能时代的“深度造假”（deep fake）可伪造信源，瓦解视觉客观性并实现政治控制[①]。如2020年大选期间涌现的深度造假视频以及特朗普针对拜登断章取义的政治广告[②]进一步削弱了政治信任，加剧了新闻的“后真相”危机。在机器和技术强大的信息生产和议程操纵能力面前，人们越来越难以分清真实与虚拟的界限，公民间珍贵的民主讨论被成本低廉的机器灌水搁置，积极的政治参与被无处不在的消费主义和商业剥削取代。

（二）平台资本主义逼仄公共领域

现代西方民主和新闻自由的重要前提是民众观点表达机会的均等和表达渠道的多元，但近年来社交媒体与传统互联网企业的合流和寡头化趋势改变了网民就社会议题进行理性沟通的形式，压缩了沟通的空间。如优图（YouTube）自被谷歌收购后，发展重点从作为电视视频替代品的用户自制视频转向唱片、电影等的租赁和付费业务，其作为社交媒体的开放性、分享性和公共性被削弱。而脸书在十几年间已并购包括图享（Instagram）和瓦次普（WhatsApp）在内的大大小小50余家公司，成长为拥有20多亿活跃用户的社交媒体“巨无霸”。

媒体兼并带来的是媒介内容的同质化，而逐利性的平台资本主义的不断壮大又使社交媒体公司在向用户提供信息的内容和方式方面拥有越来越多的话语权。例如，平台可对相关法律进行阐释，拥有言论审查权和决定权。可能会因与公司高层或专家在某一问题上的看法不一致就删除其账号或用户发帖。新冠疫情期间，社交媒体仍然是虚假信息流通的主要渠道，这根本上源于当前主流社交网络的“微目标定位”和商业收入模式，即广告提供商支付费用以便让相关内容到达目标受众。正如斯坦福大学传播系主任Turner所说，“就像美孚石油曾主宰石油业一样，脸书和推特这样的公司正以同样的方式逐渐占领我们的公共领域”[③]。

---

① 姬德强.深度造假：人工智能时代的视觉政治[J].新闻大学，2020(7)：1-16.

② BENSON T. How Facebook plans to handle a deepfake posted by Trump[EB/OL].(2020-07-22)[2021-07-15].https://www.dailydot.com/debug/deepfake-twitter-biden-trump-facebook/.

③ TURNER F. Machine politics[J]. Harper's magazine，2019(1).

(三)政治操纵妨碍民主进程

社交媒体规避了诸如编辑部、记者等传统的把关人,加速了传统新闻专业性权威的瓦解,但平台资本却借助大数据、机器学习等技术优势①,形成了新的算法把关系统,造成偏见性或虚假消息的病毒化传播。首先,特朗普时代右翼社交媒体迅速崛起的原因正在于其为反对主流新闻媒体叙事的人们提供了平台,本质上就带有民粹主义色彩和极强的政治动机。其次,社交媒体不再遵循"观点与事实相分离"的传统新闻伦理,在新闻中公然植入政治价值观;不再依据公共性或事件重要程度设置新闻议程,而刊发大量小报化的消息,达到热搜效果。

因此,社交媒体极易在利益驱使下,被金融或政治资本操纵,起到影响民意的效果。例如 2016 年美国大选期间,剑桥分析供公司搜集 2.2 亿美国人信息,分析其政治倾向,并通过自动生成的暗帖(dark post)精准投放政治广告的行为严重扰乱民主政治生态。2020 年新冠疫情期间,支持特朗普的极右翼团体操纵的虚假社交媒体账号步调一致、有组织地散播新冠病毒源自武汉生化武器的阴谋论②;推特公司与接受美国国防部资助的澳大利亚研究机构 ASPI 合作,6 月 11 日宣布删除超过 17 万个与中国"国家当局相关"、涉嫌"舆论操纵"的账号③。对社交媒体的滥用使之从蕴含民主和协商可能性的"公共空间"演化为"另类事实"的摇篮和传播霸权的新型空间。

四、信任危机治理与举措

在美国,信任危机的治理在政府、社交媒体、新闻机构和公众等多个层面展开,但更多举措被用于对抗假新闻这一外部挑战,而非促进信息和民意公正平衡流动的制度化尝试。其中政府对通过法律监管网络言论持消极态度,将更多责权交付私人机构。社交平台审查有害言论,变相加剧垄断。传统新闻媒体主要通过事实核查的方式捍卫新闻真实,但并未对报道脱离民众的问题做出应有反思。普通民众被意识形态和政治立场割裂,流于技术层面的媒介素养难以让他们成为具有批判思考力的公民。

---

① 格拉西格尔,克劳格罗斯.特朗普撼动世界背后的大数据风暴[EB/OL].张洁,译.(2020-07-23)[2021-07-15].https://www.thepaper.cn/newsDetail_forward_1611437.

② 用"水军"炒作阴谋论!澳大利亚研究院 27 页报告揭美国如何借疫情抹黑中国[EB/OL].(2020-08-29)[2021-07-15].https://world.gmw.cn/2020-06/10/content_33902351.htm.

③ 诬蔑中国散播虚假信息 推特删 17 万中国账号[EB/OL].(2020-08-29)[2021-07-15].https://news.sina.com.cn/gov/2020-06-16/doc-iircuyvi8778934.shtml.

(一)政府立法

社交媒体用户数据泄露及政治假新闻是欧美各国面临的共同问题。但与德国2018年的《社交媒体管理法》及英国2019年的《网络安全白皮书》等直接对互联网上的有害内容进行监管,或欧盟2018年《通用数据保护法》对数据收集和使用做出规定不同,美国的数据隐私保护法主要由各州制定,如《加州消费者隐私法》。尽管各界对制定联邦隐私保护法已有共识,但同时担心严格的标准会大幅提高公司的合规成本,减少创新投资,因此目前尚无联邦层面的针对消费者的保护数据隐私法规[①]。

美国在媒体内容和网络言论方面的管理则更为消极,主要依靠公司的行业自律,政府层面的监管仅限于与国家安全和政治利益相关的假新闻。例如美国国会2016年底通过了《反外国宣传与造谣法案》,指出政府应制定全面策略应对外国的虚假信息和宣传,推进有利于美国及其盟友利益的基于事实的叙述[②]。2017年10月又通过《诚实广告法》,对社交媒体平台广告实行与广播电视媒体同样的管理方式,提升广告中商业和政治倾向的辨识度[③]。

网络内容管理法规的缺失使媒体和科技公司拥有更大的话语权。针对国外虚假信息的立法和调查则可能会助推将美国的新闻和民主危机“外部化”和“阴谋化”的趋势。如针对新冠疫情期间的“中国病毒论”,记者兼律师 Ajit Singh 指出,其目的是为了营造与中国的紧张关系,服务美国军工复合体的经济利益,同时对外转移矛盾,并钝化对新自由主义政策和资本主义制度的批评[④]。同理,媒体对阴谋论的“兜售”也可以达到转移自身问题的目的。

(二)社交平台自律

在数据泄露、虚假账户、有害内容等一系列负面舆论面前,社交媒体公司加大了管理和自我审查力度。脸书在其2019年11月的平台内容审核报告中指出,公司在第二和第三季度共删除了32亿个虚假账户,以及数百万条描述虐童和自杀等违规内容的

---

① 刘克佳.美国保护个人数据隐私的法律法规及监管体系[J].全球科技经济瞭望,2019(4):4-11.

② Countering foreign propaganda and disinformation act of 2016[EB/OL].(2020-06-11)[2021-07-15].https://www.congress.gov/bill/114th-congress/house-bill/5181/all-info.

③ 漆亚林,谯金苗.后真相时代西方媒体的“信任重构”:兼谈2018年西方媒体的发展路向[J].新闻与写作,2019(1):31-37.

④ MATE A, SINGH A. US elites use Russiagate playbook to blame China and promote hostility[EB/OL].(2020-06-22)[2021-07-15]. https://thegrayzone.com/2020/04/25/us-elites-use-russiagate-playbook-to-blame-china-and-promote-hostility/.

用户帖[①];在新闻服务方面,在其 App 中推出了“新闻标签”(News Tab)单元,与媒体合作,向用户推送“值得信赖的新闻”[②]。

新冠肺炎疫情期间,在脸书和图享上搜索新冠病毒相关信息,会显示弹出式提示,重新定向到世卫组织和当地卫生机构等;推特扩大了对“有害内容”的定义范围,将拒绝公共卫生机构的建议、描述无效的治疗方法及病毒传播的阴谋论都包括在内[③]。社交媒体平台在公共卫生方面的努力在一定程度上增强了权威机构和政府当局的信息传播效果,但各平台之间标准的不一致性使得虚假内容仍被广泛分享,自动过滤功能的普遍应用也使一些权威来源的内容被错误删除或阻止上传。此外,社交平台与企业媒体合作,推送其新闻的做法也使新闻的来源进一步集中,加剧了行业的垄断之势,不利于多元信息的流通。

(三)新闻机构重申专业性

面对社交媒体截流广告收入,虚假新闻销蚀社会信任,资金投入不足导致报道质量下降的现实,美国主流媒体通过一系列措施提振新闻业。例如,推出有偿新闻提高机构收入,诉诸“公民新闻”加强公众参与等。与这些外部措施相呼应,事实核查新闻(fact-checking journalism)作为应对数字新闻时代虚假新闻、政治言论极端化等问题而出现的一种新闻样式和职业实践[④],对其推广也是捍卫新闻真实性、重申新闻业价值的一项重要举措。

FactCheck.org 是美国第一个由专业记者团队建立的事实核查网站。《华盛顿邮报》的 Fact Checker 栏目在 2017 年特朗普入主白宫后定期发布针对其言论真实性的核查报告。报告曾指出总统 3 年中发表虚假或误导性言论的频率分别为每天 6、16 和 22 条[⑤]。2020 年新冠肺炎流行和美国大选期间,事实核查机构对特朗普应对疫情措施的有效性,以及特朗普和拜登政治言论的真实性也进行了广泛核查。如 FactCheck.

---

① Facebook 发布透明度报告:过去半年删除 32 亿个虚假账户[EB/OL].(2020-06-15)[2021-07-15].https://36kr.com/p/5265935.

② Facebook 推出 News Tab[EB/OL].(2020-06-15)[2021-07-15]. http://www. cybereffic. com/insights-newstab.

③ Platforms' responses to COVID-19 mis- and disinformation[EB/OL].(2020-07-13)[2021-07-15].https://www.disinfo.eu/resources/covid-19/platforms-responses-to-covid-19-mis-and-disinformation.

④ 雷晓艳.事实核查的国际实践:逻辑依据、主导模式和中国启示[J].国际新闻界,2018(12):12-17.

⑤ KESSLER G, RIZZO S, KELLY M. President Trump made 16,241 false or misleading claims in his first three years[EB/OL].(2020-05-08)[2021-07-15]. https://www. washingtonpost. com/politics/2020/01/20/president-trump-made-16241-false-or-misleading-claims-his-first-three-years/.

org 通过与公共记录等进行比对和采访专家后得出，在美国对中国实施旅行禁令的时间这一问题上，既不像特朗普所述他“很早很早就阻止了来自中国的人员入境”，因为限制人员不包括美国公民及其家人；也不像拜登所说美国“行动很慢”，因为美国在世卫组织 1 月 30 日宣布新冠肺炎疫情是“国际关注的突发公共卫生事件”的第二天就宣布了旅行禁令，但该禁令的生效日期是 2 月 2 日，生效日期在 46 个国家和地区之后。①

事实核查新闻在提高政治透明度、保障公众知情权方面起到一定积极作用，但其缺陷也显而易见。隶属于既有新闻机构的事实核查团队难以脱离原媒体机构的政治倾向，很多宣称独立或中立的机构实际上与利益团体关系紧密②。事实核查是对影响广泛的假新闻的“事后检查”和对市场化媒介系统下的重要议程和言论的二次追逐，因此在效果上反而提升了不实言论的话题性和被批评对象的社会热度③。事实核查新闻不仅在改变错误认知方面效果有限④，而且也可以被包装成“意见新闻”（opinion journalism），作为政治竞选中打压对方的新武器⑤。

（四）公众加强媒介素养

作为信息的最终接受者，受众对新闻的真实性起到最终判定作用。在社交媒体时代，公众的理性判断还体现在对虚假新闻的分享、转发等社交行为的处置权上。因此，教育工作者敦促加大对公众新闻素养的教育。加拿大是媒介素养教育的先行者，各省课程中均有强制性的媒介素养内容，英国议会数字、文化、媒体和体育委员会（DCMSC）2019 年 2 月在结束对脸书等社交媒体公司的调查后发布报告，将数字素养（digital literacy）单列一章⑥。

与其他英语国家相比，美国的媒介素养研究起步较晚，但近年来加大了立法力度，

---

① FARLEY R. Trump and Biden spin over travel restrictions on China[EB/OL].(2020-04-22)[2021-07-15]. https://www.factcheck.org/2020/04/trump-biden-spin-china-travel-restrictions/.

② 李希光，吴艳梅.“后真相”时代的事实检查新闻：发展与局限[J].全球传媒学刊，2018(6)：52-75.

③ 虞鑫，陈昌凤.美国“事实核查新闻”的生产逻辑与效果困境[J].新闻大学，2016(4)：27-33.

④ NYHAN B, REIFLER J J. When corrections fail: the persistence of political misperceptions[J]. Political behavior，2010，32(2)：303-330.

⑤ MARK S. How fact-checking journalism is changing politics[EB/OL].(2020-07-01)[2021-07-15].https://www. americnpressinstitute. org/publications/reports/surveyresearch/fact-checking-journalism-changing-politics/.

⑥ Disinformation and “fake news”: final report[EB/OL].(2020-07-05)[2021-07-15].https://publications.parliament.uk/pa/cm201719/cmselect/cmcumeds/1791/179102.htm.

教育组织、智库与教育工作者等多方联动推动数字公民和媒介素养教育①。第五届美国媒介素养周于 2020 年 10 月 26 至 30 日举行,与联合国教科文组织的全球媒体与信息素养周呼应,探讨如何应对"信息瘟疫"等议题。现行媒介素养教育的局限之处在于它的技术主义偏向,使用数字素养和信息素养的概念替代媒介素养,而把从社会和政治层面对(数字)媒体的批判性讨论边缘化。此外,将媒介素养视为解决假新闻问题的"特效药",夸大了媒体的效果而低估了社会机制对个人的影响。假新闻折射出的社会问题和错误的个人信念,不会因剥夺假新闻的合法性而消失。提高媒介素养看似在为消费者赋权,其实在一定程度上是对政府监管媒体责任的有效免除。②

五、对美国新闻界信任危机的思考

民主社会中,媒体的主要职能为:(1)对公共部门和私人部门的当权者和期望当权者的行为进行严格真实的报道;(2)对当今重大的社会政治问题提供真实可靠的信息和进行广泛客观的阐述③。西方民众对新闻界的失望和愤怒正是因为媒体没有就这些问题行使探求真相的权利,而是用少数代表主流,用数据粉饰立场,用观点替代客观,用"后真相"消解真相。主流媒体通过将支持特朗普的另类媒体谴责为政治非理性和民粹主义来回应人们对他们权威性的攻击。决策者们还将媒介和信息素养视为监管失灵时应对所有与媒体有关的社会和心理问题的可接受方案。这些做法尽管有一定效果,但重建新闻业的信誉还需正视以主流新闻界为代表的新闻"守门人"制度的失灵,以及公共传播领域的商业化和私有化等这些根本性挑战,而不仅仅是重申一直以来都重视的新闻价值。

(一)新闻产品的公共属性

冯建三在对比欧洲和美国的媒介系统后认为,公共服务媒体旨在追求公共之善,符合资本体制中较进步的民主共和价值,因此是遏制假新闻的制度性设计。④ 联合国等组织 2017 年 3 月针对假新闻发布的联合声明中也强调了"国家应确保强大、独立、资源充分的公共服务媒体……以设定和维持高标准的新闻事业"。但实际情况是,美

---

① 汪怀君.后真相时代美国数字媒介素养教育研究[J].比较教育研究,2019(8):11-19.

② BUCKINGHAM D. Fake news: is media literacy the answer? [EB/OL].(2020-05-09)[2021-07-15].https://davidbuckingham.net/2017/01/12/fake-news-is-media-literacy-the-answer/.

③ MCCHESNEY R. Journalism, democracy,...and class struggle[J]. Monthly review,2000, 52(6).

④ 冯建三.公共服务媒体、共和民主论与"假新闻"[J].全球传媒学刊,2018(2):1-51.

国媒体私有化程度高，公共服务媒体欠缺，人均享用的公共媒体资金一年仅 1.43 美元，与排名第一、第二的芬兰(130.39 美元)和挪威(109.96 美元)有天壤之别①。不论是在传统新闻机构难以赢利、采访费用削减背景下催生的生产成本低于深度报道的事实核查新闻②，还是为确保可信度和高质量而受到更多用户认可的大型新闻机构的付费订阅，都是主导性的市场逻辑的产物。如不能增加公共投入，遏制商业资本对公共信息资源的垄断和侵蚀，现有的信息鸿沟和贫富差别必将进一步扩大，有效的民主参与也难以实现。

(二)新闻客观性和记者角色

新闻客观观念于 20 世纪 30 年代左右在大西洋两岸牢固树立。尽管也饱受批评，但新闻客观性凭借其主导的科学和技术主义认识论逻辑，以及意识形态上的中间主义精英政治原则，一直在新闻学讨论中占据中心位置。但近年来，政党的趋同化③和代表性断裂、科学的政治化、极右翼媒体的出现以及互联网革命带来的知识生产和传播的去中心化使“客观性”跌下神坛，新闻业合法性受到挑战。

有学者建议使用“透明性”(transparency)代替“客观性”作为与受众建立信任的基础④，保持记者个人背景的透明、消息来源的透明、新闻制作流程的透明等⑤。更有观点认为，记者若继续保持自己在报道中的“无观点”会损害新闻权威，应把自己定位成受众的一员，而不是远离民众的专业群体⑥。近年来建设性新闻的崛起表明，更多记者认为除了监督职能外，媒体应承担更为积极的角色。但广告商对底层叙事的淡漠，媒体机构对调查记者高工资的顾虑，以及社会中主导性的“失败是个人不努力造成的”这一个人责任论叙事，使记者的社会责任感和个人抱负难以施展⑦。没有更深层次的

---

① 2018 年美国公共广播公司获得的联邦拨款为 4.47 亿美元，冯建三的数据应当是除以美国人口所得。2020 年拨款为 4.45 亿美元，因此人均数额没有太大变化。参见 https://www.cpb.org/aboutcpb/financials/budget/。

② 张超，钟新.美国事实核查新闻的实践逻辑与争议[J].当代传播，2019(3):59-64.

③ FARLEY R. Trump and Biden spin over travel restrictions on China[EB/OL].(2020-04-22)[2021-07-15]. https://www.factcheck.org/2020/04/trump-biden-spin-china-travel-restrictions/.

④ The foxification of new[EB/OL].(2020-06-08)[2021-07-15]. https://www.economist.com/special-report/2011/07/09/the-foxification-of-news.

⑤ TONG J. Journalistic legitimacy revisited[J].Digital journalism, 2018,6 (2):256-273.

⑥ CARLSON M. The information politics of journalism in a post-truth age[J]. Journalism studies 2018,19 (13):1879-1888.

⑦ SAVCHUK K. Poor journalism: is media coverage of the poor getting better or worse? [EB/OL].(2020-05-22)[2021-07-15]. https://alumni.berkeley.edu/california-magazine/just-in/2016-04-06/poor-journalism-media-coverage-poor-getting-better-or-worse.

政治经济结构性改良,新闻界职能在认知和实践层面的变化将会异常艰辛和缓慢。

(三)互联网平台的民主潜能

互联网终端到终端的无差别设计原则,使其可以作为一种廉价的、相对不受管制的全球性互动传播平台,在推进媒体民主方面发挥积极作用。例如2016年大选期间底层白人和反建制派民众通过社交媒体上的假新闻表达社会抗争;2020年大选期间,TikTok用户和推特上的K-pop粉丝通过社交媒体支持反种族歧视运动,在标志美国奴隶制终结的"六月节"当日做空了特朗普在塔尔萨市的竞选集会现场。但伴随网络平台的垄断化和公司化运营,"互联网中立性"(Net Neutrality)原则被打破,不符合把关人利益的信息被淹没,公民言论自由受到侵害,公共资源被用于谋取私人利益。

例如,脸书首席执行官扎克伯格在《建设全球社区宣言》中将脸书未来的发展规划描述为互助的、安全的、知情的、公民参与的和包容性社区。但现实中脸书却曝出滥用用户数据的"剑桥分析丑闻";扎克伯格本人还通过发表脸书对美国赢得与中国的网络军备竞赛至关重要的政治说辞抨击TikTok,争夺其市场份额①。因此,制衡数字资本主义的商业模式需要政府通过数据管理、反垄断竞争等手段对企业进行管制,并通过交叉补贴、税收、财政拨款等方式调整社会资源二次分配,加大对公共传媒的扶持。面对美国地方新闻业的"沙漠化"问题,脸书和谷歌等做出了扶持本地新闻网站的举措②。但要进一步对其公私权利选择进行制约,防止商业主义的入场带来专业主义的离场问题。

(四)公众权利和媒介素养

由于政府不可能或不太愿意挑战作为西方经济和社会秩序基石的自由市场观念,媒介素养被作为假新闻问题的替代性解决方案。但西方学者也坦言,这种做法就像"带着苍蝇拍和防晒霜到侏罗纪公园"进行自我防护一样滑稽③。例如,欧盟新规看似赋予互联网用户更大的数据保护自主权,但其实是把责任推给民众,结果是多数人在

---

① 孙铭蔚.脸书开价数十万美元抢TikTok红人,梅耶尔怒怼扎克伯格[EB/OL].(2020-09-11)[2021-07-15].https://www.thepaper.cn/newsDetail_forward_8504266.

② 徐弢.Google启动新项目扶持地方新闻网站,说要拓展到全球[EB/OL].(2020-05-23)[2021-07-15].http://www.qdaily.com/articles/62433.htm.

③ WAISBORD S. Truth is what happens to news[J]. Journalism studies, 2018,19(13):1866-1878.

面对电脑中弹出的涉及隐私许可的叠加页面时难以选择，只能勾选“允许所有”①。斯坦福大学的一项研究结果触目惊心，这项研究披露 82%的大中学生无法区别赞助商内容和真实新闻。但这一属于媒介素养的问题显然不可能只靠课堂就能解决。

问题的根本在于，新闻机构的市场化运作逻辑积习已久，不仅生产出大量不受媒介伦理约束的信息，也培养了一大批对事实越来越缺乏兴趣的受众，以致多数人选择媒体是为了获得娱乐，而不是政治上的代言。媒介素养作为一种个人最后层面的防御机制必不可少，但绝不应成为各方逃避责任的借口和对政客政绩的装点粉饰。理性的媒介素养教育应致力于消解社会中主导的消费者主权观念的影响，并回归到对公民批判性新闻素养的教育。同时，媒介使用者也应当行使法律和社会赋予的公民权利，捍卫隐私，积极参与传播过程，提升民主质量。

结语

在美国，直至 20 世纪 70 年代末，公共利益和本国控制一直是国家管制广播电视和节制资本的两个重要原则②。但伴随里根任期内开始的广播电视业放松管制政策的实施，以及新自由主义经济和意识形态的扩张，政党和媒体意识形态逐渐右翼化。数字媒体强大的广告截流能力和在竞选中的政治操纵能力进一步从财务层面挤压了传统媒体的生存空间，在政治层面削弱了其话语权，用“后真相”的党派攻讦新闻和虚假消息取而代之，迎合意识形态分化的受众，加重了社会分裂和民主话语的衰败。

但“后真相”话语的涌现并不意味着真相的消亡。用“民粹主义”或“假新闻”这样的词指责对方很容易，但这种做法恰恰背弃了真相，因为它用一种简单化的命名直接将真相的内核转化为所谓的“后真相”，并以此来否定真相的价值③。而重构新闻真实性的关键在于如何重建接近真相的框架，从而让真相的硬核浮现。

加州大学伯克利分校政治系教授温迪·布朗指出，西方社会的民主本身已经越来越与原教旨主义的资本主义联系起来。即国家作为一个实体，其作用既不是保护人民也不是保护社会，而是保护市场和与之相关联的一些概念。④ 多年来资本、政府、媒

① 路透报告：2019 年新闻、媒体与技术趋势和预测[EB/OL].(2020-05-22)[2021-07-15].https://36kr.com/p/5173469.

② 赵月枝.“窃听门”与自由主义新闻体制的危机[J].文化纵横，2011(5):119-123.

③ 蓝江.“后真相”时代意味着客观性的终结吗？[EB/OL].(2020-05-24)[2021-07-15].https://www.jiemian.com/article/1258226.html.

④ BROWN W. Undoing the demos: neoliberalism's stealth revolution[M]. New York: Zone Books, 2015:37.

体、教育界等多方的共同教化也已经形成了民众对自由市场、不干预主义政府和个人消极自由不加批判的信仰，以及对历史上国家管制和公共利益保护的忘却。

因此，本文探讨的西方重建新闻界声誉的现行方案，如立法、事实核查、行业自律、媒介素养教育等并不足以应对假新闻或新闻界的危机问题。而未来可能的一些方案，其有效性在根本上取决于政治领导层能在多大程度上抛开党派纷争，理性认知其权力的代表性，正视因漠视社会贫富分化而带来的种种危机，进而促进公共领域的变革，并据此重构新闻界对现实世界不可磨灭的真相的客观和公正呈现。而这一切，在自由主义放任，媒体公共产品匮乏，批判媒介素养教育不足，制度优越感认知先行于理性判断的美国，一切似乎都是未知的答案。

〔孟兰娟，中国传媒大学外国语言文化学院硕士、副教授〕

〔特约编辑：叶明睿〕

立德树人 融合创新:全媒体人才队伍建设

Foster and Innovation: Way to Media Talent Education

◎ 郑志亮　田胜立　李忆箫

Zheng Zhiliang　Tian Shengli　Li Yixiao

摘要:中共中央办公厅、国务院办公厅印发《关于加快推进媒体深度融合发展的指导意见》,要求深化体制机制改革,加大全媒体人才培养力度。这标志着国家推进媒体深度融合发展的步伐进一步加快,也反映出全媒体人才在媒体融合实践中的重要性。在疫情防控常态化、媒体融合进入新发展阶段的当下,从马克思主义新闻观和媒体融合创新实践两方面着手,用价值理性引领对工具理性的遵循与超越,让学校教育和在职培训形成合力,推进全媒体人才培养,加快人才队伍转型,占据舆论引导、思想引领、文化传承及服务人民的传播制高点。

关键词:全媒体人才;马克思主义新闻观;高校教育;在职培训

Abstract: General Office of the CPC Central Committee, the State Council issued the document aiming to accelerate the deep development of the media convergence, emphasized the importance of deepening the system reform and adding attention to madia talents. This marks a further acceleration of promoting media convergence, as well as reflecting the importance of media talents in the media convergence practice. Nowadays, meida convergence and the normalized epidemic prevention has come into a new stage, it is high time to start from the theory of communication and journalism as well as the practice refering media convergence, let the school education and on-the-job training together promote the education quality of media talents, speed up the transformation of talent team, so as to hold the advantage point in public opinion leading, thought guiding, and cultural inheritance.

Keywords: mediatalent, Marxism point of news, college education, on-the-job training

2020年6月30日,习近平总书记主持中央全面深化改革委员会第十四次会议审议通过了《关于加快推进媒体深度融合发展的指导意见》(以下简称《意见》),明确指出,深化体制机制改革、加大全媒体人才培养力度,是媒体融合实践得以顺利开展和纵深发展的关键抓手。要通过全媒体人才队伍的建设,打造一批具有强大影响力和竞争力的新型主流媒体,构建网上网下一体、内宣外宣联动的主流舆论格局,牢牢占据舆论引导、思想引领、文化传承、服务人民的传播制高点。《意见》强调了两个重点:体制机制改革、人才队伍建设。其中,体制机制改革更侧重外部性、硬件性的改革,即"通过构建、夯实一个能够使生产关系得到深度优化、生产力得到释放的外部环境,来最终实现人的创造力、活力的充分解放和全面激发"①。人才队伍建设则更侧重内部性、软性力量的调整与变革。从二者的辩证关系来看,唯有在全媒体人才培养上提速增效,才能确保外部体制机制改革的意义充分实现,从而真正发挥出媒体融合转型的内在驱动力作用。

因此,在全媒体时代做好新闻传播人才队伍的培养建设,一方面,要在思想层面注重以马克思主义新闻观为代表的人文价值理性教育,发挥中国特色社会主义新闻价值观和爱国主义情怀在新时期对传媒人才的思想引领作用,从立德树人的角度提升全媒体人才的思想觉悟水平和理论知识储备;另一方面,要在实践层面遵循工具理性下的应用导向,结合媒体融合实践的最新发展,强化高校学子和业界从业人员的专业技能与社会责任感,正确认识并处理技术与人的辩证关系,在遵循工具理性的前提下对其进行反思与超越,释放人才活力。从执行主体来看,高校的新闻传播教育、业界的从业人员培训,都应当从上述价值理性与工具理性两个层面着手,兼顾思想理论培养与融合创新实践,全面提升人才队伍质量,让全媒体人才在新时代牢牢把握传播制高点,为新征程提供队伍保障。

一、疫情时期呼唤全媒体人才

在抗疫取得阶段性成果后,李克强总理在《2020年政府工作报告》中表述总体部署时说:"在疫情防控常态化前提下,坚持稳中求进的工作总基调,坚持新发展理念,坚持以供给侧结构性改革为主线。"其中,"常态化"是指以年计的时间跨度,或者是病毒与人长期相伴的状态。自2020年初以来,新冠病毒在世界范围内蔓延,相关报道不计

① 胡正荣,李荃.发力全媒体人才培养　推动深融发展[J].青年记者,2020(31):9-10.

其数，加上融媒体时代传播速度快、传播过程不可控、传播效果无法预知等特点，主流媒体的新闻传播更应当在公共卫生危机中提供真实有效的信息，做出正确的舆论引导，维护社会秩序。在疫情防控常态化的背景下，不聚集、少外出成为硬性要求，面对面的工作与社交被线上和远程所取代，信息流动与舆论引导都面临新的挑战。这不仅凸显出全媒体传播在疫情时期的重要性，也强调了新形势下培养全媒体人才的紧迫性。2020 年 6 月中央全面深化改革委员会第十四次会议审议通过的《意见》明确提出，加大全媒体人才培养力度，充分释放人才活力，让新闻舆论工作发挥“举旗帜、聚民心、育新人、兴文化、展形象”的导向作用。

疫情期间，以 CGTN 为代表的主流媒体坚持正确立场，借助融媒体传播的新技术、新形式，较为及时地对外发出了中国声音。CGTN 在网页上设置抗疫专栏，并用数据可视化的方式进行呈现，减少了外国受众读取信息的语言隔阂。China Daily 也推出“给武汉朋友打个电话”系列 vlog，记者小彭采访了 4 位在中国的外国朋友，借外国朋友之口来反驳外国媒体对中国抗击疫情中的恶意报道，不仅增强了报道的真实性，还颇具生活化，很有亲切感，以目标受众喜闻乐见的形式讲述中国故事。疫情期间的这些报道既采用了新技术和新的传播样态，具有较高的吸引力和接受度；又坚持了正确的立场，用事实说话，起到了有效击碎谣言的作用。正如习近平总书记指出，媒体竞争的关键是人才竞争，媒体优势的核心是人才优势，优质的作品与有效的传播离不开作为微观主体的新闻工作者。但同时应当看到，虽然我们在疫情期间的报道与传播有可圈可点之处，却依然存在着报喜不报忧导致媒体公信力下降、过分渲染煽情引发受众对立式解读等问题，亟须通过全媒体人才的培养进行优化和改进。

特殊时期的线上社交与远程陪伴也间接促进了直播行业的飞速发展，人社部发布了“直播销售员”这一新职业。2020 年 4 月“小朱佩琦”为湖北地区带货的直播因朱广权、李佳琦两位主播的专业水平与人格魅力获得海量的关注和好评。而在编辑出版行业，大多数出版社还没有自己的直播销售员，只好由未经培训的编辑充任。这些编辑虽然熟悉图书内容，却不够了解直播这一新型传播样态的特点和规律，缺乏面对受众时的亲和力与销售技巧，因此难以在直播中“吸粉”。再加上选品不当和仓促上阵，约 95％的直播场均人数不足千人，销售成绩平平。可见，如果新闻传播人才能够掌握直播的行业特点与用户心理，就能够借助直播这一新形式为内容传播锦上添花。反之，当人才的转型没有跟上技术与内容形态的变革时，就会出现只学到网络传播时代的“形”，而忽视其底层逻辑的“实”的现象。同理，在新闻传播领域，缺乏用户思维与互联网思维的转型融合只是形式上的相加,究其根本,一切转型与调整的关键都在于人,人才队伍的全媒体转型刻不容缓。

二、立德树人:价值理性的坚守与引领

高等教育的初心使命是教育报国,为"中国梦想"提供支撑,为"中国贡献"增强驱动①,党的十九大报告强调"落实立德树人根本任务"②。而新闻传播教育是支撑和推动传媒事业发展的基础所在,媒体优势的核心是人才优势,无论技术和时代发生了怎样的变化,推动全媒体建设进而服务国家建设大局,都要以人才队伍建设为根本保障。这需要全媒体人才队伍的培养始终以习近平新时代中国特色社会主义思想为指引,全面发挥马克思主义新闻观的思想引领作用,在价值理性的维度构建具有中国特色的新闻传播学科人才培养体系。

2020 年 5 月,清华大学新闻与传播学院决定自 2020 年开始调整新闻传播专业本科教育,目的是让人才培养着眼国家需求、着眼高端的时代需求,此举在学界、业界乃至全国都引起了巨大反响。人才培养变革的背后是急剧变化的社会环境和媒体环境。从社会环境来看,全球范围的疫情与国内的社会转型期叠加,各类社会矛盾和思潮需要正确及时地引导;在国际社会,西强我弱依然是现实格局,西方国家基于"自者"的西方中心主义,通过新闻传播构建"他者化"的东方形象,国内外舆论面临诸多挑战,新闻传播事业亟须在马克思主义新闻观和习近平新时代新闻思想的指导下,发挥治国理政、定国安邦的作用。从媒体环境来看,网络传播与智能媒体的发展带来了万众皆媒、万物皆媒的传播格局,全媒体人才既要紧跟技术与时代的变革做好创新,更要坚定立场履行职责做到守正。十九届四中全会的有关决定在涉及媒体的表述时,将"党管媒体"原则置于首要位置,明确了媒体是党的新闻舆论工作的承担者。这与党长期以来坚持的"政治家办报""党性原则""党媒姓党"原则一致,也与党对新闻舆论工作的定位一脉相承。万变不离其宗,中国特色社会主义语境下的全媒体人才,也要从国家站位的高度找准自身坐标,在时代发展的脉搏中坚定自身立场,深入学习马克思主义新闻观,夯实理论基础,提升思想水平,做党的新闻舆论工作的承担者、改进新闻工作的积极探索者、激浊扬清的舆论监督者。

---

① 高晓虹,赵希婧.守正创新:我国新闻传播教育理念探索与实践转型[J].中国出版,2020(14):3-9.

② 习近平总书记在 2018 年全国宣传思想工作会议上的讲话。

(一)马克思主义新闻观教育引领方向

培养全媒体人才,不仅要提升新闻传播学科的专业能力,更要把“在危机和挑战中深入传播党的声音,反映人民心声,承担社会责任和维护公共利益”[①]这一新闻价值观的培养放在首位。在全媒体时代,面对网络平台“人人都有麦克风”的冲击,重塑新闻工作者的理想情怀,寻找足以支撑媒体人信念的新闻价值观,是比提升技能更为迫切的任务。中国传媒大学电视学院作为新闻传播学一流学科的骨干建设单位,始终与党中央保持高度一致,体现国家意志、满足时代要求、回应人民期望,将“四个意识”摆在首位,培养“高举旗帜、引领导向、围绕中心、服务大局”的全媒体人才,让新闻舆论工作为治国理政、定国安邦发挥正向作用。疫情期间,以葛云飞、朱慧容为代表的中传校友奔赴抗疫一线,及时发回疫区最新情况,以真实、客观、有温度的报道记录时代风云,同时挖掘珍贵暖心的瞬间,创作出《武汉战“疫”记》等优秀纪实类作品,守望社会公平正义。

因此,全媒体人才首先应当是政治素质过硬、理想信念坚定的人才。在我国媒体一元体制二元运作的运营方式下,喉舌属性是新闻媒体的根本属性,党性原则是新闻工作者需要坚持的首要原则。坚定正确的政治立场不动摇,坚持正确的舆论导向不动摇,坚守主流意识形态地位不动摇,传递社会主义核心价值观和时代正能量,这是新闻工作者刻不容缓的任务和义不容辞的职责。在 2020 年突发的新冠肺炎疫情中,我国主流媒体的驻外记者一方面坚持新闻真实原则,及时发回国外的防疫抗疫报道;另一方面做到主动发声,走进外国媒体,分享抗疫经验,介绍政府作为,阐释人类卫生健康共同体的主张,传播携手抗疫的中国声音,展现了负责任的中国大国形象,为促进全球疫情信息共享做出了积极贡献。可见,驻外记者不仅是国际新闻信息的报道者,更应当是中国观点的传播者、中国立场的阐释者。正确、及时地对外发出中国声音,需要新闻传播人才更加深入透彻地学习掌握马克思主义新闻观与中国特色社会主义国情,在纷繁复杂的舆论场中始终自觉坚持政治意识、大局意识、核心意识、看齐意识,与党中央保持高度一致,坚持以人民为中心的工作导向,走好全媒体时代的群众路线,将马克思主义新闻观的要求内化为具体的传播实践,真正成为政治立场坚定、业务能力精湛、品格作风优良、党和人民放心的新闻舆论工作者。

---

① 王君.浅谈全媒体人才的能力结构及培养途径[J].求贤,2020(11):52-54.

(二)在线教育新常态确保质量

当突如其来的新冠肺炎疫情扩散至全球200多个国家和地区时,病毒的蔓延就不仅关乎公共卫生事件本身,也关系到社会生活的方方面面。常态化抗疫措施的“勤洗手、戴口罩、不聚集”极大地改变了人们过去习以为常的社交方式,“云办公”“线上教学”“虚拟社交”成为较长一段时间内伴随人们工作生活的关键词。2020年4月23日(世界读书日)举行的数字阅读云大会首次采用了虚拟会场的方式,成为疫情以来第一个采用云端办会方式的全国性大会。大会以H5作为官方互动平台,总访问量超过3000万人次,微博、微信、抖音、快手等MCN矩阵账号总阅读量达3.84亿次①。网上会议、远程办公火爆一时,这些都为高校的远程教学和在线教育提供了技术支持。另一方面,2020年6月中国互联网络信息中心(CNNIC)发布的第46次《中国互联网络发展状况统计报告》综合反映了2020年上半年我国互联网发展状况,数据指出,截至2020年6月,我国网民规模为9.40亿,互联网普及率达67.0%,其中在线教育用户规模达3.81亿,占网民整体的40.5%;远程办公用户规模达1.99亿,占网民整体的21.2%,远程教学拥有庞大的用户基础。

在这样的技术基础和用户规模基础上,疫情期间的高校教育立足互联网平台,开展远程教学授课,做到了“停课不停教、停课不停学”。中国传媒大学的师生共同在网络云端完成教学与课业任务,确保新闻传播学科的教育连续、保质、保量。值得一提的是,随着疫情的好转,在线教育并没有退出历史舞台,相反还超越战时举措,形成了一整套上下联动、同频共振的教学体系,将“新鲜感”变成“新常态”,推动了中国高等教育的范式改革飞速发展。这样的成效主要源于教师在教学环节普遍掌握了必要的信息技术,并有效地运用到“停课不停学”的远程教学实践中。虽然高校陆续恢复线下授课,但线上教学依然作为高校教育的重要补充手段,在新闻传播学科教育与全媒体人才培养方面发挥着作用。

三、融合创新:工具理性的遵循与超越

在信息技术高速发展的今天,网络传播技术、智能媒体技术在新闻传播领域的应用极大改变了传统的信息生产模式与传播格局,人类信息交互呈现出全程、全息、全员、全效的特点,传媒行业与社会的边界日益模糊,媒体生态发生了颠覆性转变。面对

---

① 敖然在2020年抗疫常态化下教育出版与职业培训研讨会开幕式上的致词。

万物皆媒、人机协作、自我进化的智媒时代和媒介化社会，党的十九届四中全会提出要与时俱进，完善和发展国家治理体系，推进治理能力现代化建设。新型主流媒体作为当下治理实践的重要动力，在国家治理中发挥着举足轻重的作用，这对新闻从业人员的素养和技能提出了更高要求，更需要集采、写、编、播、发于一体的复合型人才，传统单一型的新闻人才遭遇角色转换困难。面对这样的变化，新闻传播教育教学的主线和人才培养的重点也要顺应时代变革与媒体融合的发展趋势。面对新文科实践课程体系建设创新需要，新闻传播教育应该基于当下媒体融合的大战略需求，将媒体融合的观念和思维融入课程体系建设的改革中①。新闻传播教育应当强化全媒型、融媒型、专家型的传媒人才培养，坚持应用导向，在遵循工具理性的基础上超越技术理性，在学校教育和在职培训两个主场推进落实教育教学创新与人才培养创新。

(一)高校教育培养优质后备人才

教育的终极目的是发现人的价值，激活人的潜能，发展人的个性。通过促进个体充分、自由、全面、个性化发展，最终实现整个社会的和谐与可持续发展。应当看到，对全媒体人才而言，技能上的“全”只是评价指标的维度之一，全媒体意识下的社会责任感、全媒体视野下的内容生产力，同样是评价全媒体人才的重要指标。

新时期的全媒体人才应当具备全媒体意识下的社会责任感。“天下兴亡，匹夫有责”，在自身专业领域为社会的和谐发展贡献力量更是每个个体应当履行的社会责任。对全媒体人才的教育在遵循教育普遍规律的同时，还应当注意到传媒教育自身的独特性，即传媒能够重构、塑造未来社会，这种塑造的力量不仅在于精神层面的意识形态与价值观涵化，也在于实体层面的媒介产品对社会现实的影响。自 2017 年以来，中国传媒大学推出师生共同参与的“光明影院”项目，针对我国 1732 万视障人士每年推出 104 部无障碍电影，保证中国视障人士全年 52 周有每周欣赏 2 部电影的机会，使超过 200 万的视障人士受益。“光明影院”项目通过为残障人士铺设一条彰显人文关怀、传播文化成果的“文化盲道”，在实践中引导学生树立家国情怀、担负社会责任，用自身在传媒领域的专业技能推动社会公平、促进发展成果共享。

新时期的全媒体人才应当具备全媒体视野下的内容生产力与社会连接能力，也就是把内容传播与社会公共议程相结合的能力。这需要传媒学子通过敏锐的思维和明辨是非的判断力，把关乎具体事件、话题的融媒体产品与当下社会的公共议程相结合。

---

① 孙振虎，赵甜.新闻传播学新文科课程体系建设路径探析：以中国传媒大学电视学院为例[J].现代出版，2021(4)：23-27.

在2020年立春和元宵佳节之际,中国传媒大学师生团队设计、制作了"我想对医护人员说""我想对祖国说"电子贺卡,将佳节问候与防疫抗疫结合,通过社交媒体的广泛转发,号召网友传递大爱、祝福平安,营造了众志成城的舆论氛围。电子贺卡与社交媒体具有的"同时在场"特性,也使身在防疫抗疫一线的编辑记者得以突破地域所限,与新闻学子隔空对话。可见,全媒体人才的教育既要传授专业知识技能,也要培养使命感、责任感,以"家国情怀、社会责任、前沿引领、多元包容"为核心理念,使专业教育与服务党和国家发展大局、满足全社会精神文化需求紧密联系。

在科技革新与社会发展的双轮驱动下,传媒行业与现实社会的边界日益模糊,整个社会日益呈现出如奇蒙特鲍曼所言的"流动性"特征,传媒教育的专业学科与其他领域学科的交叉甚至相融是大势所趋。高校的全媒体人才教育也应当应时而动,从纯粹的人文学科走向文理交叉、文工交叉的多学科融合,适当引入大数据、智能算法等相关学科基础知识与底层逻辑的教授,以应用为导向鼓励学生动手实践,让新闻传播学科教育成为新文科建设下的佼佼者。

(二)在职培训优化行业中坚力量

高校教育为祖国的新闻传播事业培养优秀的后备人才,传媒业界的从业人员队伍则是当下媒体生产实践的主力军。因此,大力推动传统媒体从业人员快速转型,使他们尽快掌握全媒体时代从业者必备的新理念新技能,全面提升新闻工作者的"四力",是全媒体人才队伍建设的当务之急。对人才队伍的转型和融合发展来说,培训新技术是一个方面,更重要的是要激励从业者通过学习掌握这些新技术去适应和驾驭新业态,运用它们做出融合产品和服务,取得综合效益。如果大部分传媒从业者能够在自己熟悉的领域,把原来的主打产品和新策划的产品融合到新兴媒体,推出新产品和新服务并取得效益,那么就实现了人才与业态的融合发展。

随着网络传播技术与智能媒体技术的跨界应用,大数据抓取、无人机采集、VR制作等技术日益渗透到新闻传播实践,成为媒体融合在技术领域的新方向。相应地,全媒体人才的培养也要深耕新闻内容建设,借助新兴技术、把握时代脉搏,推出高质量、高水准融媒体报道和产品。以新华社、人民日报为代表的主流媒体开始有意识地组织媒体融合发展方面的培训项目,无人机、VR等新兴技术逐步成为一线业务人员的常规配备,越来越多地出现在各大新闻现场。2020年两会期间,新华网推出了H5游戏《这个案子怎么断?——民法典草案@四大名著》,将中国的四大名著与当年两会讨论的民法典草案巧妙结合,既满足了用户交互和参与的需要,又将新闻信息通过游戏的方式融入到新闻产品中，实现了更好的传播效果。在地方媒体层面，2020 年 3 月，为感谢 31 支援鄂医疗队，《湖北日报》依托融媒体矩阵并结合图片、视频和 H5 等多种融媒体形态，打造抗击疫情融媒体产品《致敬仁心 感恩大爱》《“琼”尽全力 情暖千湖》《“荆”生今世“粤”来越好》《“晋”心尽力 驰援四市》等 31 篇报道，并发起微博话题“32 封情书致敬英雄”，阅读量达 867 万。可见，要想取得更好的传播效果，发挥新闻传播在社会中的正向作用，需要全媒体人才的内容创作既立足历史和现实，又关注百姓生活，打破传统新闻宣传严肃呆板的局限性，借助接地气的网络流行语或新事物，提高新闻报道的趣味性和可读性，从而凝聚社会共识，形成社会共同体。

在人机协作、自我进化的智能媒体时代，全媒体人才在运用新技术制作新产品的同时，更需要具备媒体进化的能力。“授人以鱼不如授人以渔”，新兴技术作为手段与中介，归根到底只是“术”的层面，如何在技术日新月异的变革中找准自身定位、与技术协作共赢而不是被技术取代，才是全媒体人才应当学习掌握的“道”。具体而言，首先需要新闻从业者紧跟技术的发展，对技术的未来趋势有所洞察，才能防止自己在无意识的情况下被技术淘汰；其次要积极拥抱新技术，与智能技术相互配合、相辅相成。从技术发展的历史来看，技术的出现是来解放人类，而不是取代人类的，因此要时刻警惕技术对人的异化。能否学会使用新技术，决定了我们是完成进化还是被进化淘汰的不同命运；最后是以内容生产者的身份与技术进行深度合作，让人工智能技术成为新闻工作者的助力，真正实现人机协作、人机配合。这就需要我们对人工智能技术的发展历史、基本原理和特点有较为全面的把握，用人工智能的优势辅佐人力的不足，以人类不可替代的特性弥补机器的短板。例如机器人写作的出现能够高效驾驭体育、财经类消息的写作，这看似是对新闻工作者的威胁，实则是一种对劳动力的解放，使人类记者有更多的时间精力投入到深度调查类稿件的制作中。又如 2020 年两会期间，新华社首次推出了 5G 全息异地同屏系列访谈，讲述全国人大代表履职的故事，这个系列访谈使用 5G 网络传输和全息成像技术，让身在异地的代表与记者跨越时空来“相见”，开创了 5G 时代远程同屏访谈的先河。打破时空界限的“面对面”式交流在疫情时期解决了人大代表无法汇聚在一起开会讨论的难题，最大限度地还原了以往两会的真实感与仪式感，让人工智能技术成为社会发展的助力。

(三)薪资待遇夯实人才队伍保障

2016 年 2 月 19 日，习近平总书记在党的新闻舆论工作座谈会上的重要讲话中强调：“要深化新闻单位干部人事制度改革，对新闻舆论工作者在政治上充分信任、工作上大胆使用、生活上真诚关心、待遇上及时保障。”①这是我国传统媒体深化人事管理制度改革的指导思想和基本方向。长期以来,我国媒体在“事业化单位,企业化管理”的运营体制下,不可避免地面临着用人僵化、人才流失等问题。面对这样的现状,《意见》明确指出,要“实行更加积极、开放、有效的人才引进政策,提高主流媒体人才吸引力和竞争力。要优化人才队伍结构,把更多熟悉新媒体的中青年优秀人才充实到关键岗位,充分释放人才活力。”

首先,完善分配考核机制,提高新媒体岗位对优秀人才的吸引力。作为企业化运作的媒体需要制定公平合理的分配考核方案,对接市场薪酬标准,避免分配上的“一刀切”消磨新闻从业者的积极性,可以考虑以岗定薪、量化考核、多劳多得的方式,提高媒体行业对优质人才的吸引力。例如济南广播电视台推行“频道 + 公司”和工作室、事业部模式,通过项目化管理、市场化运作、全成本核算,激发媒体从业人员的积极性与创造性。此外,在考核分配上也可以加大对新媒体的倾斜力度,真正做到“用薪酬留人”“用待遇留人”②。深圳广播电影电视集团规定新媒体考核占比要达到传统媒体部门考核分数的一定比例,同时制定各类项目奖励和个人盈收分成,鼓励优秀人才流向新媒体端,用人才优势提高了媒体自身的核心竞争力。

其次,拓宽渠道,积极主动引进人才。在具体行动上,既可以通过校园招聘,引入高校“新鲜血液”,培育本单位的人才梯队;也可以对标“头部”互联网企业,通过社会招聘“不拘一格降人才”,形成多元化、专业化人才队伍。2019 年 7 月 8 日,人民在线发布百万年薪招贤纳士启事,岗位涉及销售岗、技术岗、内容岗等,用有竞争力的待遇吸引有实力的人才。此外,还可以建立项目制、工作室等制度,充分给予本单位全体人员成长发展的平台和空间。人民日报的工作室制度允许员工根据自身兴趣、能力、资源,跨部门进行自愿结组,成立相应领域和选题报道的融媒体工作室,充分释放了人才活力,创作出诸如“你好,明天”“麻辣财经”等用户喜闻乐见的优质融媒体产品和栏目。安徽广播电视台鼓励本单位人员立足各自原岗位,跨部门组建融媒体工作室,探索融媒体多元业务拓展,积累项目运营实战经验,集策、采、编、播、发、营等技能于一身。

小结

疫情时期是一个机遇与挑战并存的风险社会,整个世界都处在向高度互联与线上

---

① 习近平.坚持正确方向创新方法手段 提高新闻舆论传播力引导力[EB/OL].(2016-02-12)[2020-02-19].http://www.xinhuanet.com//politics/2016-02/19/c_1118102868.htm.

② 索东汇.全媒体人才队伍建设的三点经验[J].青年记者,2021(1):4-5.

关联的转型过渡中。我们越来越离开了一个通过纵向与单向联结进行指挥控制来创造价值的世界，而走入了一个通过同他人横向联系合作来创造价值的世界，社会由此变得更具流动性、更加不可预测。面对这种变化带来的不确定性，《世界是平的》作者托马斯·弗里德曼总结的"高想象力的人"的三种思考方式，或许可以作为全媒体人才转型方向的一个参考，分别是："像移民那样思考，追求创新、不断试错，保持灵活性；像工匠那样思考，保持对趋势的把握和把想法真正做深和做透的精神；像侍者那样思考，保持用户服务意识，不断提升服务意识和服务能力。"①

随着高速移动互联网络时代的到来，人工智能技术与媒体产业愈发深度融合，媒介与社会一体同构的智能媒介化社会日益成为现实，自成一体、单向传播的传媒行业将不复存在。正如尼尔波兹曼所言，"每一种技术都既是包袱又是恩赐，不是非此即彼的结果，而是利弊同在的产物。"面对新技术、新时代给传媒业带来的变革与挑战，全媒体人才的教育与培养也要秉持辩证的观点，一方面顺应传媒业态的变迁，积极转型拥抱新技术；另一方面坚守传媒人的立场与担当，在人文价值理性的指导下更好地遵循和超越工具理性逻辑，在学校教育和在职培训两个主场推进人才创新教育与管理，打造一支政治过硬、业务精湛、作风优良、党和人民放心的宣传思想工作队伍，让新闻工作者更好地成为大政方针的传播者、时代风云的记录者、社会进步的推动者、公平正义的守望者。

〔郑志亮，中国传媒大学电视学院副教授；田胜立，中国大百科全书出版社原社长、编审、教授；李忆箫，中国传媒大学电视学院新闻与传播专业研究生〕

〔特约编辑：叶明睿〕

① 参见微信公众号"胡泳"，2018年12月15日。

青年视点

社交媒体时代中国主流媒体的全球文化传播影响力探究*

The Global Communication of Chinese Culture in the Age of Social Media

◎张　伦　邓依林　武　臻　吴　晔

Zhang Lun　Deng Yilin　Wu Zhen　Wu Ye

摘要：本研究利用数据挖掘技术，基于启发—系统式模型理论框架，探究了中国官方媒体在Facebook和Twitter社交媒体平台对中国文化的全球传播效果。本研究发现，与非文化新闻相比，中国文化新闻的全球传播范围更广，用户对文化新闻的情感倾向较为积极。但在新闻的评论互动层面，文化新闻的传播效果仍相对较弱。同时，跨平台比较研究发现，中国官方媒体对不同社交媒体平台建设仍存在差距，相比之下Facebook社交媒体平台的传播范围更广。此外，跨媒体比较研究发现，不同媒体间的传播效果存在差距，其中《人民日报》的传播效果相对较好，但用户传播态度相对较差；中新网与中国网的传播内容在一定程度上受到海外用户的认同。综上，本研究通过探究中国文化全球传播效果，拓展了启发—系统式模型的理论视阈，对中国文化对外传播进行了跨媒体、跨平台的时序性探究。

关键词：中国文化；社交媒体；对外传播

Abstract: Using data mining techniques and based on the "Heuristic-Systematic Model" model, this study explores the effectiveness of the Global communication of Chinese culture on Facebook and Twitter social media platforms. Compared with non-cultural news, the results show that Chinese cultural news has a wider global spread and users have a more positive sentiment orientation toward cultural news. Meanwhile, the cross-platform comparative study found that there is still a gap in the construction of different social media platforms by Chinese official media. In addition, the cross-media comparative study found that there is a gap in communication effect among

* 本文为2018年度国家社科基金艺术学重大项目“中国数字新媒体艺术创新研究”（项目编号：18ZD12）的阶段性成果。

different media. In conclusion, this study extends the theoretical perspective of the "Heuristic-Systematic Model" model by exploring the effects of global communication of Chinese culture and conducts a time-series analysis of the "cross-media" and "cross-platform" communication of Chinese culture.

Keywords: Chinese culture, social media, global communication

引言

随着文化全球化与融媒体时代的到来，一个国家的对外传播能力与国家形象建设息息相关。中国文化"走出去"战略提出至今，我国愈发重视国际议程设置能力与网络外宣能力，不断增强国家文化软实力与国际话语权，以期在国际文化竞争交流中占据有利位置。互联网传播技术的高速发展，使社交媒体等新媒体以在传播速度、传播效率以及覆盖范围等方面的优势取代了传统媒体，成为公众获取信息的新渠道和中国文化对外传播的主要途径之一。与此同时，中国官方媒体在这一过程中通过不断探索运营模式与外宣手段，逐渐成为中国文化对外传播最重要的主体之一。在国家政策、技术支持、渠道搭建的契机下，现阶段中国官方媒体的文化对外传播效果如何？与非文化新闻（即政治、经济、军事、社会、科技、自然等新闻）相比，中国文化新闻呈现出哪些特点及传播优势？海外用户对其持有怎样的态度？

本研究基于海外社交媒体，探究了中国官方媒体发布的文化新闻的传播效果（传播广度、传播深度以及用户态度）。通过与非文化新闻的对比，本研究为中国文化对外传播提供数据理论支撑，并提出相应的对策建议。

一、文献综述

本研究从研究内容和研究方法层面对社交媒体环境下中国文化对外传播研究进行梳理。首先，在研究内容方面，既往研究主要围绕两个方面展开：其一，从传播者角度出发，探究中国官方媒体或个体传播者（如意见领袖、自媒体运营者）在海外社交媒体平台构建中国文化形象的传播实践及传播效果①。

其二，从传播形式角度出发，挖掘新媒体环境下以短视频、Live 直播等创新传播

① 韦笑，潘攀.社交媒体时代中国国家形象的对外传播策略：基于 2017 年 CGTN 海外社交媒体的中国报道分析[J].传媒，2018(19)：79-81.

形式在社交媒体场域中传播中国文化的可行路径[①]。但既有研究受数据采集分析等技术限制，研究内容多局限于单一媒体、单一社交平台或单一文化作品传播案例，缺乏对中国文化海外传播效果的总体关照。此外，既有研究多数仅停留在文化传播效果测量层面，少有从文化信息与非文化信息的传播效果对比视角进行深入客观的分析。因此，后续研究应拓宽媒体账号、传播平台等研究的选择范围，以更客观、更全面的视角探究中国文化对外传播效果。

其次，在研究方法方面，中国文化对外传播研究方法目前以质性研究为主，量化研究为辅。质性研究多数以传播学理论视角分析传播内容从而判断中国文化传播效果。但这类研究由于缺乏相关数据的量化分析，研究结果说服力相对较弱。相关研究应充分利用数据分析技术与计算传播学研究范式对研究内容进行大范围的数据收集处理，进行严谨客观的量化分析，以实现对中国文化海外传播效果更精准的测量。

因此，针对上述问题，本研究对中国文化海外传播进行了跨议题、跨媒体、跨平台、跨时间段的量化分析。具体而言，本研究共采集 6 家中国官方媒体在 Facebook 和 Twitter 两大社交媒体平台发布的新闻信息以及用户参与数据，建立回归模型并引入情感分析算法，从内容、媒体、平台 3 个不同角度探究中国文化新闻的全球传播效果。

二、理论框架与研究假设

（一）启发—系统式模型

启发—系统式模型（Heuristic-Systematic Model，下称 HSM 模型）作为阐述社会影响的双重处理理论之一，为人们如何以两种不同方式接收处理说服性信息，建立有效性评估，最终形成决策行为提供了理论解释[②]。具体而言，HSM 模型认为人们在处理信息过程中主要采取两种策略，系统式处理与启发式处理。首先，当个体拥有足够的动机、能力以及认知资源时将采用系统式处理模式，即信息接收者利用已有知识体系对信息内容进行系统评估并做出行为决策[③]。相比之下，启发式处理模式则付出较

① 李沁，史越.中国文化海外沉浸传播模式：以 Facebook Live 为例[J].现代传播（中国传媒大学学报），2019，41(1)：146-151.

② EAGLY A H，CHAIKEN S. The psychology of attitudes[M]. Harcourt brace Jovanovich college publishers，1993：237-243.

③ WATTS S A，ZHANG W. Capitalizing on content：information adoption in two online communities[J]. Journal of the association for information systems，2008，9(2)：3.

少的认知努力，信息接收者通过处理信息的外部线索或简单的信息提示（如来源可信度）而形成判断。与精细加工可能性模型（ELM）不同①，HSM模型认为系统与启发式处理模式均可独立发生，且当满足系统与启发式处理条件时，两种处理模式亦可以同时发生②。因此，相比ELM模型，HSM模型更适用于解释现阶段网络环境下用户的信息处理行为。

（二）研究假设

HSM模型为理解中国文化新闻的传播效果提供了理论支撑。因此本研究将分别从系统式处理模式与启发式处理模式两个方面对文化新闻传播效果进行分析。首先从系统式处理模式来看，充分性原则（sufficiency principle）认为，人们在面对一则信息时，当实际信心（actual confidence）与渴望信心（desired confidence）之间的差距增大，那么人们将更倾向于采取系统式处理模式，通过认真的信息处理比对提高他们的实际信心，从而达到渴望信心水平③。既往研究发现，信息的重要性、与个人的相关性（personal relevance）等因素会提高人们的渴望信心④，而不一致的信息等环境因素则会降低人们的实际信心。因此，海外用户在面对中国官方媒体发布的文化新闻时，由于对文化类新闻的高关注度而增强了信息的个人相关性⑤，提高了用户的渴望信心。实际信心与渴望信心间的差距增大，促使用户倾向于采取系统式处理模式。而信息度认知是影响系统式处理模式的变量之一，即信息度认知对公众的行为态度产生积极的影响⑥。由于中国文化新闻"高语境文化"的内容特质，媒体为便于海外用户理解认知，在传播过程中常选择合适的主体内容以及叙事框架撰写文化新闻。因此相比其他类型新闻，文化新闻的信息度更高、可读性更强，易于用户获取更多信息，使用户对文化新闻形成良好的态度，并影响用户的行为决定。

---

① CACIOPPO J T, PETTY R E, KAO C F, et al. Central and peripheral routes to persuasion: an individual difference perspective[J]. Journal of personality and social psychology, 1986, 51(5): 1032-1043.

② WATTS S A, ZHANG W. Capitalizing on content: information adoption in two online communities[J]. Journal of the association for information systems, 2008, 9(2): 73-94.

③ CHEN S, CHAIKEN S. The heuristic-systematic model in its broader context[J].Research gate,1999(1): 73-96.

④ ZHANG K Z K, LEE M K O, CHEUNG C M K, et al. Exploring the moderating effect of information inconsistency in a trust-based online shopping model[C]. 2010 43rd Hawaii International Conference on System Sciences. IEEE, 2010: 1-9.

⑤ ZHAO W X, JIANG J, WENG J, et al. Comparing Twitter and traditional media using topic models[C]. European conference on information retrieval. Springer, Berlin, Heidelberg, 2011: 338-349.

⑥ 张子坤. 在线点评平台如何影响人们的消费行为？一个信息性社会影响的观点[D].合肥：中国科学技术大学,2010.

其次,从启发式处理模式来看,面对信息过载的社交媒体,用户对信息的关注与阐释能力有限,考虑到认知成本,用户可能会关注到信息内容以外的外部线索。既往研究已证实信息源可信度、多媒体数量等变量对启发式处理模式的影响。具体而言,其一,若传播内容来自可信度高的信息源,那么人们的信息采集程度与态度变化则更为明显①;其二,传播信息过程中运用多媒体种类越多,对信息传播效果的影响越积极②。基于上述理论分析,一方面,中国官方媒体作为由政府监督引导,具有高可信度的信息源,其发布的文化新闻内容更易于用户接受;另一方面,在社交媒体平台上,文化新闻常以文字—图像或文字—视频的形式呈现传播内容。相比其他类型新闻,文化新闻更注重图像与视频中视听符号的运用,传播内容的生动性能够影响用户信息接收的情绪反应,使用户更容易接受信息并产生相应的行为决策。

综上,在社交媒体环境下,当海外用户面对中国官方媒体发布的文化新闻时,他们将根据自身的动机、能力以及认知资源等因素选择系统式或启发式处理模式,或受两种处理模式的交互作用影响。中国文化新闻因其信息度、信息源可信度、多媒体数量等特点能够在系统式处理或启发式处理模式下影响用户的态度以及行为决定。此外,社交媒体平台上,用户的点赞、转发与评论行为可以看作是用户在评估特定信息有效性后做出的行为决策,用户发表的评论情感倾向可以看作是用户的态度。因此,本研究将以转发、点赞、评论等变量衡量用户行为,以评论情感值判断用户态度。由此进行如下假设:

H1:中国官方媒体发布的中国文化新闻比非文化新闻传播效果更好。

H1a:中国官方媒体发布的中国文化新闻比非文化新闻转发量更高。

H1b:中国官方媒体发布的中国文化新闻比非文化新闻点赞量更高。

H1c:中国官方媒体发布的中国文化新闻比非文化新闻评论量更高。

H1d:中国官方媒体发布的中国文化新闻比非文化新闻评论情感值更积极。

此外,本研究引入了平台、官方媒体作为控制变量,以期检验上述关系在不同平台、不同媒体中的显著性与稳定性。首先,由于不同社交媒体平台的覆盖范围以及平台功能间存在差异,因此研究选择 Facebook 与 Twitter 两家社交媒体平台作为控制变量引入假设模型中,试图从跨平台的角度进一步探究中国文化全球传播效果。由此

① CHAIKEN S, MAHESWARAN D. Heuristic processing can bias systematic processing: effects of source credibility, argument ambiguity, and task importance on attitude judgment[J]. Journal of personality and social psychology, 1994, 66(3): 460-73.

② LIU Z, LIU L, LI H. Determinants of information retweeting in microblogging[J]. Internet research, 2012, 22(4): 443-466.

进行如下假设：

H2：不同平台发布的文化新闻的传播效果之间存在显著差异。

H2a：不同平台发布的文化新闻的转发量之间存在显著差异。

H2b：不同平台发布的文化新闻的点赞量之间存在显著差异。

H2c：不同平台发布的文化新闻的评论量之间存在显著差异。

H2d：不同平台发布的文化新闻的评论情感值之间存在显著差异。

此外，由于中国主流官方媒体各自亦存在不同的新闻发布特点与新闻侧重方向，因此研究选取6家中国主流官方媒体作为控制变量引入假设模型中，试图从跨媒体的角度进一步探究中国文化全球传播效果。由此进行如下假设：

H3：不同媒体发布的文化新闻的传播效果之间存在显著差异。

H3a：不同媒体发布的文化新闻的转发量之间存在显著差异。

H3b：不同媒体发布的文化新闻的点赞量之间存在显著差异。

H3c：不同媒体发布的文化新闻的评论量之间存在显著差异。

H3d：不同媒体发布的文化新闻的评论情感值之间存在显著差异。

三、研究方法

(一)数据收集

本研究选择Facebook和Twitter两大社交网络平台作为数据来源，并综合考量粉丝基数、发文数量、注册时间等因素，选取6家拥有官方英文账号的中国官方媒体作为考察对象，分别为《环球时报》、《人民日报》、中国网、中新网、中央广播电视总台(包括中国中央电视台、中国国际广播电台)。研究以2019年8月至2019年12月为时间区间，利用Python网络爬虫技术共采集官方媒体账号发布的新闻5782条，并在此基础上采集新闻文本内容、点赞量、转发量、评论量以及用户评论文本等研究数据。

(二)数据分析

1.情感分析计算方法

本研究的情感分析在英文环境下进行，因此研究采用Python中自然语言处理库Natural language toolkit(NLTK)中的TextBlob类库对文本内容进行情感分析(sentiment analysis)。具体而言，研究对采集的每条新闻报道的单个用户评论文本进行情感值计算，情感值的变化范围为[-1,1]，其中“-1”到“1”分别表示从“负面”到“中立”再到“正面”的态度变化。通过累加新闻报道用户评论的情感值得到每条新闻报道的情感值，情感值的大小反映情感的强烈程度。使用情感分析方法处理新闻评论文本内容能够测量出海外用户对新闻报道的态度倾向，以判断外宣媒体发布的新闻内容是否起到积极正面的传播效果。

2.广义线性模型(GLM)

本研究采用广义线性模型(general linear model, GLM)检验研究假设。与经典线性回归模型相比，广义线性模型的反应变量呈指数型分布且期望值为联系函数(link function)，传播效果研究中的常用变量均可以建立广义线性模型进行拟合以及预测估计。因此，研究将自变量(媒介内容)、控制变量(平台、媒体)、因变量(转发量、点赞量、评论量以及评论情感均值)纳入模型，以检验中国官方媒体在海外社交媒体平台的中国文化全球传播效果。

四、研究发现

表1显示了广义线性模型的分析结果。假设1a-1d对比了中国官方媒体发布的文化与非文化新闻的转发量、点赞量、评论量以及情感均值。研究结果表明，与非文化新闻相比，文化新闻的转发量相对更高($B = 0.07, p < .01$)，且海外公众对文化新闻的评论情感态度更积极($B = 0.06$, $p < .05$)。文化与非文化新闻的点赞量与评论量之间无显著差异。因此，假设1a、1d成立。

此外，研究结果表明，不同平台发布的文化新闻的传播效果存在差异。如表1所示，与Twitter社交媒体平台相比，Facebook平台账号发布的文化新闻获得了用户更多的转发($B = 0.30$, $p < .001$)、点赞($B = 0.53$, $p < .001$)以及评论($B = 0.47$, $p < .001$)。因此，假设2a、2b、2c成立。

对比不同媒体发布文化新闻的传播效果，研究结果表明，6家媒体发布文化新闻的传播效果间存在差异，即媒体在海外社交媒体平台发布新闻的传播深度和广度与传播态度之间呈相反结果。具体而言，如表1所示，《人民日报》在6家媒体中传播效果最好，与《环球时报》相比，《人民日报》发布的文化新闻获得了更多的转发($B = 0.50$, $p < .001$)、点赞($B = 0.54$, $p < .001$)以及评论($B = 0.37$, $p < .001$)，但评论情感值相对较低。这表明《人民日报》发布的文化新闻传播更广，用户互动参与更多，但用户对新闻表现出的情感态度偏于负向。中新网与中国网的传播深度和广度相对较差，即

转发、点赞以及评论的回归系数均为负数,但其发布文化新闻的评论情感与《环球时报》相比却显现出更积极的态度($B_{中新网}=0.15$, $p<.001$; $B_{中国网}=0.07$, $p<.05$)。这表明中新网与中国网在社交媒体平台的传播效果较弱,但其传播的中国文化内容受到海外用户的认同,在一定程度上显现出"叫好不叫座"的现状。

表1 回归分析结果

自变量	转发量		点赞量		评论量		情感均值	
	Beta	标准误	Beta	标准误	Beta	标准误	Beta	标准误
文化	0.07**	0.04	-0.01	0.04	-0.02	0.03	0.06*	0.02
平台 (Facebook=1, Twitter=0)	0.30***	0.04	0.53***	0.04	0.47***	0.04	-0.17***	0.02
媒体 (环球时报=0)								
央视网	-0.03	0.06	-0.02	0.06	-0.07**	0.06	0.02	0.03
人民日报	0.50***	0.04	0.54***	0.04	0.37***	0.04	-0.17***	0.02
中新网	-0.08**	0.08	-0.05*	0.08	-0.09***	0.07	0.15***	0.04
中国国际广播电台	-0.04	0.07	-0.03	0.07	-0.12***	0.07	0.04	0.03
中国网	-0.10***	0.07	-0.05*	0.07	-0.09***	0.07	0.07*	0.03
R^2	36%	61%	42%	11%				

注:* p < .05 ** p < .01 *** p < .001

总结与讨论

本研究以启发—系统式模型作为理论框架,建立回归模型并引入情感分析算法,实证性探究了社交媒体环境下中国主流官方媒体对中国文化的全球传播效果。研究结果表明,首先,现阶段中国官方媒体发布的文化新闻相较于非文化新闻,其转发量以及用户评论的情感值相对较高,但回归系数偏低,说明中国文化新闻在海外社交媒体平台的传播广度相对较大,用户的情感倾向较为积极。而文化与非文化新闻的评论量之间无显著差异,这说明在互动与对话层面文化新闻的传播效果仍相对较弱。其次,跨平台比较研究发现,与 Twitter 社交媒体平台相比,Facebook 社交媒体平台上中国文化新闻传播的广度更大,主要表现在用户对文化新闻更多的转发、点赞以及评论等行为上。

最后,跨媒体比较研究发现,综合6家中国官方媒体对中国文化的传播效果,其中《人民日报》对文化新闻的传播效果相对较好,但海外用户对其发布新闻的情感态度偏于负向。中新网与中国网两家媒体的传播效果相对较差，但其发布文化新闻的用户评论呈现出积极的情感态度。总体来看，现阶段中国官方媒体在海外社交媒体平台发布文化新闻的传播深度和广度与传播态度之间呈相反结果。导致以上结论的原因主要在于，《人民日报》在社交媒体平台的粉丝基数多、影响力大，使文化新闻传播广度更大，进而吸引更多用户参与新闻的互动交流。但《人民日报》的传播优势在一定程度上影响了文化新闻的情感态度。传播广度高意味着更多的海外用户参与到新闻的互动交流中，但由于部分用户的理解偏差导致新闻评论区成为反华言论或错误信息的聚集地，一定程度上误导其他用户的言论，导致与《人民日报》同等传播能力的中国官方媒体所传播的文化新闻的用户情感态度相对较差。相比之下，中新网与中国网的媒体传播深度和广度相对较弱，但海外用户更多关注中国文化新闻内容本身，评论内容多偏向如"Wow""Wonderful"等正向态度的形容词，显现出海外用户对文化传播内容较为积极的态度。

本研究从研究方法、理论应用与实践意义3个方面为中国文化全球传播提供了借鉴。首先在研究方法方面，在既往定性、定量分析方法基础上，研究采用计算传播学研究范式，对跨平台、跨媒体、跨议题的研究内容进行了较大规模数据收集处理；以转发、点赞、评论以及评论情感值4个变量量化用户行为与用户态度，建立回归模型。其中，本研究所建立的广义回归模型与线性回归模型相比，进一步考虑到因变量内容、平台、媒体之间的相关性，以便于在控制上述变量的前提下，更精准地把握中国文化对外传播效果。此外，本研究引入的情感分析算法，通过对用户评论内容文本的情感判断，帮助研究者更准确地衡量用户对媒体发布新闻内容的态度倾向，从而实现对中国文化对外传播效果更深层的探究。

其次，在理论应用方面，本研究借鉴双重处理理论中的启发—系统式模型，一方面为解释中国文化的对外传播效果提供了理论支撑；另一方面，经过详细论证再次证实了既往研究中所论证的对启发—系统式模型产生影响的相关变量的有效性。此外，本研究以Facebook、Twitter社交媒体平台的6家中国主流官方媒体作为数据获取来源，对比文化与非文化新闻的传播效果，进行了跨平台、跨媒体、跨议题的探究，从而更好地解释了社交媒体环境下用户的信息处理行为，在一定程度上拓宽了该理论的阐释范围，证实了该理论在新媒体环境下的广阔应用前景。

最后，研究对中国官方媒体传播中国文化的未来发展方向具有一定的实践指导意义。目前中国官方媒体在海外社交媒体平台传播中国文化时，还存在3个方面的问题：其一，传播广度与话题讨论度相对较弱；其二，社交媒体平台建设之间存在差距；其三,不同媒体间传播效果存在差距。部分媒体影响力相对较弱,部分媒体的传播内容与海外用户的喜好偏向间存在差距,且缺乏与用户的互动以及对海外社交媒体账号的管理。本研究针对上述问题提出以下建议:其一,中国文化对外传播应聚集传播主体力量,从主流媒体、社会组织以及普通民众不同角度协同发力,建设中国文化对外传播渠道。当前中国部分自媒体因共通的价值观念以及具有情感温度的传播内容,在国际传播中显现出独特的优势,深受海外公众的关注与喜爱。中国主流官方媒体应借助这一趋势,通过转发自媒体传播内容,利用自媒体的热度与粉丝效应拓宽传播广度,探索出一条主流媒体与自媒体相互补充的对外传播新路径。其二,中国主流官方媒体应积极协同专家团体,利用专业技术优势以及大数据舆情监测分析方法为中国文化对外传播提供技术与数据支持;中国官方媒体可以通过数据跟踪现阶段海外用户特征与兴趣关注点,筛选中国文化传播内容,去除部分传统刻板的文化符号,增加更多文化类综艺节目以及影视剧等深受海外用户喜爱的传播内容,进而提升中国文化话题讨论度与用户情感态度。其三,加强对中国官方媒体账号管理,增强与海外用户的互动交流。中国官方媒体应在新闻发布后,持续关注海外用户对新闻发表的评论看法,一方面及时解答用户对中国文化的咨询,另一方面维护用户评论秩序,筛选优质评论给予互动,监督管理不实言论并给予正向解答。通过后续的维护管理有效引导用户对中国文化传播内容的情绪态度。其四,中国文化对外传播应重视传播渠道的搭建,一方面中国官方媒体应在Twitter、Facebook以及YouTube等全球性社交媒体平台持续发力;另一方面,随着用户需求的细分以及地区差异,中国官方媒体应保持敏锐的洞察力与前瞻性,发掘并抢先入驻更多具有发展价值的新兴社交媒体(如Tiktok、Pinterest等平台),以及具有影响力的区域性社交媒体平台(如日韩及东南亚地区常用的社交软件LINE)。综上,中国官方媒体在讲好中国故事的基础上,充分利用海外传播渠道,有效拓宽传播平台,有助于中国文化传播效果实现质的飞跃。

〔张伦,北京师范大学仲英青年学者,艺术与传媒学院副教授;邓依林,北京师范大学艺术与传媒学院硕士研究生;武臻,北京师范大学艺术与传媒学院硕士研究生;吴晔,北京师范大学计算传播学研究中心、新闻传播学院教授〕

〔特约编辑:顾洁〕

网络脱口秀节目中青年亚文化的风格、话语与认同*

The Style, Discourse and Identity of Youth Subculture in Online Talk Shows

◎ 王建华　宋亭芳

Wang Jianhua　Song Tingfang

摘要：网络脱口秀节目成功实现亚文化的大众化传播，在风格与话语两方面建构与维持着亚文化的抵抗性与批判性。网络脱口秀遵循不礼貌的会话原则，形成狂欢化的公共话语空间，通过文本戏仿在社交媒体上实现迷因化传播。女性主义与“丧文化”是网络脱口秀中最为凸显的话语类型，前者解构不平等的社会性别关系，后者则通过讽刺、自嘲，宣泄社会带来的生存压力。借由反叛性的青年亚文化，网络脱口秀体现出新闻时评般针砭时弊的社会价值，成为青年群体身份认同与价值认同的文化资源。同时，在综艺化过程中，网络脱口秀无法摆脱被主流意识形态与商业资本收编的命运，青年亚文化的批判性在一定程度上面临被消解的风险。

关键词：网络脱口秀；亚文化；风格；话语；认同

Abstract: Online talk shows have successfully realized the popularization of subculture, constructing and maintaining the resistance and criticality of subculture in terms of style and discourse. Online talk shows follow the principle of impolite conversation, form a carnival public discourse space, and achieve memetic communication on social media through text parody. Feminism and dispirited culture are the most prominent discourse types in online talk shows. The former deconstructs unequal gender relations, while the latter, through irony and self-deprecation, vents the pressure of survival brought by

* 本文为教育部人文社科培育项目“新时代中国网络视听新媒体业态环境发展及管理对策研究”(项目编号：CUC18JL109)的研究成果。

the accelerated society. With the rebellious youth subculture, online talk shows show the social value of news commentary, which has become a cultural resource for the identity of youth groups. At the same time, in the process of being variety shows, online talk shows cannot escape the fate of being incorporated by mainstream ideology and commercial capital, and the criticality of youth subculture is at risk of being dispelled to a certain extent.

Keywords:online talk show, subculture,style, discourse, identity

以幽默讽刺、夸张自黑为"表",以揭露现实、批判传统为"里"的脱口秀文化在网络空间蔚然成风,受到青年一代追捧。连续播出多季的《吐槽大会》《脱口秀大会》《奇葩说》等节目如今依然频频登上微博热搜榜,势头不减。第三季《脱口秀大会》"平均每期播放量超过 1.1 亿"①,第五季《吐槽大会》单期最高播放量达到 1.9 亿②。

"脱口秀是一种采用辩论、谈话或叙述等方式围绕一个或多个话题进行的带有一定幽默性的语言展示类节目。"③脱口秀在国内具有谈话节目与单口喜剧两种指向。"'谈话节目'(Talk Show)英文原指美国广播电视中一种以谈话为主的节目形式,由主持人、嘉宾和观众在谈话现场一起谈论各种社会、政治、情感、人生等话题,一般不事先备稿,脱口而出,因而被港台的翻译家们形象地译作'脱口秀'。"④从 1954 年播出的《今夜秀》(*The Tonight Show*)开始,脱口秀作为电视节目在美国长盛不衰。日间节目《艾伦秀》(*The Ellen DeGeneres Show*)、深夜节目《每日秀》(*The Daily Show*)等代表性脱口秀皆以挖苦名人、政治讽刺为显著特征。国内脱口秀始于 1996 年,大致分为三个阶段,即"谈话节目为主的创始阶段(如《锵锵三人行》)、突出个人品牌的成长阶段(如《金星秀》)、以群体为中心的创新阶段(如《吐槽大会》)"⑤。前两个阶段多为电视脱口秀,第三阶段多为网络脱口秀。

目前国内网络脱口秀主要分为两类,"一是'辩',众人对一个话题进行辩论、讨论;

---

① 每期播放量过亿,"笑果"脱口秀是怎么"火"起来的[EB/OL].(2020-09-27)[2021-03-10].http://www.ce.cn/culture/gd/202009/27/t20200927_35825673.shtml.

② 《吐槽大会第 5 季》第 1 期:改版回归! 21 位嘉宾自曝槽点争当主咖[EB/OL].(2021-01-31)[2021-03-10].https://v.qq.com/x/cover/mzc002005htn1vv.html.

③ 苏晓龙.我国脱口秀发展的三个阶段及相关概念辨析[J].视听界,2021(1):71.

④ 郭晋晖."脱口秀"在中国:试评近年兴起的电视谈话节目[J].文艺争鸣,2002(2):77.

⑤ 苏晓龙.我国脱口秀发展的三个阶段及相关概念辨析[J].视听界,2021(1):68-69.

二是‘说’，多人轮番上场说一个段子。”[①]网络脱口秀节目是线下辩论赛与单口喜剧的网络化与综艺化，既让人发笑，又引人深思，兼具娱乐大众与输出观点的功能。其中单口喜剧（Stand-up Comedy）以一个人、一只麦克风为主要表演形式，以“段子”为内容主体。网络脱口秀承载大量青年亚文化形态，同时开启脱口秀节目新的传播阶段，在表现形式与内容题材上区别于传统电视谈话类脱口秀。

“亚文化是通过风格对主文化进行挑战从而建立认同的特殊文化形式，往往涉及边缘文化、弱势群体对主文化和权力的抵抗。”[②]网络脱口秀节目一般具有较强的生活性、新闻性与启蒙性，营造出青年亚文化审美氛围，建构起青年群体独特的价值认同。网络脱口秀成功实现亚文化的“出圈”传播，是亚文化与主流文化、商业资本之间互动与调适的结果。然而，亚文化具有对主流文化的反叛意识，与大众化传播之间存在天然矛盾，“大众是消极地接受了商业所给予的风格和价值的人，而亚文化则积极地寻找一种小众的风格。”[③]脱口秀亚文化在综艺化、网络化传播过程中，如何建构并保持其批判性与抵抗性？本文以亚文化理论为基础，从风格与话语两个层面对网络脱口秀节目进行分析，并对网络脱口秀亚文化的认同价值与命运走向进行探讨。

一、网络脱口秀中亚文化的风格建构

尽管节目形式各有千秋，但是网络脱口秀在风格建构与价值理念上却具有一致性。风格是“文化认同与社会定位得以协商与表达的方法手段”[④]，通常指对事物及做事方式的分类。风格是亚文化的图腾，是其建立群体认同，彰显文化差异，抵抗主流文化的方式。

（一）不礼貌的会话原则

英国人类学家布朗（Brown）和列文森（Levinson）在1978年发表的论文《语言应用的普遍现象：礼貌现象》（*Universals in Language Usage：Politeness Phenomena*）中首次对“面子”与“礼貌”概念进行系统探讨。“面子实际上是一系列只有他人才能满足的想法和希望。面子可分为两类，一类是消极面子，即不愿被对方反驳的希望；一类是

---

① 谷征，张一祎.脱口秀类网络综艺节目的两种走向与对比分析：以《奇葩说》与《吐槽大会》为例[J].传媒，2018(10)：41.

② 胡疆锋，陆道夫.抵抗・风格・收编：英国伯明翰学派亚文化理论关键词解读[J].南京社会科学，2006(4)：87.

③ 马中红.西方后亚文化研究的理论走向[J].国外社会科学，2010(1)：138.

④ 费斯克.关键概念：传播与文化研究辞典[M].李彬，译.北京：新华出版社，2003：279.

积极面子,即希望得到对方的同意、认可或赞许。”[①]要保全面子,就要使用礼貌语言,创造友好的交际氛围。鉴于该理论不足以解释不礼貌言语行为,英国语言学者卡尔佩珀(Culpeper)在1996年提出“不礼貌理论”,“不礼貌是指使用产生负效果、破坏社交的策略。”[②]“不礼貌言语行为的目的是攻击对方的面子,以此引发社会冲突和不和谐的局面。”[③]卡尔佩珀根据面子威胁程度不同,将不礼貌策略分为“直接不礼貌策略、积极不礼貌策略、消极不礼貌策略、嘲讽性礼貌策略与抑制礼貌策略”[④]。

网络脱口秀是以冒犯与反驳为主要逻辑的语言表演,遵循不礼貌的会话原则。如《脱口秀大会》中演员王建国的表演:“什么人(老板)能又畜生不如又英明神武,又好吃懒做又高瞻远瞩……”尽管这位演员的老板同样也是这期节目的参与者,出现在节目现场,演员依然采取直接不礼貌策略,采用侮辱性的词汇表达对老板的不满。

积极不礼貌策略与消极不礼貌策略分别威胁对方的积极面子与消极面子。脱口秀演员在表演中不仅威胁其他人的面子,而且会放弃自己的面子。如演员呼兰在《脱口秀大会》的表演:“人家考91分觉得不够努力,我考5分,觉得有点过于努力了……用尽了全力考出5分的成绩显得毫不费力。”演员主动自我矮化,进行自我与自我之间的对话,伤害自己的积极面子需求。在《奇葩说》等辩论型网络脱口秀中,消极不礼貌策略的使用更加广泛。就辩题“没那么爱他,婚礼当天要逃婚吗”,双方演员将自己带入设定情景当中,反方演员不断质问正方演员“你要跑去哪里”,意在干涉对方的选择自主权,伤害对方的消极面子需求。

网络脱口秀采用威胁面子的不礼貌会话原则,一方面有利于实现幽默的表达效果,有意制造戏剧冲突;另一方面使会话双方摆脱现实中地位、身份的约束,网络脱口秀因此成为充斥着冒犯精神的狂欢化亚文化场域。

(二)狂欢化的公共话语空间

巴赫金的“狂欢”概念包括四个范畴:“随便而亲昵的接触、插科打诨、俯就和粗鄙”[⑤]。受不礼貌会话原则影响,网络脱口秀与狂欢概念的后三个范畴高度契合,语言表演突破惯常秩序约束,诙谐而不庄重,如“插科打诨”一般。网络脱口秀甚至包容越

---

① 陈融.面子·留面子·丢面子:介绍Brown和Levinson的礼貌原则[J].外国语(上海外国语学院学报),1986(4):17.

② CULPEPER J. Towards an anatomy of impoliteness[J].Journal of pragmatics,1996(25):356.

③ 刘薇.不礼貌言语行为研究[D].长春:吉林大学,2017:17.

④ CULPEPER J. Towards an anatomy of impoliteness[J].Journal of pragmatics,1996(25):356.

⑤ 杨巧.巴赫金狂欢化理论与大众文化[J].世界文学评论,2010(1):214.

轨式、粗鄙化的广场语言。每逢脏话，节目便采用“哔”的音效或者保留画面、抹除声音的形式，保证观众能够读懂其中意思，表现出狂欢化、反精英主义的后现代话语特征。

“俯就”意指“狂欢式使神圣同粗俗，崇高同卑下，伟大同渺小，明智同愚蠢等等接近起来”①。传统社会的等级制度在狂欢世界中被消解，平民文化向主流文化、精英文化发起挑战。中世纪和文艺复兴时期，狂欢节被称为“第二世界”，与等级森严的官方世界相对立。“狂欢节上主要的仪式，是笑谑地给狂欢国王加冕和随后脱冕。”②在巴赫金的狂欢理论中，非平民阶层想要进入“第二世界”，也就是狂欢节，必须放弃自己的身份、地位、权力。网络脱口秀如同狂欢节仪式，狂欢节中物理性的化妆、戴面具等行为，置换为脱口秀语言表演。每位选手的表演时间就是暂时性的狂欢。网络脱口秀构筑的狂欢场域中，本不属于平民阶层的名人或明星首当其冲地成为被冒犯的对象。

如《吐槽大会》每一期都会有一位“主咖”，即主要接受“吐槽”的名人或明星。节目一般会首先隆重介绍“主咖”，有“镇得住场子”的“华语乐坛小天后”“第一位登上billboard的中国歌手”等；接着“主咖”就要接受多位脱口秀演员的贬低和讽刺，经历着被“加冕”与“脱冕”的过程。有时“脱冕”也成为“主咖”们的主动行为。如锤子科技创始人罗永浩在《脱口秀大会》中强调自己创业失败、负债累累后的落魄，而非凸显自己辉煌的一面。名人身份的降低便体现出狂欢世界的平等精神。网络脱口秀因此建构出一个狂欢的世界，一个等级秩序隐匿的公共话语空间。

（三）戏仿式文本的迷因传播

“青年亚文化的风格是一种社会符号式的隐喻，它不是凭空创造和想象出来的，它要借助已有的物品体系和意义系统，通过对这些物品的挪用和对意义的篡改来实现。”③亚文化与主流文化形成互文性关系，主流文化为亚文化风格建构提供丰富的符号资源，而亚文化在拼贴、同构等过程中对主流文化进行消解与解构，改写源文本的意义。对网络脱口秀而言，戏仿是其互文性表达的主要手段。“戏仿又作戏拟，是一种独具特色的文艺创作和文化风格生产方式，往往通过对源文本进行反讽、戏谑意图的模仿、挪用和转换而生成新的文化作品。”④亚文化参与者对源文本作出符合自己利益与价值观念的解释，在文本游戏中讽刺社会现状。演员何广智的表演：“每当我遇到困难

① 杨巧.巴赫金狂欢化理论与大众文化[J].世界文学评论，2010(1)：214.

② 夏忠宪.巴赫金狂欢化诗学理论[J].北京师范大学学报(社会科学版)，1994(5)：75.

③ 胡疆锋.亚文化的风格：抵抗与收编[D].北京：首都师范大学，2007：57.

④ 李欣，彭毅.符号化表演：网络空间丧文化的批判话语建构[J].国际新闻界，2020，42(12)：62.

的时候,我都会想起来这句话……这句话就是'穷不过三代'……从概率学的角度讲,我一定会非常有钱,因为我就是第三代。"

"穷不过三代"本是励志性的民间谚语,但是在脱口秀语境中,其意义发生逆转,这句谚语已然不再发挥激励青年努力向上的作用,而成为人们对当下窘境和迷惘未来的调侃。

网络脱口秀通过文本戏仿形成一个又一个可以在网络上快速复制的迷因,在短视频或网络流行语助推下,青年亚文化的影响力由此强化。"所谓'迷因',是为解释文化信息传递模式而创造的一个概念,指作为承载文化信息的基本单位,可以通过文字、语言、姿势、仪式或其他可模仿的现象在个体心智之间的传播,这种传播能直接塑造和生成社会群体的某种关键行为或思维方式。"①迷因的背后往往蕴藏着受众共同的心理基础与情绪机制。如演员王勉将泰戈尔《园丁集》中的"世界以痛吻我,我要报之以歌"改写为"世界以痛吻你,你扇他巴掌呀"。这个"段子"将文学话语与日常口语拼贴在一起,简洁短小,朗朗上口,而且可以表征青年人面对社会压力的不满与反抗心理,作为易被模仿的迷因在网络空间迅速流行开来,形成一种对传统价值观念的抵抗与颠覆。

二、网络脱口秀中亚文化的话语抵抗

话语是语言的运用,是语言与社会环境的连接,是社会权力结构的映射。费尔克拉夫认为"应将话语置于一种作为霸权的权力观中,将话语置于作为霸权斗争的权力关系的演化观中。"②亚文化对主流文化霸权的抵抗不仅体现在标新立异的形式风格上,更渗透在颠覆性的话语实践当中。网络脱口秀通过对事关青年生存困境的问题进行符号呈现与意义诠释,建构不同的话语类型,指涉社会矛盾,抵抗主导文化霸权。

(一)性别话语:女性亚文化的抵抗

尽管网络脱口秀的演员、嘉宾和主持人大多以男性居多,但如杨笠、李雪琴等女演员依然脱颖而出。女性在网络脱口秀中不再是完全他者化存在,而是拥有主体性与话语权的独立个体。在脱口秀女演员的话语表演中,女性长期被压抑的欲望和被物化的身体得以象征性解放。她们对女性议题的表达在互联网上掀起讨论热潮,激发大众对女性境遇的反思,唤醒大众的女权意识。

---

① 窦东徽,刘肖岑.社会心理学视角下的网络迷因[J].北京师范大学学报(社会科学版),2013(6):38.

② 费尔克拉夫.话语与社会变迁[M].殷晓蓉,译.北京:华夏出版社,2003:80.

尽管男女平等早已得到政治、法律保障，但是男权主义依然长期主导着社会文化，渗透在大众潜意识中。脱口秀女演员极大地讽刺了男女地位不平等现象，如“我妈就是连电焊都精通，我爸连猪圈都不进”“最现代化、国际化的行业——《复仇者联盟》里，也只有黑寡妇这一个女的”。演员在这里分别批判男性在家务劳动中缺位、女性在公共行业中数量稀少的社会现状。受父权制影响，女性活动长期被限定在私人领域，公共领域中男女比例失调是不容忽视的现实问题。

女性主义理论中，社会性别是语言、历史、法律、习俗、教育等文化因素长期建构的一套标准。“男性的主导和女性的依附是社会性别关系的基本形式。”[①]社会性别对男性、女性行为进行规范。在这种不平等社会性别关系中，男性是凝视的主体，女性是被凝视的对象。男性审美标准在潜移默化中成为女性群体自觉追逐的目标。网络脱口秀便是对男权意识形态下的审美文化进行解构。如演员杨笠说：“我觉得她们（时尚超模）身材好，就是足够平……她们身材存在的本身就表达了一种态度，就是对男人的不屑一顾。”演员从女性角度出发，重新定义性别审美标准。

脱口秀演员常以自身经历为依据，叙述在自己身上发生的故事，表演的同时也建构着自身在观众心目中的形象。演员杨笠的人物符号便是冒犯整个男性群体的“女另类”。社会性别框架下，男性气质和女性气质二元对立。“男性气质是指男性应当具有成就取向，对完成任务的关注或行为取向的一系列性别和心理特点。”[②]“女性气质是指女性应当具有同情心，令人感到亲切，对他人关心等亲和取向的一系列性格和心理特点。”[③]与此相反，秉持冒犯精神的脱口秀女演员表现出的女性特质是进取性的，甚至具有攻击性。如“你们男人不是世界的中心吗”“他明明那么普通，却那么自信”，诸如此类的夸张性表达对男权文化进行讽刺、批判。此外，长期以来，被动、温顺的女性气质受到媒体鼓励，女性作为性的客体，自身也对情欲、性欲羞于启齿。而在脱口秀节目中，不管是李雪琴对王建国的大胆求爱，还是杨笠直言不讳谈论恋爱欲望，都颠覆着传统女性气质与女性形象，消解着不平等的社会性别关系。

（二）“丧文化”下的焦虑表达

“丧文化”是网络脱口秀中又一大青年亚文化形态。践行“丧文化”的青年群体表现出低欲望的“佛系”心态，淡泊名利，向往慢节奏的生活，自嘲为失去梦想、放弃努力

---

① 宋岩.男性气质和女性气质的社会性别分析[J].中华女子学院学报，2010，22(6)：66.

② 佟新.社会性别研究导论[M].北京：北京大学出版社，2005：22.

③ 佟新.社会性别研究导论[M].北京：北京大学出版社，2005：22.

的颓废人士,从而达到宣泄负面情绪、缓解生存压力的目的。

脱口秀演员往往将自己塑造为人生惨淡的颓废青年形象,自我矮化、消极避世。演员何广智将自己建构成一个相貌普通、恋爱无望、生活不富裕的人物形象;演员王勉则将自己设定为一个意欲逃避上班、逃避见父母、逃避面对女朋友的形象。“丧”意味着逆势而行、激流勇“退”,在“内卷”中选择“躺平”,表征着青年一代对自身生活境遇的失望心态。

“丧文化”通过拼贴、戏仿等手段对积极向上、努力奋斗等话语进行解构,如演员李雪琴说:“有一回我爸给我讲麦哲伦——人类环球航行第一人,真正的转圈大王……麦哲伦从来不自满,每到达一个目的地,都要重新起航,永远都在路上。我听完以后备受鼓舞,就对我妈说。我妈说……麦哲伦永远都在路上,他死(在)路上了。”

脱口秀演员对麦哲伦环球航行的另类叙事打破了励志神话的迷思,简短的续写颠覆了故事原本的意义,揭开“成功”人生的残酷一面。

“丧文化”的出现有着社会结构性因素。处于转型期的中国依然面临着发展不平衡不充分的问题。迈入社会不久的青年群体会感受到资源分配不均的问题,产生心理落差。与此同时,“竞争是现代性的核心原则之一”①,无处不在的竞争裹挟着青年一代。在市场化、城市化的大背景下,功利主义的价值观念在不断蔓延,青年一代被要求追求更多的财富和更高的社会地位,不被允许退出当前的社会竞争系统。

“丧文化”是青年焦虑情绪的表达,指向现代社会的诸多弊病。法兰克福学派的哈特穆特·罗萨(Hartmut Rosa)通过对现代社会时间结构的分析,指出“社会加速是现代社会的核心特质。”②科学技术迅猛发展,社会变迁加快,生活节奏日益紧凑,“社会加速带来了社会时间和生命时间的疏离,主体难以跟上社会加速时间的节奏。”③个人被卷入高效运转的社会系统当中,从而减少了真正体验生活的时间。“宇宙都有尽头,北京地铁没有”等话语在脱口秀文本中屡见不鲜,加速的现代社会遭到鲜活的批判。青年群体的幸福感在日益提速、追求效率的工作和生活面前被压缩,青年群体因此产生巨大的焦虑。

与嬉皮士等经典的亚文化研究对象不同,“丧文化”并非颠覆性的“反文化”。脱口秀节目中的“丧文化”是一种情绪表演,以“颓”为进,与主流文化进行温和的协商,提醒主流社会关注青年生存困境。“菲尔·科恩曾精辟地指出:‘亚文化’的潜在功能是表

---

① 于桂凤.论罗萨的社会加速批判理论[J].理论界,2020(1):40.

② 于桂凤.论罗萨的社会加速批判理论[J].理论界,2020(1):37.

③ 罗萨.新异化的诞生[M].郑作彧,译.上海:上海人民出版社,2018:13.

达和解决(尽管是想象式的)母体文化中仍潜藏着的悬而未决的矛盾。”①青年亚文化的抵抗是仪式性的、温和化的,抵抗的胜利也是想象性的。“通过吐槽进行‘抵抗’就像一场神圣仪式,这种仪式包括对权威、权力的抵抗,宣泄情绪的狂欢,争夺公共事件中的话语权。”②尽管并未起到直接有效解决社会问题的作用,网络脱口秀对青年亚文化的传播依然具有重要价值,一方面传递启蒙性社会意识,警示社会矛盾;另一方面为青年群体的认同建构提供重要的文化资源。

三、网络脱口秀中亚文化的认同与收编命运

网络脱口秀表现出风格化、抵抗性甚至边缘化的亚文化特性,反映出特定阶层或群体的矛盾与诉求,成为主流文化的恰当补充。以伯明翰学派为代表的传统亚文化理论诞生于阶级矛盾凸显的战后西方资本主义社会,认为亚文化具有抵抗资产阶级霸权的政治实践意义。而在如今中国社会语境和媒介环境之下,亚文化的价值更多体现为对社会的娱乐式批判,对青年群体身份认同的建构。

(一)青年身份认同的建构

认同是“个体将自我身份同至少另外某些身份相融合的过程。”③身份认同是对于“我是谁”“我们是谁”“从何处来”“到何处去”等问题的回答。整体而言,即将踏入社会或刚刚踏入社会的年轻人缺少文化资本、经济资本与社会资本,面临一定的认同危机,其价值观念也与父辈形成较大差异。他们建构起稀缺性、差异性、批判性的亚文化,选择在休闲娱乐中确立自尊,获得归属感。

网络脱口秀成为青年身份认同建构的重要场域。认同往往包含同一性与差异性两个维度。脱口秀亚文化与演员们身处的阶层或群体相联系,脱口秀演员本身就是当代青年的典型代表,如遭到资本操控的打工人、不被城市接纳的小镇青年,以及遭到社会歧视的性少数群体。网络脱口秀议题也大多指向80后、90后面临的结构性社会压力,反映他们的成长困境与焦虑心态。凭借脱口秀演员与受众之间相似的社会经验,共同认可的价值观念与情感取向,网络脱口秀建构出青年群体身份的同一性。

差异性方面,脱口秀亚文化参与者将“我群”与“他群”区分开来。如《火星情报局》

① 胡疆锋,陆道夫.抵抗·风格·收编:英国伯明翰学派亚文化理论关键词解读[J].南京社会科学,2006(4):88.

② 王芳,吴君.仪式的抵抗:网络“吐槽文化”的传播研究[J].现代传播(中国传媒大学学报),2015,37(5):138.

③ 费斯克.关键概念:传播与文化研究辞典[M].李彬,译.北京:新华出版社,2003:127.

参与者自称“火星特工”;《奇葩说》参与者自称“奇葩”,由《奇葩说》构筑的小世界被称为“奇葩星球”。“火星”“奇葩”用来指代非主流的思维方式、生活方式以及无法被定义的青年群体。此外,脱口秀演员会将女性与男性,普通小镇青年与时尚潮人,上班族与老板等不同身份二元对立起来,将自己设定为对立项中的非标出项,男性、时尚潮人等被标出。通过对标出项的“吐槽”,“我群”与“他群”之间的差异性得到彰显,脱口秀参与者与普通受众对“我群”的归属感得到强化。

“人在与他人的互动过程中确立自己的身份。”[①]处境相似的青年受众在观看、讨论、传播网络脱口秀行为中积累亚文化资本,形成弱连接的想象共同体,从而获得心理慰藉,逐渐认可自身的角色定位。网络脱口秀为青年群体自主身份认同提供资源与渠道,同时给予叛逆中的青年群体抒发负面情绪、缓释内心焦虑的机会。

(二)主流文化的收编

亚文化通常以两种途径被整合和收编到主流文化当中,第一种是商品方式,即“亚文化符号转化成大量生产的物品”[②];第二种是意识形态方式,即“统治集团对越轨行为进行‘贴标签’和重新界定”[③]。依托综艺节目与视频平台,网络脱口秀处于大众化进程之中,成为可供消费的商品[④]。其次,脱口秀与主流文化不断互动、融合,受到主流意识形态的深刻影响。坚持冒犯精神的网络脱口秀不再消解一切权威,而是逐渐表现出积极参与建构主流价值观的倾向。其中,“丧文化”价值观最先受到收编,“爱折腾的人不会输”“人生没有遗憾还有什么意义”等正能量话语开始出现在脱口秀表演中,网络脱口秀同时表现出亚文化的批判功能与主流文化的教化功能。

此外,综艺节目的商业运作有赖于名人嘉宾的赋能,名人有着自己的“人设”和强大的公众号召力,他们的加入加速了青年亚文化被收编的节奏。歌星薛之谦在《吐槽大会》中的表演:“这个世界上的自媒体,已经足够承载任何一种形式的才华,但关键是你必须具备才华。”不同于大部分素人脱口秀演员悲观颓废的底层形象,薛之谦借由自媒体,从过气歌手跃升为当红明星,是努力且有才华的“人设”。其表演表现出一种积极向上的价值观,不是对生活不幸、社会不公的“吐槽”,而是激励人们去奋斗。

青年亚文化与主流文化之间存在强大张力,并进行激烈的碰撞。一方面,网络脱

---

① 李金云.符号互动论述评[J].徐州工程学院学报(社会科学版),2020,35(4):80.
② 赫伯迪格.亚文化:风格的意义[M].陆道夫,胡疆锋,译.北京:北京大学出版社,2009:117.
③ 赫伯迪格.亚文化:风格的意义[M].陆道夫,胡疆锋,译.北京:北京大学出版社,2009:117.
④ 王晓红.短视频助力深度融合的关键机制:以融合出版为视角[J].现代出版,2020,125(1):57.

口秀中青年亚文化对主流价值观进行激进抵抗，传统性别观、奋斗论等被质疑，成为可商榷、可反思的存在；另一方面，主流意识形态的收编使脱口秀文化价值观变得混杂多样，其抵抗性在一定程度上被弱化。

(三)亚文化与商业资本的博弈

脱口秀亚文化与商业逻辑之间关系复杂。首先，网络脱口秀的大众化传播无法脱离商业资本的支持。技艺娴熟、能力出众的脱口秀演员处在亚文化核心圈层中，积累更多的亚文化资本，并将脱口秀转化为职业，通过媒体选拔在综艺节目上大放异彩，获得相应的经济收入与社会地位，成为阐释亚文化的代表以及青年话语的代言人。由此，关乎青年群体的议题、思想在公共空间得以讨论、传播，网络脱口秀实现对青年群体的赋权。

然而，由于资本与大众媒体的介入，脱口秀亚文化在一定程度上为商业与娱乐文化收编。直言不讳、勇于批判的网络脱口秀天然地易获取青年观众的价值认同，某种程度上也成为名人扭转公众形象、重获观众认可的平台。每一位敢于在脱口秀节目上接受“吐槽”的公众人物，都能以“自黑”的方式完成“洗白”。由于讽刺会直接损害公众人物形象，有关他们的脱口秀很大程度上表现出伪批判性，冒犯沦落为隔靴搔痒，表演变得浅薄化、娱乐化。同时，在注意力经济影响下，网络脱口秀中八卦消遣内容增多，理性精神面临一定威胁。节目生产者以及脱口秀表演者利用亚文化资本获取经济资本与社会资本，这一过程既让青年亚文化背后的社会意识得以扩散传播，也消解着脱口秀文化的抵抗性与反叛性。

网络脱口秀被作为商品形式收编的同时，也在进行着反收编的行为。广告是综艺节目的生命元素之一，“段子”中插播广告成为脱口秀演员的规定动作。大部分综艺节目的广告植入极力维护广告商的正面形象，并且追求“润物细无声”般的传播效果。然而，脱口秀节目中，广告语直白而生硬地镶嵌在脱口秀表演中。广告商、节目生产者植入广告的逐利动机被确切无疑地表述出来，并且无法逃离被讽刺的结局。这体现出脱口秀对商业力量温和、无奈的抵抗。如《脱口秀大会》总决赛中，罗永浩说：

> (节目名字)可以改成“欠债6亿不用愁，蓝河羊奶来解忧”，这样的话呢，出来做事，作为一个社会人，就显得情商特别的高……只要有人上来夸蓝河绵羊奶，就比夸李诞(节目策划人)的奶奶还能让他高兴。

表演者对广告商和节目生产者进行粗鄙化的冒犯。收编和抵抗是脱口秀亚文化的一体两面,就广告植入而言,与其说是商业力量收编了脱口秀这样的亚文化形式,不如说是脱口秀在进入大众媒体、走向主流视野中隐约地对抗着商业资本,一直保持着反叛意识。

结语

亚文化与文化工业之间暧昧不清的关系导致亚文化的批判效用受到挫伤,网络脱口秀本身也已成为商品化的亚文化。尽管如此,具有"狂欢节"性质的脱口秀依然保持着一定的抵抗性,通过综艺化形式发挥着公共话语空间的功能。借由网络脱口秀,普通人的琐碎生活在公共领域中得到充分讨论,青年亚文化群体获得一定话语权力,关乎社会矛盾的议题也在公共空间现身。虽然网络脱口秀表现为娱乐形态的综艺节目,但是其话语内容无不体现出新闻时评般针砭时弊的传播价值。

〔王建华,中国传媒大学新闻学院副教授;宋亭芳,中国传媒大学新闻学院硕士研究生〕

〔特约编辑:顾洁〕

元素、框架、逻辑:叙事学视域下的中国故事讲述策略*

——从我国仙侠剧在 YouTube 平台的流行谈起

Elements, Framework, and Logic: Research on the Methods of Telling Chinese Stories from the Perspective of Narratology

—From the Starting Point of the Popularity of Chinese Xianxia Drama on YouTube

◎ 王润珏　辛安怡

Wang Runjue　Xin Anyi

摘要:从叙事学视角来看,我国仙侠剧与国外奇幻影视剧表层框架的相似性是其能够被 YouTube 平台用户接受和理解的前提,具体体现在叙事元素、叙事框架、故事讲述的时序性和为观众提供的透视视角等方面。两类剧集又在底层叙事逻辑上形成耦合,即通过经验叙事与虚拟叙事的结合、美学元素的运用,使观众能够通过故事世界和现实生活的相互映射,在观看过程中实现情绪的释放和纾解。借鉴这一经验,可尝试通过提炼社会共性话题的叙事逻辑,发掘具有理解基础的叙事框架,发挥美学元素的跨文化传播能力,提高叙事方式的多平台、多形态生存能力四个维度优化中国故事讲述策略。

关键词:中国故事;讲述策略;叙事元素;叙事框架;叙事逻辑

Abstract: From the perspective of Narratology, Chinese Xianxia drama and fantasy film and TV play in other countries have stylistic similarities in framework, such as narrative element, narrative framework, timing of storytelling, and clairvoyant view served to the audience, which is the premise for YouTube users to receive and comprehend Chinese stories. Thus by using the combination of the two antithetical types of narrative (empirical and fictional), and aesthetic elements, these two types of dramas have similarities in the underlying narrative logic, which assists audience to release themselves and the relief of emotions through the mutual mapping of the fictional world and

* 本文系 2020 年国家社科基金后期资助项目“数字化时代世界性通讯社的权力体系研究”(项目编号:20FXWB027)的阶段性成果;本文受中国传媒大学中央高校基本科研业务费专项资金资助(项目编号:CUC210B006)。

the real world. Drawing on this experience, we can optimize the narrative strategies of China story by the following methods: refining the narrative logic of common social topics, exploring the narrative framework with a mutual-understanding foundation, cultivating the cross-cultural communication ability of aesthetic elements and improving the narrative capability of multi-platform and multiform viability.

Keywords: Chinese story, narrative method, narrative element, narrative framework, narrative logic

"讲好中国故事"是我国对外传播工作的时代命题。习近平总书记多次在讲话中对运用融合媒体平台、从不同角度讲好中国故事提出要求。但是,在对外传播的实践过程中,常常出现因不同国家历史文化、思维习惯的差异而导致的不同程度的文化折扣、传播低效等现象。随着媒介融合进入纵深发展的新阶段,探索对不同民族、文化具有广范围适应性的中国故事讲述策略,充分运用多样化新兴传播平台,提高中国故事的讲述能力和传播效果,就成为对外传播实践探索的重要内容。"故事"是叙事研究的核心内容之一。本研究借鉴叙事学的相关理论和研究成果,分析中国故事海外受众的理解逻辑,探索在不同国家、文化社会环境中具有普遍适应性的故事结构方式、讲述策略。

一、仙侠剧在 YouTube 平台的传播与流行

随着"一带一路"合作展开,越来越多的中国书籍、电影、电视剧、纪录片、短视频通过多样化的平台走入海外公众的视野。其中,在全球最大的视频社交平台 YouTube 上,具有浓厚中国传统文化特色的仙侠剧受到世界用户的欢迎,并在传播过程中呈现出高关注度、高好评度以及观众高参与度的特征,成为独具特色的中国故事内容类型。

(一)热度与口碑双赢:高关注度、高好评度的传播效果

Statista 发布的报告显示,截至 2020 年 6 月,全球互联网活跃用户规模为 45.7 亿,社交媒体活跃用户数量达 39.1 亿,社交媒体在互联网用户中的渗透率为

85.56%。[①] 社交媒体已经成为全球网民日常生活中不可或缺的一部分,年轻人是社交网络平台用户的主力军。近年来,在国内广受年轻人欢迎的仙侠剧越来越多地在 YouTube 平台播出,受到海外用户的关注和喜爱。2015 年以来,已有《花千骨》《三生三世十里桃花》《香蜜沉沉烬如霜》3 部剧集的累计播放量突破 1 亿次。其中,《三生三世十里桃花》全剧 54 集的播放量均突破 500 万次,全剧累积播放量高达 4.39 亿次,点赞量达 72 万次(参见表 1)。

仙侠剧在 YouTube 平台上也收获海外用户的积极评价。2015 年以来,在国外电影数据库 IMDb 中,共有 5 部仙侠剧的评分超过 8.0 分,其中《香蜜沉沉烬如霜》以 8.4 分位居第一,该剧在 YouTube 平台的点赞量高达 71.6 万次。另外,2020 年上线的《琉璃》《三生三世枕上书》《且听凤鸣》《三千鸦杀》4 部仙侠剧的海外评分均超过 7.8 分。仙侠剧获得的点赞量和评分在同一时期 YouTube 平台播放的中国影视剧中居于前列[②]。

表 1 YouTube 平台热播仙侠剧收视数据[③]

剧名	出版年份	剧集数	IMDB 评分	播放量(亿次)	点赞量(万次)	评论数(万条)
花千骨	2015	58	6.7	1.28	44.5	5.3
诛仙青云志	2016	55	6.3	0.02	0.4	0.1
九州·天空城	2016	28	7.6	0.15	7.4	0.4
三生三世十里桃花	2017	58	8.3	4.39	72.0	17.9
醉玲珑	2017	56	8.0	0.32	6.6	1.2
香蜜沉沉烬如霜	2018	63	8.4	1.96	71.6	17.4
琉璃	2020	59	7.8	0.25	17.5	2.7
且听凤鸣	2020	30	8.1	0.10	8.1	0.7

(二)多主体协作:高参与度的海外用户观剧方式

仙侠剧在 YouTube 平台的传播呈现自发性多主体协作的特点,商业媒体机构、自媒体、个人用户出于商业运作、社区运营、个人兴趣等不同目的,对仙侠剧进行上传、剪

① Social Media Usage Worldwide[EB/OL].(2020-07-15)[2020-07-29]. https://www-statista-com.uow.idm.oclc.org/study/12393/social-networks-statista-dossier/.

② 数据来源:IMDb 平台外显数据,2021 年 1 月 2 日。

③ 数据来源:YouTube 平台外显数据,2021 年 1 月 14 日。

辑、翻译、创作、点赞、评论，从而形成了一个多主体协作的跨圈层传播关系网络。

商业媒体机构及各国字幕组为适应受众的语言习惯，在上传剧集时辅之以不同语言的字幕，降低了仙侠剧传播的语言障碍。如表 2 所示，YouTube 平台上的仙侠剧均拥有多国语言字幕，其中腾讯视频 2020 年上传的《且听凤鸣》配有阿拉伯语、俄语、葡萄牙语、泰语等 11 国语言字幕。民间字幕组也主动对仙侠剧进行翻译，如在 YouTube 平台拥有 17.6 万订阅者的"中剧字幕组"账号为《且听凤鸣》等仙侠剧提供英语字幕，同时对《三生三世枕上书》的剧集进行二次剪辑并配以字幕。

表 2　YouTube 平台热播仙侠剧传播主体及字幕语种

剧名	上传账户	字幕语种数量	字幕语种
三生三世十里桃花	克顿传媒 Croton MEGA HIT	11	波兰语、波斯语、德语、法语、韩语、泰语、西班牙语、匈牙利语、印尼语、英语、中文
诛仙青云志	中剧独播	2	法语、中文
九州・天空城	腾讯视频	6	阿拉伯语、泰语、西班牙语、印尼语、英语、中文
香蜜沉沉烬如霜	江苏卫视官方频道	6	泰语、西班牙语、西班牙语（拉丁美）、印尼语、英语、中文
琉璃	热点剧场	3	英语、越南语、中文
且听凤鸣	腾讯视频	11	阿拉伯语、俄语、葡萄牙语、泰语、土耳其语、西班牙语、意大利语、印尼语、英语、越南语、中文
醉玲珑	华录百纳热播剧场	10	阿拉伯语、法语、韩语、葡萄牙语、泰语、匈牙利语、印尼语、英语、中文、中文（繁体）
花千骨	华语影视频道	4	韩语、印尼语、英语、中文
三千鸦杀	捷成华视偶像剧场	6	阿拉伯语、葡萄牙语、西班牙语、印度语、英语、中文
择天记	优优独播剧场	4	阿拉伯语、韩语、土耳其语、中文

在 YouTube 平台上，受欢迎的仙侠剧还会衍生出大量由自媒体账户和个人用户上传的再剪辑、再配音、剧情讲解、视频推荐、角色扮演、仿妆教学等二次创作内容。这些视频种类丰富、形式活泼，依托这些账户已经积累的粉丝群体和社交关系网络，激发社区传播和群体传播，进一步扩大了仙侠剧的影响范围。例如，俄语用户 Renai Dorama 在 YouTube 平台发布的《香蜜沉沉烬如霜》同名内容剪辑片段自 2018 年 9 月

上传以来，累计播放量突破 213 万，获赞 2.2 万，评论数超过 400 条[①]。

个人用户也会在观看剧集的同时通过点赞、评论对视频内容进行反馈，在评论区与其他用户交流感想。例如，用户评分最高的仙侠剧《香蜜沉沉烬如霜》在 YouTube 平台的播放量高达 1.95 亿次，累计用户评论 17.4 万条，仅最后一集的播放量就达 809 万次，用户评论 1.4 万余条。评论内容词云图（图 1）显示，该剧获得的评论以正面内容为主，其中“喜欢”“浪漫”“爱情”是出现频次最高的词语，配乐、服化、剪辑、场景等要素也得到了用户的肯定。

图 1 《香蜜沉沉烬如霜》评论词云图

二、叙事学视域下仙侠剧在 YouTube 平台流行原因审视

我国制作的仙侠剧在服化、音乐、布景等方面具有浓厚的中国传统文化色彩。从 YouTube 平台海外观众的关注度和口碑评价来看，传统文化元素不仅没有造成观众接受和理解的困难，反而激发了观众互动和再创作的积极性，体现出良好的跨文化传播的适应性。这意味着这类剧集在某些方面与国外受众的本土文化、理解方式、影视消费需求形成了契合。

故事形态学创始人俄罗斯叙事学家普罗普通过对大量神奇故事的研究指出，所有神奇故事按其构成都是同一类型。故事里的人物无论多么千姿百态，但常常做着同样的事情[②]。假如读者事先了解一般原理的话，就能较为容易地跟上叙述的展开过程[③]。

① 数据来源：YouTube 平台外显数据，2020 年 12 月 9 日。

② 普罗普. 故事形态学[M].贾放，译. 北京：中华书局 2006：17.

③ 普罗普. 故事形态学[M].贾放，译. 北京：中华书局 2006：20.

我国的仙侠剧在故事结构、人物设定等方面都具有典型的“神话”“神奇故事”特征。在漫长的人类文化发展历程中,世界各国都积累了大量脍炙人口的传统民间故事和神话传说,并在大众传播时代衍生出内容、形态丰富多样的奇幻类影视剧。因此,可以说各国本土神奇故事、奇幻影视剧的传播为中国仙侠剧的传播奠定了广泛的理解基础。

以下将通过对中国仙侠剧与其他国家奇幻剧故事叙事特征的对比,具体分析仙侠剧跨文化传播适应性的来源,为探索中国故事讲述策略提供思路。

(一)小人物的英雄神话:中外奇幻影视剧表层叙事框架的近似

约瑟夫·坎贝尔在《千面英雄》中提出“单元神话”(monomyth)的概念,并指出来自不同国家、文化的民间故事、神话、史诗中都呈现出相似的框架,即“分离——传授奥秘——归来”的模式[①]。这种神话叙事框架的相似性存在于全球许多国家奇幻类影视剧的故事结构中。

首先,从叙事元素和叙事框架来看,主角的经历通常符合神话故事普遍采用的叙事线索,即英雄从日常生活的世界出发,进入一个超自然的神奇领域……和各种难以置信的有威力的超自然体相遇,并且取得决定性胜利[②]。仙侠剧和各国奇幻剧均运用了许多具有各自文化特征的叙事元素,例如身份(王子/士兵、小镇少年/门派)、神秘力量(魔法、法力)、最终结局(击败巫婆、击退鬼王)(如表3所示),这些元素背后所传达的“孤独”“隔阂”“渴望”和“竭尽全力”让人们感受到与卡夫卡《变形记》中那些揪人心绪场景的相似性,也与观众的现实生活及真实情绪存在一定的相似性,容易引起观众的共情心理。

以叙事元素为基础进一步抽象提炼,可以发现源于不同国家文化、视觉风格迥异的仙侠剧和奇幻剧的表层叙事结构实际上均与古典文学中的神话叙事存在一致性(如图2所示)。各国的剧集通常以主人公的个人成长为故事主线。主人公一开始总是不起眼的“失意者”,他们身份低微,生活境遇平平无奇,在遭遇灾难后常常无力反抗。但平凡中仍有闪光点,他们往往在某一方面身怀绝技、天赋异禀,同时具有乐观善良、永不气馁的性格特点,在面对困难与挫折时依然怀揣着信心和热情。在剧情之初,主角一般都过着桃花源般的生活,直至一场突变,将其平静祥和的生活颠覆,开启了冒险的契机。在这一契机的驱使下,主角集结同伴,踏上了荆棘丛生的旅途。最终,在高人的指点或秘籍、灵药的助力下,主角逐渐由平凡的小人物转变为悬壶济世、拯救苍生的侠

① 坎贝尔.千面英雄[M].张承谟,译.上海:上海文艺出版社,2000:20.
② 坎贝尔.千面英雄[M].张承谟,译.上海:上海文艺出版社,2000:20.

表 3　中外奇幻类影视剧叙事元素对比

国别	俄罗斯	法国	韩国	美国	墨西哥	日本	西班牙	英国	中国	
剧名	士兵非多特的故事	仙女国	阿斯达年代记	指环王	潘神的迷宫	霹雳奇幻西幽玹歌	白之花与黑之花：魔鬼的女儿	梅林传奇	诛仙·青云志	花千骨
主人公：小人物	非多特：普通士兵	贝尔亚瑟：无法力的王子	银蟾：失去双亲的预言之子	佛罗多：刚成年的霍比特人	奥菲莉娅：普通12岁女孩	浪巫谣：流浪少年	马丁：年轻人	梅林：亚瑟王的男仆	张小凡：小镇少年	花千骨：平凡孤女
主人公性格闪光点	坚持不懈	勇敢坚强	坚强无畏	勇敢天真	乐观勇敢	善良无畏	聪明勇敢	勇敢无畏	坚守正义	坚强善良
冒险开启的契机	沙皇布置任务	老巫婆劫持公主	阿斯达人侵略	将魔戒送往落日山脉	遇到蜻蜓精灵	进入宫廷训练歌声	同魔鬼打赌	邂逅巨龙	加入青云门	保护神器
同伴	民众	欧若拉	谭雅、彩恩	埃尔隆德、甘道夫等	精灵	殇无患、睦天命	白之花	巨龙、亚瑟	碧瑶、林惊羽、陆雪琪	糖宝、白子画
考验/挫败	辗转多年完成任务	巫婆打翻战舰	银蟾被囚禁	戒灵追杀	恢复公主身份	被人利用	魔鬼追杀马丁	女巫尼姆陷害梅林	狂怒中入魔	成为妖神
神秘力量	拥有魔法	黎明女神出现	预言之力	魔戒之力	魔法	身怀异能	仙女出现	魔法	三大法宝	兵器
结局圆满	击退沙皇	救回公主	银蟾获得信任	销毁魔戒、守护正义	通过考验殿	逃离宫廷、获得圣剑	马丁与白之花终成眷属	拯救亚瑟，完成使命	击退鬼王，守护和平	死而复生，终成眷属

义之士，最终取得“有情人终成眷属”“邪不压正”“死而复生”等圆满结局。在YouTube热播的《诛仙·青云志》中的小镇少年张小凡、《花千骨》中平凡孤女花千骨的出生和成长历程均符合这一故事逻辑。通过对比，国外制作的奇幻类影视剧《梅林传奇》《士兵非多特的故事》《仙女国》《阿斯达年代记》中呈现的也是具有同样性格闪光点的小人物在经历磨难和战胜困难的过程中领悟哲理、实现自我成长的过程。

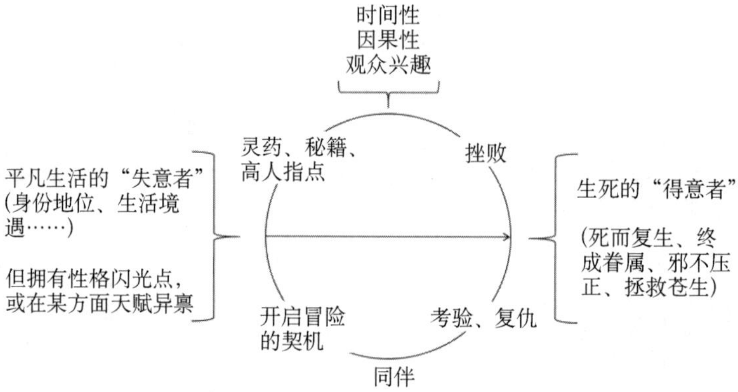

图 2　国外奇幻类影视剧与中国仙侠剧的表层叙事框架图

其次，仙侠剧与奇幻剧在被叙述的时间和时间的先后顺序方面的相似性使观众不易在理解叙事时态及由此产生的因果关联时产生困难。在故事中，被讲述时间段的长度是叙事的广度(extant)或幅度(amplitude)①。仙侠剧和奇幻剧采用脱离真实世界的时间逻辑，将故事的时间跨度拉长至“千年”“万年”，经常出现“500年过去了”“一千年以后”等表述，但省略掉的时间段仍然对故事的推进发挥作用。在时间次序上，这两类剧集均会涉及对过去的描写(回忆、闪前)、对未来的预期(预感、预期、潜意识)以及时间速度存在差异的不同时空世界(现实/梦境、日常/平行时空)等。例如，墨西哥奇幻电影《潘神的迷宫》中，主人公小女孩穿越至平行世界的迷宫中；我国仙侠剧中经常出现“天上”“人间”的时空转换。这些在不同文化中孕育出的神话叙事时空观，都体现出人类对跨越时空的乌托邦幻想世界的美好想象，也是对传统时空观的解构。在这类剧集中脱离现实规律的“死而复生”“时代穿越”等超现实情节也因此具有了叙事逻辑的合理性，同时也并未产生跨文化理解的障碍。

最后，仙侠剧和奇幻剧的讲述者角色为观众提供了相似的剧中人物行动透视视角。在对文学作品的叙事分析中，语法人称通常被认为具有提供“视点”的功能性作

① 马丁.当代叙事学[M].伍晓明，译.北京：中国人民大学出版社，2018：131.

用。在仙侠剧和奇幻剧中，经常交替使用第一人称和第三人称的讲述者身份，为观众提供进入和理解虚构故事世界及人物内心的“视点”。例如，各国制作的这类剧集都是通过第一人称的叙述者视角观看世界，通过“我注意到……”“我看到……”这样的内心独白与观众交流对世界的认知，从而引发观众的同理心、代入感；通过第三人称的叙述者视角观看人物，通过“她/他还不知道……”“他/她忽然意识到……”的旁白赋予观众“上帝视角”，使之产生观照全局的成就感。松散的个人叙事通常会少一分正式，多一分亲和①。通过第一人称和第三人称叙事的交替，观众得以理解剧集所构建的世界，也能够看到更加丰满的人物，并与故事产生体验性、情感性连接。

（二）现实的映射与纾解：中外奇幻类影视剧底层叙事逻辑的耦合

在一部叙事艺术作品中，意义代表的是两个世界之间的关系：一是作者创造的虚构世界；二是“真实”世界，即那个可为人们理解的宇宙②。在叙事作品中，如何处理“故事空间”和“话语空间”的关系是大部分文学叙事批评面临的困境。斯科尔斯给出的解决方案是“勾勒出这两个世界之间可能存在的各种关系”，但他同时也指出这种方法会显得“过于直接和简化”③。与文学作品相比，影视剧能够借助旁白、镜头、剪辑等视听手段来呈现和描述两个世界的关联，其中第一人称和第三人称的交替使用，也为这种关系的勾勒提供了便利。从 YouTube 平台上观众对仙侠剧的评论、字幕翻译和再创作等高参与度的反馈行为来看，他们能够理解仙侠剧所涉及的两个世界之间令人信服的关系或关系链，实现对这类剧集叙事的“理解”。这种“理解”，正是我们讲述中国故事时最希望实现的传播效果。

借鉴华莱士·马丁对斯科尔斯和凯洛格理论概括的图表形式④，可将仙侠剧的底层叙事逻辑进行提炼（如图 3 所示）。通过将其他国家的奇幻剧进行提炼和带入分析，可以发现这一底层逻辑图示对不同国家的奇幻剧也同样具有解释力。这种底层叙事逻辑的耦合不仅为海外公众理解我国仙侠剧所涉及“两个”世界的关联方式奠定基础，也在一定程度上解释了仙侠剧和奇幻剧受到观众喜爱的原因。

一方面，这两类以“虚构”为标签的剧集，在情节上呈现出明显的经验性叙事特征。虚构性元素在人物的身世设定、特殊经历、超时空体验的塑造方面发挥着主导作用，但

① 斯科尔斯，费伦，凯洛格.叙事的本质[M].于雷，译.南京：南京大学出版社，2015：75.
② 斯科尔斯，费伦，凯洛格. 叙事的本质[M].于雷，译.南京：南京大学出版社，2015：86.
③ 斯科尔斯，费伦，凯洛格. 叙事的本质[M].于雷，译. 南京：南京大学出版社，2015：87.
④ 马丁. 当代叙事学[M]. 伍晓明，译. 北京：中国人民大学出版社，2018：27.

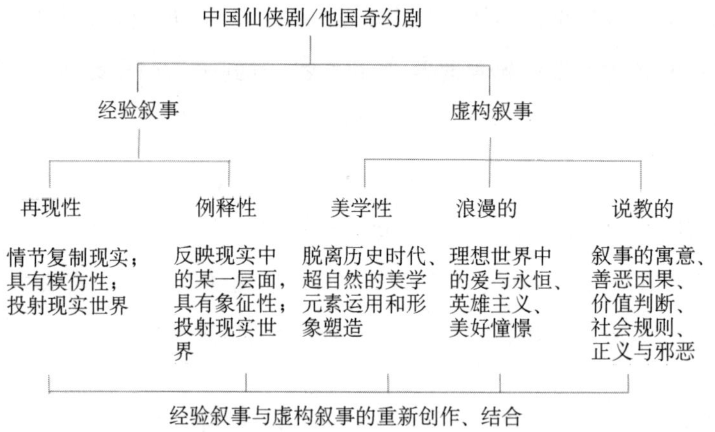

图 3　仙侠剧和奇幻剧深层叙事逻辑图示

在情感体验、社会环境等方面的设定上则处处体现出与现实世界的再现性(representational)和例释性(illustrative)关联。

再现性方面,例如仙侠剧虽然以仙界、人界、魔界之间的斗争作为主要叙事背景,但“三界”中依然保留着鲜明的等级制度。从三清六御、五方五老,到三十六天将、七十二地煞,权责、等级差别显著。各国剧集中的仙、魔、怪、巫等虚构形象无不受限于类似社会等级的框架之中。这种科层制和权力等级观念与现代社会普遍存在的职场关系形成直接对应,无论哪个国家、哪种文化背景下的公众都能从礼仪、言行等方面理解其中的等级差异,并与其中的“职场”场景和境遇产生共情式体验。

例释性方面,例如在仙侠剧和奇幻剧中常常出现的最高等级反面形象(大巫师、魔尊/王/皇)并不是对某一个人形象或特定群体形象的复刻,而是以“植入象征”的方法对人类贪、嗔、痴等欲念的例释性再现,人类的共性使不同国家、不同情境中的这些形象在性格、行为方式等方面具有了相似性。由此,剧集的叙事也实现了斯科尔斯所指的对现实社会的模仿、再现,所有情节被嵌置于一个政治的、社会的、经济的总体现实之内,而这一现实是具体的和不断演变的①,意在呈现那些经过筛选的诸多现实层面,这些要素的意义并非来自历史性、心理性或社会性真实,而是来自伦理性及形而上的真实②。

另一方面,这两类中外剧集通过虚构性叙事,满足观众在现实社会生活和经验主

① 马丁. 当代叙事学[M]. 伍晓明,译. 北京: 中国人民大学出版社, 2018: 55.

② 斯科尔斯,费伦,凯洛格. 叙事的本质[M].于雷,译.南京:南京大学出版社,2015:92.

义叙事中无法实现的情感期待和对美好未来的憧憬。例如，在故事情节中，总是不乏浪漫的相遇、妙趣横生的相处等生活细节；历经苦难的主角或情侣往往能获得死而复生、长相厮守的圆满结局；遍体鳞伤的英雄终将战胜邪恶，让世界重回安宁。观众在跟随剧情体验邪不压正、善恶有报、兼济天下的侠义快感的同时，也伴随剧中人物跌宕的命运和神奇的际遇完成自我的情感成长和对源于现实生活的压力和困境的纾解。

德国认知叙事学者莫妮卡·弗鲁德尼克曾将叙事深层结构归纳为三个认知参数，即体验性、可述性和意旨。她指出，读者的认知过程是叙事化的过程。这一过程以三个层次的叙事交流为基础：一是以现实生活为依据的基本层次的认知理解框架，譬如读者对什么构成一个行动的理解；二是通过五种不同的视角框架（行动、讲述、体验、目击、思考评价），对叙事材料予以界定；三是文类和历史框架，譬如“讽刺作品”和“戏剧独白”[①]。在上述类型剧集的虚构叙事中，正是通过让观众与角色在故事中一同目击、体验、思考和突破具有普遍性的人生困境，满足具有普适性的人性期待、达至人性圆满，来实现与不同国家观众认知框架的相匹配。从这个意义上来说，仙侠剧和奇幻剧采用了一种具有共性的叙事框架，而这种框架逻辑也是人们共有的思维模式的体现。也正因如此，它能够实现跨越文化习俗、社会语境和价值观念的有效传播。

此外，获得观众评价较高的仙侠剧或奇幻剧都大量使用美学性虚构叙事，运用美学元素拉近故事与观众的距离，包括通过景别、配色、音乐、服化、布景等元素为观众提供欣赏自然环境、人类体态的美好体验。近年来，仙侠剧在强调特效制作的同时，对服化、音乐的关注度不断提高。对传统文化中视觉、音乐元素的使用也是经过改良化的。由于脱离了具体历史年代，这类剧集在道具、纹饰、服装的设计上往往更加单纯地追求符合当代年轻观众的视觉审美体验。例如，《花千骨》中的宠物糖宝原身以萌化处理的卡通形象出现，人形则以古典东方少女形象出现，两个形象的设定都呈现出活泼可爱的美好状态（如图 4 所示）。法国 1903 年上映的奇幻电影《仙女国》，描绘了贝尔亚瑟王子在黎明女神的帮助下救出心爱的公主的故事。虽年代久远，但这部电影在我国 B 站（Blibli 弹幕网）上线后同样以动人的剧情、优秀的舞台设计以及天马行空的想象力备受好评。电影中的华丽布景、巧妙构图，依旧符合当代年轻人的审美偏好（如图 5 所示）。仙侠剧和奇幻剧故事中的男女主人公也都可以在超长时间跨度内保持超自然的骁勇与美丽，抑或它们的情节依旧在虚幻之中透出奇异，既无须观照经验性现实，也不必通过仪式化规约去例释各种观念[②]。

---

① 申丹.叙事结构与认知过程：认知叙事学评析[J].外语与外语教学，2004(9)：1-8.

② 斯科尔斯，费伦，凯洛格.叙事的本质[M].于雷，译.南京：南京大学出版社，2015：143.

图 4 《花千骨》糖宝形象

(注:在剧中,糖宝原身是凤凰眼泪凝成的灵虫,后修炼为人形)

图 5 《仙女国》道具布景

三、可供参考的中国故事讲述策略

(一)提炼社会共性话题,把握故事讲述的底层逻辑

在面向其他国家公众讲述中国故事的过程中,常常会遇到故事主题与公众兴趣不匹配、故事传递的信息不被有效接收、讲述故事的方法公众不理解、故事中包含的价值逻辑公众不接受等情况,由此导致传播效果不理想。对底层叙事逻辑的把握有助于从根本上探索中国故事选题和讲述的逻辑起点。

如前文所述,叙事学研究表明每个"故事"都包含了"故事空间"和"话语空间"两个世界。是否能够准确勾勒出两个空间之间的关联是决定读者/听众能否有效理解故事内容和故事叙事的关键。近年来,我国主流媒体讲述的中国故事都不同程度地涉及历史源流、地理特征、现实情境等信息,但这些内容对大多数外国公众来说是有距离的、不熟悉的,也就难免会出现无法产生兴趣、难以有效理解的情形。中国故事不仅需要建构起符合中国世情、实情的故事世界,而且需要在与传播对象所在的真实生活环境、社会情境形成明显、明确的连接。

奥克斯指出,叙事活动本身也是一种集体探索和解决问题的话语媒介,也是例释社会化或个人化身份的工具①。按照这一思路,可以尝试将对象国或者更大范围内的共性话题、热点话题作为中国故事叙事内容、视角选择的参考。故事既运用经验叙事再现或例释不同国家历史进程中相似的场景、情节和中外公众现实生活中相似的境遇、困难,又运用虚构叙事讨论问题的解决方案、寻找情绪的纾解途径。在这一过程中,既能实现中国故事里的"世界"与他国公众认识中的"世界"的连接,又能在其中以受众能够理解的方式融入中国智慧和中国方案,从总体上增加故事讲述的共情能力,提高受众的代入感。

(二)把握受众思维习惯,发掘和运用具有理解基础的叙事框架

对受众思维习惯的把握是讲好中国故事的前提,也是对外传播过程中最大的难点。2012 年以来,当代中国与世界研究院持续在全球多个国家开展有关中国国家形象的公众调查。2020 年 9 月发布的对 22 个国家公众最新调查结果显示,海外受访民众对中国的整体印象为 6.3 分,较上年提升 0.1 个百分点,发展中国家对中国形象好感度较高,达 7.2 分。在中国参与全球治理的实践中,海外受访者最认可的三个领域为科技(66%)、经济(63%)和文化(57%)。未来五到十年,中国应重点塑造和展示全球发展的贡献者形象(31%)、具有悠久历史的东方大国形象(27%)和全球性的负责任大国形象(25%)②。

上述数据表明,一方面,在世界各国公众的心目中,已经形成了对当代中国的认知和期待,且呈现正向认知不断提升的趋势。这种认知基础构成了海外公众接受中国故事的思维逻辑起点;另一方面,中国还有更加丰富的内涵和更多为世界做出的贡献尚未被海外公众知晓。未被纳入世界主流媒体的报道框架、超出海外公众的生活体验和

---

① OCHS E. Narrative in discourse as structure and process[M]//Discourse studies: a multidisciplinary introduction. London: Sage Publications Inc, 1997(Vol.1):185-207.

② 周琳. 中国国家形象全球调查 2019|全球发展的贡献者是中国最突出的国家形象[EB/OL]. (2020-09-15)[2020-12-17]. http://www.rmhb.com.cn/gd/202009/t20200915_800220874.html.

常规理解范畴是导致这一现象出现的两个重要原因。前者主要通过主流媒体国际传播能力建设来改变,后者则需要从发掘和运用具有理解基础的叙事框架入手探索解决方案。

前文已经论述,由于神话叙事的相似性,外国奇幻影视剧为我国仙侠剧的海外传播奠定了理解基础。沿着这一思路,在设计中国故事的讲述策略时,可以尝试对各国观众能理解、感兴趣的内容进行分类分析,从中提取出可移植、可借鉴的叙事框架,包括热播的影视剧、流行小说、短视频以及有着广泛认知基础的经典故事、文化作品等。许多成功的跨文化传播案例,其叙事逻辑往往都基于约定俗成的故事框架,并采用鲜明的识别性因素,以方便不同文化背景下的受众理解、记忆和接受。这些框架既可以作为我国对外传播内容的选择标准,也可以内化于新制作的中国故事的叙事结构之中,还可以应用于对已完成的影视剧、纪录片等内容的再剪辑、再创作。

(三)紧跟时代审美趋向,发挥美学元素的跨文化叙事和沟通能力

在世界各国、各民族的发展过程中形成的审美习惯和美学理念深植于不同的思想文化体系、历史发展经历、民族风俗习惯以及自然地理条件等社会土壤和文化环境。在讲述中国故事时,我们往往需要兼顾对本土文化的呈现和对他国文化的适应,尽量避免因美学元素的运用导致的误解、曲解,甚至是文化冲突。

过去30多年中,全球化和网络化发展带来了文化、内容跨地域、跨国家、跨民族流动的便利性,在一定程度上促进了不同文化的交流,进而增加了文化的开放性,各国公众主动或被动地接触到更加多元的文化呈现方式,不同文化背景下形成的各民族美学特殊规律的普适性、共通性也随之增加。以仙侠剧在YouTube平台的传播为例,国外观众不仅没有因为剧集在服化、音乐、布景等方面大量运用的中国传统文化元素而感到接受困难,还给出了“好看”“完美”等积极正面评价。李子柒系列视频在海外社交媒体平台的走红也表明视觉美带来的跨文化共同体验甚至不需要以语言、文字作为辅助。

全球化和网络化应是我们今天讨论中国故事美学元素运用的重要背景,二者的结合带来思考跨文化传播和美学理念的新视野。对传播而言,全球化使“在场”和“缺场”纠缠在一起,让远距离的社会事件和社会关系与地方性场景交织在一起,互联网对社会系统的深度嵌入进一步模糊了虚拟与真实的边界。对美学发展而言,网络化给解构主义美学理念带来了新的内涵,全球化改变了美学的本位文化立场,东方美学和西方美学不再是二元对立的两种美学观念。因此,安东尼·吉登斯提出的“根据时空分延

和地方性环境以及地方性活动的漫长的变迁之间不断发展的关系，来把握现代性的全球性蔓延”①的思路在今天讨论跨文化传播中的美学理念和思路时仍然适用。中国故事可尝试立足世界文化视野和人类审美的整体演进趋势，建构既不忽略本土美学亦不过分追求贴近其他美学逻辑的文化传播美学逻辑，不再过分拘泥于“中体西用”或是“西体中用”的主体性角色的辨析之中。如宗白华所说“将来的世界美学自当不拘于一时一地的艺术表现，而是综合世界古今的艺术理想，融会贯通，求美学上最普遍的原理而不轻忽个性的特殊风格”②。

(四)注重新兴传播趋势，提高叙事方式的多平台、多形态生存能力

在信息传播主体多样化的今天，社会叙事已从少数人主导演变为多传播主体的网络叙事与主流叙事共生的状态③。网络化、移动化、社交化的媒体发展进一步加深了公众叙事的碎片化、多样化、分散化和多变性的特征。这些特征在年轻群体的网络平台，特别是社交网络平台叙事中表现得更为明显。例如，“再加工”是近年来广受年轻群体青睐的内容消费新方式。他们会将感兴趣的影视剧内容进行截取、混剪，重新配音、配乐，制作三维动画，赋予视频新的视听体验或情节内容。这些海外观众再创作的短视频不仅具有更好的本土文化适应性，还经由社交平台、网络社区等渠道实现裂变式再传播，甚至能够产生比最初的视频内容更大、更广的传播效应。

米克·巴尔曾在论及叙事文本的构成时指出，叙事文本是一个由符号组成的有限的、有结构的整体。这些符号可以是语言单位，如词和句子，也可以是不同的符号，如电影画面与序列，绘画中的点、线条与印记④。虽然我们无法准确预计什么样的内容有可能激发海外观众再创作的热情，但仍然可以充分考虑到受众接触的多样化平台特征和用户内容接触特征，在提供主体内容的同时，提供包括花絮、精华片段、音乐等多样化的素材，丰富同一个故事的叙事符号素材，适应新兴的传播方式和多样化的内容消费需求。

〔王润珏，中国传媒大学国家传播创新研究中心副研究员，硕士生导师；辛安怡，中国传媒大学传播研究院2020级传播学硕士研究生〕

〔特约编辑：顾洁〕

① 吉登斯.现代性与自我认同[M].赵旭东，方文，译.北京：生活·读书·新知三联书店，1998：23.

② 宗白华.宗白华全集(三)[M].合肥：安徽教育出版社.1996：601.

③ 隋岩，唐忠敏.网络叙事的生成机制及其群体传播的互文性[J].中国社会科学，2020(10)：167-182，208.

④ 巴尔.叙述学：叙事理论导论[M].谭君强，译.北京：北京师范大学出版社，2015：3.

传播隐私管理视角下情感冲突类节目的运行机制

The Operating Mechanism behind Emotional Conflict Programs from the Perspective of Communication Privacy Management

◎ 黄晓军　周学江

Huang Xiaojun　Zhou Xuejiang

摘要:私人话语在公共空间的传播,从报纸到电视再到互联网,传播面越来越广,人们似乎不再注重自身呈现的媒介形象,暴露的隐私尺度以及人性的阴暗面也越来越大,这与戈夫曼的印象管理理论产生了矛盾。仅从当事人个人的勇气和节目的经济利益驱动的角度不足以说明原因,本文基于传播隐私管理理论,从媒介文化、节目范型和国家规制层面予以解释。首先,媒介化社会中人们习惯通过媒介认知社会,利用媒介解决问题。其次,调解或娱乐的节目范型将充满情感冲突的过程导向皆大欢喜或者大团圆的结局,将矛盾引发的阴暗面消融在调解的严肃性或者娱乐的非认真状态中。再次,国家规制在给节目提供发展助力的同时,也对隐私阴暗面的传播进行了限制。

关键词:情感冲突类节目;传播隐私管理;媒介形象;运行机制

Abstract: The spread of private discourse in public space, from newspapers to TV and the Internet, has become more and more widespread. people seem to pay less attention to the media images that they present, and the scale of privacy and the dark side of human nature become larger and larger, which is in conflict with the Erving Goffman's "impression management" theory. The courage of the individual concerned and the economic interest of the program are not enough to explain. Based on the theory of Communication Privacy Management, this phenomenon can be explained from the aspects of Media Culture, program model and national regulation. First of all, people in the media-based society are accustomed to cognitive society through the media, using the media to solve problems. Secondly, the mediation or entertainment program paradigm directs the process full of emotional conflicts to a happy ending, and dissolves the dark side caused by contradictions into the seriousness of mediation or the non-serious state of entertainment. Thirdly, state regulations not only help the development of the program, but also limit the spread of the dark side of privacy.

Keywords: the emotional conflict program, communication privacy management, media image, operating mechanism

一、问题的提出:"前台显丑"

随着我国社会进入转型期,当代人的价值观念、行为方式发生很大变化。在快节奏的社会状态下,人们面对工作和生活的双重压力,迫切需要情感倾诉的窗口,情感类栏目应运而生。20 世纪 90 年代,《北京青年报》推出我国首个情感倾诉专栏"口述实录",当事人通过化名的形式在报纸上讲述个人情感经历,开创我国大众媒体公开报道个人隐私的先河,此后多家报纸争相推出"私密话语""情感实录"等类似栏目。由于广播具有"只闻其声、不见其人"的传播优势,个人身份信息可以得到很好的保护,电台的情感夜话节目也蓬勃兴起。佛山电台的《倾心夜静》、深圳电台的《夜空不寂寞》以及上海东方广播电台的《相伴到黎明》等节目相继诞生。随着电视的普及,1998 年湖南经济频道的电视节目《真情对对碰》一经推出迅速走红。受此启发,其他电视台也纷纷创办此类节目来博取关注,如江苏卫视《人间》、东方卫视《幸福魔方》、天津卫视《爱情保卫战》和江西卫视《金牌调解》等节目陆续问世,受到热捧。如今网络媒体兴起,根据明星当事人的"槽点"或者被曝光的私事进行回应、嘲讽或者互怼的网络综艺节目《吐槽大会》,也可以看作是此类节目的延伸。

从报纸的情感讲述栏目到广播夜话,呈现方式多为情感倾诉,当事人主要寻求情感的释放和心理的安慰;而从电视情感节目到后期的《吐槽大会》,节目定位逐渐从情感故事的讲述转向情感矛盾的调解,力求帮助当事人解决情感困惑或矛盾冲突,冲突的本质实际上也是在寻找情感调解的途径,让当事人获得心灵的释放。目前各大电视台的情感类节目大多属于这类,由于节目具有情感性和冲突性的突出特质,可将其归结为情感冲突类节目。

国内学者对这一类型的节目尚无明确的定义,多将其笼统地概括为情感类节目或者情感调解类节目。尹鸿认为,情感类节目是"以人物的感情故事为资源,以'煽情'为手段,以动情为目的,试图用情感架起电视与观众之间沟通的桥梁,为我们建造一座公共的情感家园"①的节目。韩震将其定义为"把视角投向社会生活中的情感层面,以纪实手法再现生活中普通老百姓的爱情纠葛、家庭矛盾和婚姻问题"②的节目。于斌在此基础上进一步具体细化,他认为这类节目"往往选择普通公众在现实生活中的情感冲突作为题材,涉及个人切身利益得失,是伴以主持人、调解员、嘉宾和现场观众以不同方式参与的,通过真实记录、情景再现、沟通对话等形式,以理顺关系、调解情感、缓解矛盾为主要目的的节目形式"③。综合而言,笔者从节目表现形式和性质着手,将其定义为情感冲突类节目。情感冲突类节目是以讲述的方式,呈现当事人现实生活中因一系列私事表现出情感上的纠葛、对立甚至对抗的节目类型。

社会学家戈夫曼的"拟剧论"认为,人与人在社会生活中的互动行为在某种程度上可视为一种表演,表演是"特定的参与者在特定的场合,以任何方式影响其他任何参与者的所有活动"④,并进一步将表演区域分为"前台"和"后台"。"前台"是参与者面对观众进行表演的活动区域,它通过舞台设置和个人"前台"等符号设备来辅助完成表演。人们在"前台"呈现自己时,总是倾向于迎合并体现那些在社会中得到正式承认的价值,"会按照一种完全筹划好的方式来行动,以一种既定的方式表现自己,其目的纯粹是为了给他人造成某种印象,使他们做出他预期获得的特定回应",⑤即所谓的"印象管理"。印象管理的最终目的是给他人留下好的印象,赢得观众的认可,以确认自身价值的存在。

对参与节目的当事人来说,不管面对的是节目录制现场的观众还是电视屏幕前的受众,他们都是在"前台"进行"表演",按照"拟剧论",人们在"前台"所扮演的通常是具有一定程度的理想化和社会化的自我;然而情感冲突类节目中的当事人在电视上使用煽情的叙述手法,通过互相对质、争吵、指责呈现双方的情感纠纷,将人性的阴暗面赤裸裸地呈现在观众面前,节目现场演变成隐私和家丑的展示场,人们似乎没有意识到自己是在"前台""表演",不再进行自我"印象整饰"。参与节目的当事人为什么不注重自己的印象管理了?这是否意味着戈夫曼的"拟剧论"在当前的媒介生态下出现"失灵"不再发挥作用?

---

① 尹鸿.公共情感家园:评河北电视台电视谈话节目《真情旋律》[J].中国电视,2005(4):23-24.

② 韩震.纪实:为情感类综艺节目拓展空间[J].电视研究,2000(5):30-32.

③ 于斌.情感调解类电视节目的主要问题和解决对策[J].新闻爱好者,2019(6):79-81.

④ 戈夫曼.日常生活中的自我呈现[M].冯钢,译.北京:北京大学出版社,2008:12.

⑤ 戈夫曼.日常生活中的自我呈现[M].冯钢,译.北京:北京大学出版社,2008:5.

进一步而言，在中国人的传统观念里，“亲亲相隐”“家丑不可外扬”的思想由来已久。家里出了事，人们通常会选择内部解决，即使个人受委屈，也要顾全大局，维护家庭的体面。在情感冲突类节目中，当事双方从各自的立场和利益出发，甘愿主动袒露“内部”的情感纠纷。是什么原因导致人们主动选择将家丑搬到“前台”来外扬呢？

二、文献回顾：从媒体责任到媒介形象

现有关于私人话语进入公共领域的研究，存在公共领域私人化和私人领域公共化两个研究方向。从研究内容来看，两种进路大多只聚焦于媒介本身，关注的是媒介引起公共领域和私人领域边界消失的责任问题。当前私人领域的彰显，使媒介文化呈现出“私人化”的特色，私人领域的凸现减弱了政治压力对媒介的影响，过去被遮蔽、被压抑的日常生活在媒介上得以反映。① 然而，“许多私人话语简单而非艺术地转化为公共话语，这种倾向实际上混淆了个人话语和公共话语的游戏规则，从而导致隐私权的拍卖”②，给被报道的个体带来社会舆论的压力。此外，对私人领域过度公开的报道可以看作是媒体逼视行为，这是新闻媒体角色的错位。③ 大众传媒对私人领域的强力介入、越位与干涉，非理性的私人话语公共化呈现扩大趋势，使本该充满理性和批判力量的公共领域成为哈贝马斯心中的乌托邦。④ 至于私人话语盛行于公共领域的原因，陈华明将其总结为大众文化的兴起与繁荣、传媒产业化的发展、现代科学技术的发展三个方面，⑤也有研究者从私人领域的本质特征、中国传统文化环境的制约等方面加以研究。⑥

个人隐私在公共领域的传播，归根结底是节目当事人的媒介形象问题，然而现有研究却对此少有论及。栾轶玫虽然注意到了“媒介的形象”和“在媒介上的形象”二者之间的区别，但只把媒介形象的研究对象限定在“媒介的形象”这一维度上，站在媒介组织的角度，对媒体自身媒介形象的特征与价值展开分析。⑦ 宣宝剑在此基础上引入“被传播者媒介形象”，把社会弱势群体在媒体上呈现的形象定义为“被动被传播者媒介形象”，从被动被传播者媒介形象主体的认定、媒体的“俯视效应”以及被传播者的行

---

① 杨桃莲.私人领域的凸现与当今媒介文化的“私人化”[J].国际新闻界，2009(10)：50-53.

② 徐丛青.论“私人话语”适当回归私人领域[J].现代传播，2002(3)：43-44.

③ 陈力丹，王辰瑶.“舆论绑架”与媒体逼视：论公共媒体对私人领域的僭越[J].新闻界，2006(2)：24-26，1.

④ 陈文敏.对大众传媒私密化倾向的反思[J].当代传播，2007(3)：28-29.

⑤ 陈华明.当代中国大众传媒的隐私话题研究[M].成都：四川大学出版社，2010：4.

⑥ 郭小平，蔡凯如.私密话题：当代中国私人话语向大众传媒的扩张[J].新闻大学，2003(2)：46-50，54.

⑦ 栾轶玫.媒介形象学导论[M].北京：中国人民大学出版社，2007.

为方式进行研究。他的研究发现被动被传播者认为媒体对现实的再现是一种权力的表现,通过争取这一权力可以改善或者摆脱被俯视的地位,因而会对媒体表现出“求助策略”,①而对弱势群体向媒体“求助”时不注意自身媒介形象的原因却没有进行解释。

“前台显丑”媒介形象的建构,除了节目参与者自身的推动之外,在注意力资源稀缺的时代,大众媒体对节目收视率的追捧无疑会加剧私人话语在公共空间的传播,有研究者指出此类节目的出现是媒体与当事人按市场逻辑行动的产物。② “前台显丑”由节目当事人作为素材提供者进行“表演”,大众媒体作为节目供应商使其得以广泛传播,二者共同营造出这一媒介景观。关于节目参与者的媒介形象问题,可以通过对当事人的直接调查寻找答案。然而,正如马克斯·韦伯倡导的“一个具体行动的正确因果诠释意味着:行动的外在过程及动机可以被如实地把握,并同时达到对其一切关联的有意义的理解。”③仅从当事人的个人勇气和节目的经济利益驱动的角度显然不足以说明原因,需要基于社会整体系统,从传播隐私管理层面寻求理论关照予以解释。

三、理论框架:传播隐私管理理论

传播隐私管理理论由桑德拉·佩特罗尼奥(Sandra Petronio)提出,用来解释人们如何管理私人信息的披露和保密。1991 年佩特罗尼奥发表论文,提出“传播边界管理理论”(the Theory of Communication Boundary Management),试图总结出在披露隐私信息的规则管理系统中规则建立的标准是什么,他将研究范围限定在夫妻之间的隐私管理上,研究视阈相对局限,被称为“微观理论”。2002 年佩特罗尼奥在《隐私的边界》(*Boundaries of Privacy*)一书中将原有理论的应用范围扩展到各种不同的人际关系,以此解释婚姻之外的不同情境下的保密和披露,并将理论名称最终定为“传播隐私管理理论”(the Theory of Communication Privacy Management)。④ 佩特罗尼奥解释,虽然此理论用边界的隐喻来解释管理过程,但更强调隐私的披露。

传播隐私管理理论通过隐私信息、隐私边界、控制与所有、以规则为基础的管理系统、管理的辩证法等五个基本假设来达成目标,而以规则为基础的管理系统是理解人们围绕隐私信息做出决定的主要理论框架。传播隐私管理在元理论上坚持了规则和系统的取向,对人性提出三点假设:人是决策者;人既是规则的制定者,也是规则的遵

---

① 宣宝剑.媒介形象[M].北京:中国传媒大学出版社,2009:174-186.

② 刘辉.情感类电视节目的社会学解析[J].现代传播(中国传媒大学学报),2011(9):77-81.

③ 韦伯.社会学的基本概念[M].顾忠华,译.桂林:广西师范大学出版社,2005:15.

④ PETRONIO S. Boundaries of privacy: dialectics of disclosure[M].State University of New York Press,2002.

守者;人的选择和规则既取决于自我,也取决于他人。人们通常会将诸多标准中较为显著的标准作为依据,在决定披露和隐瞒什么方面做出判断并建立起规则,在披露过程中又会受到规则的影响,以进行私有信息控制。佩特罗尼奥指出建立隐私规则的决策一共有五个标准:文化标准、社会性别标准、动机标准、环境标准和风险—收益比标准。

文化标准由特定文化中隐瞒和开放的规范决定。个体在隐私披露选择过程中会受到隐私期待的影响,而隐私期待又会受到文化中价值观念的影响。我国传统文化由自给自足农耕经济决定,本质上是封闭的,倾向于“家丑不可外扬”。随着社会的进步,当前社会可以认为是开放的现代社会,媒介文化是开放的。受媒介文化的影响,女性跳脱出传统封建的藩篱,倾向于开放,因而传播隐私管理理论中男性与女性之间的社会性别差异标准在当前媒介社会的作用不明显。

当然,传播隐私管理理论认为人们的隐私披露决定建立在动机之上,一部分人可能出于控制、管理披露或者隐藏私人信息的动机,而另一部分人则是出于自我表白或拉近距离的动机。根据“使用与满足”理论,正是在开放的媒介文化的推动下,人们出于化解矛盾和修复感情的目的,才会选择在电视媒体这样的公共空间披露隐私以推动问题的解决。总体来看,社会性别标准和动机标准在当前都处于媒介文化的统领之下,因而笔者认为,文化、动机和社会性别这三个标准可以概括为媒介文化。

根据佩特罗尼奥的观点,环境是影响人们在隐私披露方面决策的重要标准。环境可以具体分为物理环境和社会环境。物理环境与现实的地点、在场的人数和物理空间相关,也就是通常理解的节目情景,而节目情景的构建根本上取决于节目范型。美国学者吉妮·格兰汉姆·斯克特(Gini Graham Scott)认为电视情感谈话节目主要包含以个人困境和失调的人际关系为戏剧的娱乐节目、以严肃的个人问题寻求帮助和解决矛盾的自助性节目两种类型①。基于此,情感冲突类节目主要包含调解和娱乐两种节目范型。由于隐私披露被调解或者娱乐的节目“外衣”包裹,参与者出于自身风险和收益的考量,会对隐私公开的程度以及披露时的措辞、语气等根据节目范型的差异进行调整,最终达到预期的节目效果。

环境标准的另外一个层面是社会环境。社会环境是指促使披露或不披露的特殊场合。就情感冲突类节目的发展而言,社会环境最大的决定因素来自国家法律法规等制度层面的规范。国家规制限定了隐私公开的尺度等要素,同时也从制度层面为此类

① 斯克特.脱口秀:广播电视谈话节目的威力与影响[M].苗棣,译.北京:新华出版社,1999:274-294.

节目的持续和落实起到保障作用,因而是隐私披露的重要决策标准。基于此,本文以佩特罗尼奥的传播隐私管理理论为支撑,建构起本文的基本研究框架(如图1所示)。

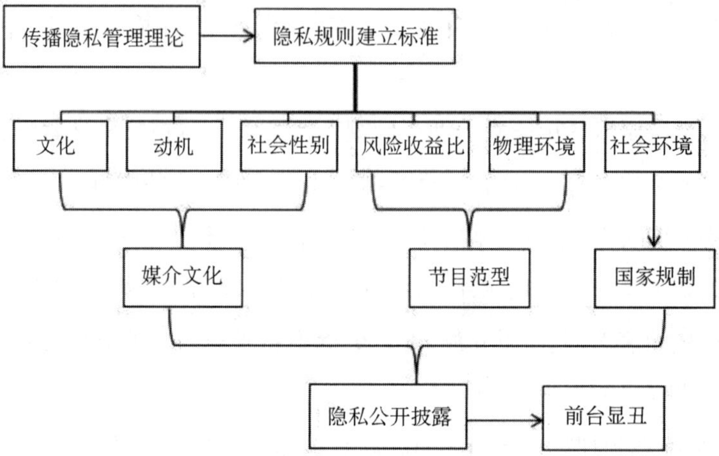

图1 研究框架设计图

机制,从功能上可以划分为激励机制和制约机制。激励机制可以促使行为的产生,媒介文化作为情感冲突类节目诞生的土壤,对“前台显丑”媒介形象的建构具有激励带动作用。制约机制可理解为部分社会因素对情感冲突类节目进行束缚,防止对其他系统或其他利益产生危害。大众媒介到达率高,覆盖率广,为“前台显丑”的传播提供平台,因而需要对情感冲突类节目的制作和传播进行制约。制约机制可以进一步细化为保障和调节两个维度,那么就可以把节目范型视为调节机制,将国家规制作为保障机制。

四、激励机制:无处不在的媒介文化土壤

时至今日,媒介化社会和社会的媒介化发展,已经成为不争的事实。这意味着,社会在变化,受众也在变化,传统文化心理产生的阻力在这样的文化环境中会越来越小。电视节目中的当事人同时也是节目的受众。受众生活在媒介构成的拟态环境之中,所见所闻很多来源于媒介,不能不受到媒介倡导的思想、信念和价值观的影响。某种程度上,正是媒介在塑造着受众的价值观,人们的眼见耳闻被媒介包围,这种影响和塑造长年累月,潜移默化,让人们无处可逃。媒介无处不在,报纸、广播、电视、互联网,在家中、在办公室、在交通出行途中及在其他公共场所,铺天盖地而来,人们只有适应媒介,慢慢习惯媒介给予的一切。

在这样的媒介化社会中，拿电视来说，人们在“看”和“被看”中不断转化，看到了他人在故事中的痛苦与挣扎，是非曲直，也从别人的故事中映射到自己，产生“别人也和我一样”的心理认同和情感共鸣。对他人遭遇中的自私和不明智，虽然难免有一定的歧视和腹诽，但更多的是同情和理解。同时，他人的示范效应也让看的人觉得，媒介是一种可以宣泄的公共空间，而且还可以借助媒体平台解决自己生活中纠结的难题。这就是媒介化社会产生的社会媒介化效应：人们不仅被媒介包围，生活在媒介化社会这种拟态环境中；更重要的是，人们也学会了利用媒介解决问题。

拿江西卫视的名牌节目《金牌调解》来说，当事双方能到节目录制现场，通常是其中一方有着解决问题的强烈动机。节目组会根据调解申请，联系另一方，劝说另一方参加调解。可以想见，这种劝说也不是轻而易举的。据节目调解员胡剑云说，节目团队八九十人，不会找托儿，和当事人沟通上节目花费了巨大的精力。劝说中，必然会有节目效果的宣传和以前成功的范例，这些都可以给当事双方带来值得一试的感觉。① 何况，从调解团队来说，有律师、作家、心理医生、主持人、公务员、法院调解员、政工干部、大学老师等各阶层精英，团队辅导具备一定的专业性，这就为调解成功提供了一定的保障。② 即便调解不成功，节目也只是呈现出生活本来的面貌，当事人和电视机前的观众在情、理、法的衡量中受到触动，电视节目也收获了社会效益。

像《金牌调解》这样呈现普通人隐私的节目，能够取得较好的收益，也是电视人自上个世纪 90 年代以来不断努力的结果。在报纸、广播、电视这三种传统媒介中，电视的传播范围最广泛，隐私的放大效果最强，如果不慎，当事人受到的伤害最大。报纸的情感讲述、广播的深夜谈话、电视的情感调解在隐私可能带来的风险上是逐渐扩大的。有研究者认为：个人隐私公开现象是我国大众媒介传播范式改变的一个结果。这个范式的改变就是平民意识的确立。③ 自 1993 年央视的《生活空间》以纪录片的形式报道百姓生活起，近三十年来，电视媒介不断记录普通人的生活，普通人能够接触媒介，参与节目，直接体验，平民意识在传播实践中不断得到强化，普通人由此产生对媒介的依赖和信任，愿意公开自己的隐私世界。

过去媒介只担负“耳目喉舌”的功能，现代媒介除了传承文化、监督社会的功能之外，实用功能日益凸显。受媒介文化影响，人们愿意将原本只属于私人领域的话题抛

---

① 王南生.对《金牌调解》传播效应的几点思考[J].当代电视，2013(2)：75-76.

② 程肇基.团体辅导在电视情感调解类节目中的运用：以江西卫视《金牌调解》为例[J].当代传播，2012(5)：96-97.

③ 张晓辉.从隐私公开现象看传播范式的改变：以电视媒介为例[J].现代传播(中国传媒大学学报)，2006(6)：153-155.

掷在大众媒体上,与媒体想要借此提高收视率的目标相耦合,从而促使情感冲突类节目的媒介文化土壤不断变得深厚。然而,一种节目形态的存在也需要把控尺度,通过调节和保障机制的规约,使此类节目的播出始终处在一个可以控制和接受的范围之内。

五、调节机制:调解或娱乐的节目范型

情感冲突类节目,其情感性和冲突性是表象,话题则带有“不足为外人道也”的私密性,私事一旦曝光,可能显示出的是人性的阴暗面。当事人的冲突,体现在夫妻义务、赡养老人、财产分割等很多事情上都是从一己之私出发,为了各自认为的公平,相持不下。如果电视止于暴露这些人生互殴的丑态,就无法承担媒体的社会责任。情感冲突类节目并非是把这些人性的阴暗和丑态放在了情感冲突的节目范型中,而是放置在调解或者娱乐的范型中。

电视并非总是呈现美好的人性与和谐的社会,但是呈现阴暗面又不能不考虑这种呈现带来的消极影响。调解是一种直面矛盾和阴暗的“包装”。如同传统戏曲,虽然矛盾重重,历经曲折,但结局是大团圆的。调解类节目大团圆的结局是仪式性的:表达歉意的话语、当事人之间的相互拥抱、悔恨的泪水,故事在此达到高潮。当事人和观众在仪式的洗礼中,确立起对家庭共同体的信仰和信心,这正是节目的终极目标。① 节目调解克服了“家丑不可外扬”的文化心理阻碍,从家庭来说,调解解决了问题;从电视的社会责任来说,在调解的过程中,维护了人伦亲情的正能量,在某种意义上具有“借丑显美,借邪显正”的教化作用。

在古代宗法社会中,家庭矛盾不决时,往往通过家族内部的头面人物居中调停来解决。新中国成立后,宗族关系受到很大冲击,家庭成员所属的单位或组织有时候会在家庭矛盾中扮演调解的角色,公权会越界进入私人领域。改革开放后,个体意识和维权意识得到强化,单位和宗族的约束力在减弱。在家庭矛盾不决时,极端情形会对簿公堂,但本着维护人伦亲情关系的原则,在进入诉讼前,法院会进行调解。无论是家族、单位还是法院的调解,都局限在小范围内。当电视承担起调解的任务,调解过程在全国播出,一方面,普通人的私事具有了公共性;另一方面,节目框架的合理设定——主持人、调解员、辅导团队的合理搭配和各司其职,保证了人性阴暗面的显露是严肃

---

① 刘胜枝.仪式观视野下的情感调解类节目:《谁在说》栏目的文化传播学分析[J].现代传播(中国传媒大学学报),2014(2):151-152.

的，而不是供围观的。当事人双方也往往注意修正自己的行为，在这种传播仪式中，甚至会有表演的行为特点，但无疑有助于调解的实现。

《吐槽大会》是另一类情感冲突性节目。节目以一个“槽点”较多的明星为主嘉宾，其他嘉宾或者是明星，或者是脱口秀表演者、编剧等，依次上场对主嘉宾进行“吐槽”，嘉宾之间也相互“吐槽”。这些“吐槽”针对的往往是早就被报道过的嘉宾糗事、绯闻或者批评。现在旧事重提，明嘲暗讽，言辞间充满着“刀光剑影”，在笑声中互怼，具备了情感性和冲突性。嘉宾也借此机会回应批评，笑着宣泄个人的不平和愤懑。曹云金和郭德纲之间的纠葛就是如此。将受众对明星的批评以及明星之间的矛盾包装在脱口秀这种娱乐范型中呈现出来，节目显示出“以乐化结，以笑化谤”的力量。一方面，明星们以自己的作品娱乐受众；另一方面，明星们受到的非议和明星之间的矛盾也是娱乐的资源，节目体现出“娱乐至死”的精神。

当嘉宾笑谈自己的“槽点”时，意味着对前尘往事的超越。多少年来，在电视这样的公共空间公开回应批评和批评他人，是一件难以实现的事情。但是如果将其包装在娱乐当中，事情涉及的多方当事人，谁又能真正太认真呢？在节目主创看来，脱口秀的核心就是冒犯，节目要做的是在冒犯和羞辱之间把握好分寸。[①] 而且，为了保证节目效果，节目是“背靠背”，一方并不知道另一方要怎样评价自己。这个节目无疑是有勇气和有创意的。中国人向来重视名节，含蓄的公开批评尚且难以接受，何况点对点的个人批评呢？《吐槽大会》营造的批评氛围类似于朋友间的相互挤兑，重要的是娱乐的心态和游戏的精神，而不是较真事实如何。节目经常出现“吐槽是门手艺，笑对需要勇气”这样的宣言，生动诠释出节目的娱乐心态和游戏精神。

兼有调解和娱乐特点的节目是天津卫视的《爱情保卫战》。不同于《金牌调解》坐下来慢慢陈述，《爱情保卫战》当事双方各站一边，主持人站在中间，负责问出事情细节，嘉宾在座位上点评，给出建议。情感的冲突是明显的，一方要复合，一方要分手。各自抖出的大量生活细节带有私密性而且琐碎，人性的自私不时显现在这些男男女女身上，遭到嘉宾无情的剖析和斥责。这些都使节目充满张力，很有看点。这个节目的娱乐性在于，青年男女在各自陈述对方问题时，个性不一，行为方式奇葩，加上方言的因素，给节目平添许多趣味和幽默，因而有人怀疑节目是群众演员的刻意演出。当然，爱情与婚姻中的冲突，个性各异的青年男女，本身就是很好的喜剧素材，节目对喜剧元素的展现也是很自然的事情。

---

① 陈涛.张绍刚：脱口秀的核心就是冒犯[N].南方周末，2018-01-20.

六、保障机制:国家对传播尺度的掌控

隐私话题在电视这样的公共空间传播,吸引眼球是必然的。不管是基于平民意识,还是基于收视率,节目制作方的驱动因素可以想见。在这当中,行政管理者必然要对节目的分寸有所规制。2010年6月,《广电总局办公厅关于加强情感故事类电视节目管理的通知》正式下发,要求"情感故事类节目不得展示丑恶、迷信;不得展示因亲情矛盾、家庭纠纷导致的极端行为、过激言论、揭伤疤或恶性案件;不得过分渲染悲情、阴暗、颓废心态……"这个通知正是国家对隐私传播分寸的规制,"不得过激""不得过分"等字眼也意味着并没有绝对禁止隐私在公共空间的传播。

2011年1月,《中华人民共和国人民调解法》颁布施行,调解类节目兴起,这部法律的颁布在一定程度上促成了对隐私传播的放开。2011年3月,江西卫视和江西省司法厅合作推出《金牌调解》,这是一档集真人秀、泛法制、公开法庭为一体的调解节目。与此同时还成立了江西电视台卫星频道人民调解委员会,当事人双方通过《金牌调解》签订的调解协议书是有法律效力的。这保证了私事传播的严肃性,说明节目不仅是供观众看的,也是要解决当事人问题的,节目的分寸感自然得以形成。

节目的尺度不仅有国家规制的限定,还和情感冲突本身的大小有关。《吐槽大会》类似于朋友间的挤兑,有基于真实"槽点"进行的夸张发挥。嘉宾和观众都心知肚明,节目中谈及的事情,真假参半。《爱情保卫战》呈现的婚姻或者恋爱关系中,矛盾或大或小,人性越阴暗,就显得节目尺度越大。但很多生活琐事矛盾的呈现,则多充满着喜感。《金牌调解》则显得要严肃很多,当事人、法官、陪审团的架构让现场气氛颇为紧张,当事人双方常常剑拔弩张,自私和阴暗自然流出,但是在电视上讨个说法总好过对簿公堂,双方也经常会有大团圆的结局。

以上情感冲突的范围是在类朋友之间,或者亲人之间。各种矛盾可以因为友情、亲情关系的维系而柳暗花明。在此范围外再进一步延伸,就是陌生人之间伤害和被伤害的关系,这种关系往往在法制节目中进行呈现,在法院判决之后,以此案例普法或者警示社会。但是在国外,这种陌生人之间伤害和被伤害的关系,在判决之后,也通过电视或网络进行某种程度的调解。例如美国著名脱口秀主持人奥普拉·温弗瑞自办的电视台 OWN 频道的节目 *Confronting*①。目前这个节目只有四个视频,都是受害人

---

① *Confronting* 节目官网:http://www.oprah.com/own-confronting/confronting-my-sons-killer-sneak-peek-exclusive。

家属和凶手的会面。节目中，心理辅导者居中，受害者家属和凶手分别坐在会面桌的两边。这四个节目涉及的遇害者分别是家属的儿子、女儿、丈夫、母亲。

亲人的遇害，会给家属带来无尽的痛苦。丽莎的儿子在去舞会的途中被一个醉酒的女人撞死，丽莎痛不欲生。八年之后，她决定去见撞死自己儿子的名叫凯莉的女人。双方见面有一时的尴尬，有痛苦的泪水，也有最后达成谅解的平静。在节目中，有的家属是为了寻求内心的安宁才来见凶手的，有的人是来追问亲人遇害的细节，总之是想放下心中的痛苦。与国内节目相比，这个节目的尺度很大。原谅凶手在情理上不是不可能，但是要将整个过程呈现在电视节目中，恐怕一般人难以承受。笔者也只能在奥普拉的电视节目网上搜到仅有的四个，可见这个节目的可持续性是难以保证的。不过，参与节目的双方，之所以答应上这个节目，有可能是因为基督教文化中有关“饶恕”的教义，甚至是因为“爱仇敌”的圣经启迪。在教堂遍布的美国，原谅仇敌，这是有可能的；但中国人更倾向于孔子所说的“以直报怨”，类似这样尺度的节目，恐怕难以有中国文化的根基。

结语

文化通常以世界观、思想、信仰、意识形态等形式出现，传媒属于文化产业，制作节目和文化密不可分。情感冲突类节目的当事人冲破“家丑不可外扬”的传统文化阻力，使私人话语在公共领域不断扩大。人们为了解决问题，开始利用大众媒介，甚至不顾惜自己的媒介形象，与大众媒介共同营造出“前台显丑”的媒介奇观，从中可以窥见媒介文化的力量。此外，情感冲突类节目的发展趋势、社会意义以及制作模式在当前的媒介生态下也具有重要的参照价值。

首先，“前台显丑”由报纸的情感讲述到电台的情感夜话，再到如今以调节或娱乐作为范型的情感冲突类节目，人们隐私披露的尺度越来越大。在现有的节目中只有现场主持人和嘉宾进行提问，因此不可否认，部分节目的当事人存在表演的成分，“剧班共谋”使得节目的真实性难以辨别。随着智能媒体的发展，未来屏幕前的受众也能利用交互技术参与到节目现场的讨论当中，节目的真实性将在受众的拷问中得到证实，情感冲突类节目将会呈现出更加开放的节目样态。

其次，情感冲突类节目持续受追捧，涉及的节目题材和范围不断扩大，节目卖点日趋增多，无形之中和市场的逻辑相契合，这是现代社会进步的重要标志。“前台显丑”对旧有“人言可畏”的“超我”道德心理产生冲击，人们直面现实的勇气得以明显提升，为处于压力甚至抑郁状态的人们提供了有效的心理释放通道。

再次,以往的新闻报道多以正面为主,强调“以优秀积极向上的作品鼓舞人”。而在现实生活中,并不是所有的事物都是正面的,也有许多是中性的甚至是负面的。情感冲突类节目的制作和新闻报道一样,都须讲求真实性,此类节目呈现出来的平庸和丑恶可以说是最大程度的真实。为了发挥大众媒体的引领、导向作用,节目范型和国家规制作为维护节目尺度和水准的手段,将节目的负面影响降到最低,同时也兼顾到受众的好奇心与节目自身的经济利益和社会效益,为类似中性题材的节目制作提供借鉴。

〔黄晓军,南昌大学新闻与传播学院副教授;周学江,南昌大学新闻与传播学院新闻学硕士研究生〕

〔特约编辑:顾洁〕

图书在版编目(CIP)数据

中国新闻传播研究:国际传播新格局研究/高晓虹主编.--北京:中国传媒大学出版社,2021.12
ISBN 978-7-5657-3100-6

Ⅰ.①中… Ⅱ.①高… Ⅲ.①新闻学-传播学-研究-中国 Ⅳ.①G219.2

中国版本图书馆 CIP 数据核字(2021)第 257156 号

中国新闻传播研究:国际传播新格局研究
ZHONGGUO XINWEN CHUANBO YANJIU:GUOJI CHUANBO XINGEJU YANJIU

主　　编　高晓虹
副 主 编　刘　宏　赵淑萍　曾祥敏　秦瑜明
策划编辑　王雁来
责任编辑　王雁来
特约编辑　杨　蕾
封面设计　拓美设计
责任印制　李志鹏

出版发行　中国传媒大学出版社
社　　址　北京市朝阳区定福庄东街 1 号　　邮　　编　100024
电　　话　86-10-65450528　65450532　　传　　真　65779405
网　　址　http://cucp.cuc.edu.cn
经　　销　全国新华书店

印　　刷　唐山玺诚印务有限公司
开　　本　787mm×1092mm　1/16
印　　张　15.25
字　　数　281 千字
版　　次　2021 年 12 月第 1 版
印　　次　2021 年 12 月第 1 次印刷

书　　号　ISBN 978-7-5657-3100-6/G・3100　　定　　价　75.00 元

本社法律顾问:北京李伟斌律师事务所　郭建平